研究型大学社会责任及其评价

吴梦林 著

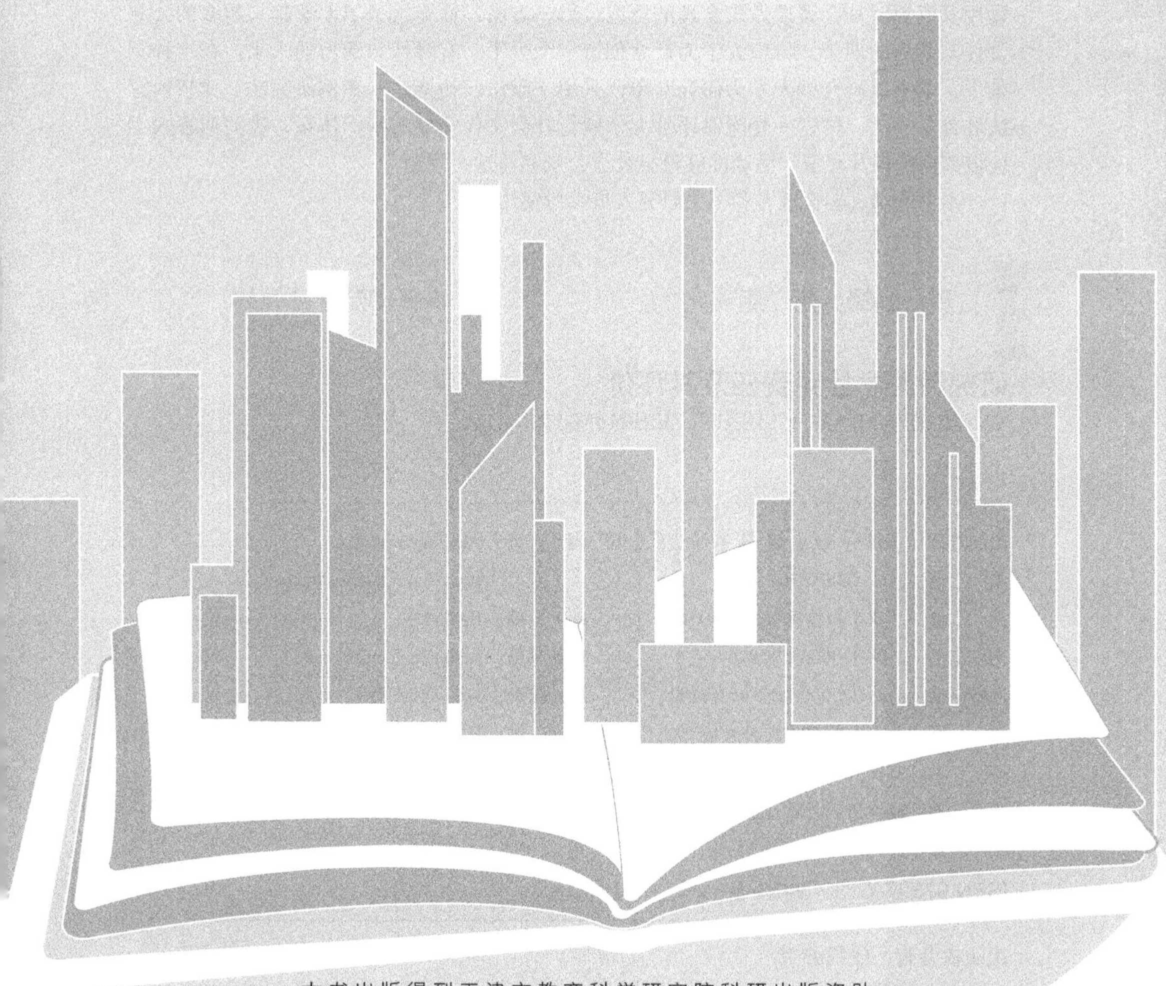

本书出版得到天津市教育科学研究院科研出版资助

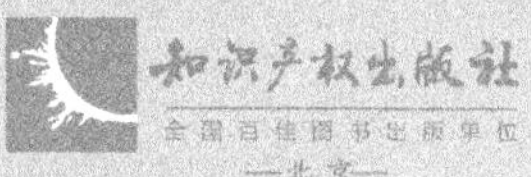

图书在版编目（CIP）数据

研究型大学社会责任及其评价 / 吴梦林著 .—北京：知识产权出版社，2024. 10.
ISBN 978-7-5130-9453-5

Ⅰ. G646

中国国家版本馆 CIP 数据核字第 2024LH0629 号

内容提要

随着社会的发展，大学逐渐走向社会中心。一方面，大学充分意识到他们有义务运用其资源对社会需求做出合理的反应；另一方面，社会给予了大学越来越多的公共责任与使命的期望，希望大学为社会创造一个公平、有弹性与活力的未来。在这种背景下，本书以研究型大学为研究对象，采用文献法、访谈法、案例研究法、比较研究法和德尔菲法，构建一套能够评价大学履行社会责任绩效的指标体系，进而回答大学应该如何确保其政策和活动能够符合社会公众利益这一问题。

本书可供大学管理者和相关研究人员参考使用。

责任编辑：苑　菲　　　　**责任印制：**孙婷婷

研究型大学社会责任及其评价

YANJIUXING DAXUE SHEHUI ZEREN JI QI PINGJIA

吴梦林　著

出版发行：	知识产权出版社有限责任公司	**网　　址：**	http://www.ipph.cn
电　　话：	010-82004826		http://www.laichushu.com
社　　址：	北京市海淀区气象路50号院	**邮　　编：**	100081
责编电话：	010-82000860转8769	**责编邮箱：**	laichushu@cnipr.com
发行电话：	010-82000860转8101/8102	**发行传真：**	010-82000893
印　　刷：	北京中献拓方科技发展有限公司	**经　　销：**	新华书店、各大网上书店及相关专业书店
开　　本：	787mm × 1092mm　1/16	**印　　张：**	22.25
版　　次：	2024年10月第1版	**印　　次：**	2024年10月第1次印刷
字　　数：	360千字	**定　　价：**	98.00元

ISBN 978-7-5130-9453-5

前　言

随着全球化和新自由主义经济模式的运用，市场的机制和理念也逐渐侵入大学，竞争、私有化等市场理念对大学本身的公共性和伦理性产生了极大的冲击。在这样的社会背景下，如何使大学坚持知识生产和传播的公共性，不让公共利益让位于商业利益是高等教育研究者不得不回应的问题。

为了推动大学能更好回馈社会，本书尝试构建一套能够评价大学履行社会责任绩效的指标体系。为此，本书选取了研究型大学作为研究的样本，以提出问题、呈现问题、分析问题和解决问题为逻辑线索，开展了以下研究。

本书研究问题是“大学应该如何确保其政策和活动能够促进社会公众利益？”研究目的在于通过对该问题的解决进而提升大学质量和人类生活质量。

在问题呈现部分，本书将大学五大职能作为大学承担社会责任的路径，通过对大学利益相关者的访谈和对相关新闻报道的文本分析，发现了研究型大学社会责任评价存在的问题。因为教育是一个关联品，当大学排名总是偏重某些表现形式时，如学生所掌握的知识、生师比以及科研方面的资源、文章发表数量等，却将同样重要的要素，如广泛的社会参与、对社区和对其他公共服务部门的贡献等置之不理，那么无论这个指标有多么完美，大学对社会和环境都会产生负面的影响。而责任伦理理论研究表明，大学需要对其政策或活动产生的影响和后果负责任。

在原因分析部分，本书发现大学评价对社会和环境产生负面影响有三个方面原因。一是评价脱离了社会情境，主要表现为过度量化的评价，导致指标产生扭曲、转移、取代；指标被滥用加速高校内卷化。二是在利益相关者理论的指导下，发现大学评价存在的问题与利益相关者缺位有着极大关系。三是评价指标构建忽视了文化中的“功利”和人性的“自私”因素，导致被评价者会将精力转移到测量对象上，而很少去反思不合适的指标所产生的深远影响。通过对原因的分析可以为后面大学社会责任评价指标构建提供解决问题的新思路。

在问题解决部分，本书依据第四代评估理论，将大学置于社会相关性下，基于大学五大职能维度对大学社会责任相关政策、大学社会责任相关文献、国内外研究型大学社会责任案例进行了指标梳理，同时对利益相关者访谈资料运用扎根理论进行了分析，并提取了相关指标。在此基础上，对利益相关者组成的专家团队开展了三轮问卷。第一轮问卷的研究结果发现，使用基于项目的教学方法的课程数量、企业投入的科研经费、对外文化交流开展的次数等指标由于平均值低于3.66，所以进行了剔除。第二轮问卷研究结果显示，专家们对指标达成共识，形成了以人才培养责任、科学研究责任、社会服务责任、文化传承与创新责任、国际交流与合作责任五个一级指标为体系的大学社会责任评价指标。第三轮问卷权重赋值。通过对统计数据进行加权平均法、标准差和变异系数的处理，得出了大学社会责任评价指标体系相应的权重，一级指标权重分别为人才培养责任权重33.04、科学研究责任权重 24.13、社会服务责任权重 18.26、文化传承与创新责任权重 13.37、国际交流与合作责任权重 11.20。最后本书还通过 N 大学公布的战略规划纲要对指标进行了应用和验证。

本书通过研究得出了研究型大学社会责任评价指标体系及各个指标相应的权重。此外，在研究过程中也能得出以下结论：一是大学政策和活动对社会与环境不一定都是积极正面影响，如果大学不能将社会责任融入其决策和活动中，可能会对社会和环境产生负面影响；二是大学社会责任可以作为大学的一种营销手段，大学的管理者可以通过大学社会责任在竞争中获得比较优势；三是大学可以通过其政策和活动促进社会公众利益，进而对抗高等教育商业化的趋势。

目　录

第一章　绪　论

第一节　研究问题与意义

一、研究背景

20 世纪 80 年代以来，随着经济全球化和新自由主义的发展，市场机制和竞争机制在全球范围确立。在激烈的竞争中，社会公共问题和环境问题有可能被忽视，在这样的社会背景下，谁来维护社会公共利益，就成了学术界亟需探讨的一个问题。

（一）高等教育的社会维度在 20 世纪末开始引起国际组织的关注

对于高等教育而言，在整个社会和高等教育部门中越来越强调私有化的地位。为了能获得竞争优势，高等教育开始从全球市场上的研究基金，大学相关产品的销售、咨询、研究服务，以及大学与产业的联系中获得收入。这一趋势使得世界各国对高等教育是公共产品还是私人产品这一问题的看法发生了很大的变化，他们认为接受高等教育的毕业生，其终身的收入都得到了增加，而增加的收入更大程度上是其个人享用其价值，所以高等教育是私人产品。由此，高等教育作为一种私有产品的观念在全球占据了主导地位。

在这种形势下，国际组织在 20 世纪末纷纷出台一些文件，强调大学的社会维度，比如 1998 年第一届世界高等教育大会通过的纲领性文件《二十一世纪世界高等教育宣言：展望与行动》[1]《2009 年世界高等教育会议：高等教育新动力与社会变革与发展研究》《关于高等教育公民角色和社会责任的塔鲁尔宣言》[2]《2030 行动宣言》等。这些文件极大地促进了实践大学社会责任组织联盟的成立。如众所周知的大学社会责任联盟、全球大学社会责任联盟等。联合国教科文组织在 2003 年 6 月的世界高等教育会议上强调："在人类历史上，从来没有一个历史时期像现在这样：一个国家的福利与其高等教育系统和机构的质量和推广如此密切地联系在一起。"

与国际组织关注大学社会责任一致，部分学校将大学社会责任纳入学校发展战略之中。英国曼彻斯特大学将社会责任作为学校发展的核心战略目标之一。[3]2015 年西班牙在大学战略中提出把大学社会责任作为大学的指导方向。[4]一些大学已经建立了社会责任组织架构，如中国香港理工大学设立了大学社会责任部，其目的在于战略性地规划、协调和实施大学社会责任项目。部分大学开始出版大学社会责任（USR）或可持续性报告，如哈佛大学、曼彻斯特大学、同济大学等。

（二）21 世纪初学术界也开始关注并研究大学社会责任

大学社会责任（University Social Responsibility，USR）作为一个独立的概念，它最早被提出是在 2007 年的一次国际会议上。[5]大学社会责任作为学术研究对象，

---

[1] World Declaration on Higher Education for the Twenty-First Century：Vision and Action［EB/OL］.（1998-10-09）［2019-04-20］.https：//bice.org/app/uploads/2014/10/unesco_world_declaration_on_higher_education_for_the_twenty_first_century_vision_and_action.pdf.

[2] The Talloires Declaration on the Civic Roles and Social Responsibilities of Higher Education［EB/OL］.（2015-06-17）［2019-04-25］. https：//talloiresnetwork.tufts.edu/wp-content/uploads/TalloiresDeclaration 2005 .pdf.

[3] The University of Manchester's Strategic Plan 2020［EB/OL］.［2018-07-07］.http：//documents.manchester.ac.uk/display.aspx?DocID=25548.htm.

[4] Lozano M R, Wigmore A. University Social Responsibility（USR）in the Global Context：An overview of literature［J］. Business & Professional Ethics Journal, 2012, 31：475-498.

[5] 康乐 . 大学社会责任理念与履行模式［D］. 大连：大连理工大学 . 2012：8.

其在国外最早出现在1923年的论文《大学社会责任》(*The Social Responsibility of the State University*)中，我国对其最早的研究出现在1999年《试论大学的社会责任》论文中。

在欧洲，大学社会责任侧重从道德义务的角度进行研究。如罗恩·巴内特(Ron Barnett)认为，大学有责任帮助维持和改善世界、社会、社区和个人。

在拉丁美洲，社会责任的概念是从大学核心业务的角度来研究，其代表人物是弗朗索瓦·瓦莱伊(Francois Vallaeys)。他认为大学社会责任要分解到其各个组成部分，然后逐步分析大学为促进道德、经济、社会发展和增加人力资本等所做的贡献。

在非洲，由于高等教育面临着经济和政治挑战，社会责任的概念被解释为大学应对外部挑战的能力及其在具有挑战性的环境中对社会负责的能力。非洲的高等教育入学人数是全球最少的，机构数量也是最少的。在过去的几十年里，非洲的高等教育很少受到国家和国际组织的关注，最近高等教育开始被视为一个关键的发展部门，大学社会责任也获得了关注。

在北美洲，由于高度的消费主义和市场力量对日常生活的影响，大学社会责任受到关于新自由主义的论述的高度影响，在社会责任方面的重点是高等教育机构的内在性质及其在改造公民社会中的作用。

总之，国外关于大学社会责任研究总体研究趋势主要有：大学社会责任概念框架、大学社会责任战略规划、大学社会责任教育、大学社会责任报告、大学社会责任传播等主题。[1]

（三）我国对大学社会责任的关注与研究

我国在1999年至2008年间对有关大学社会责任的研究较少，在2008年之后年均有10篇的文章出现，代表性的学者有张维红、康乐、阎光才、龚放、王

---

[1] Amber WigmoreÁlvarez, Mercedes RuizLozano. University Social Responsibility (USR) in the Global Context: An overview of literature [J]. Business & Professional Ethics Journal, 2012: 475-498.

晓阳等。

我国关于大学社会责任的研究主要集中在大学社会责任概念、大学社会责任履责模式、大学社会责任案例、大学社会责任报告等方面。从现实情况来看，大学社会责任峰会及社会责任机构的设立数量也不断增多，但是我国还未有学者研究如何将大学承担的这些责任用一些测量的指标将其显性化，即如何评价大学社会责任的表现。

本书认为，只有建立一套大学社会责任评价指标，才能更好地督促大学在增进社会公益方面不断努力，进而提升教育质量，促进全人类的经济、文化和环境朝着可持续发展的方向迈进。

二、研究问题

中共中央、国务院印发《中国教育现代化 2035》对高等教育提出的预期目标是提升高等教育的竞争力。中共中央办公厅、国务院办公厅印发的《加快推进教育现代化实施方案（2018—2022 年）》中提出了要推进高等教育内涵发展。内涵发展意味着从数量到质量的转变，质量不能是一个抽象的概念，它必须适用于特定的背景，质量应该与大学机构在解决一个社区面临的问题中的作用相联系。该文件的出台也意味着高等教育进入由量到质的转型阶段，所以如何提升教育质量成为高等教育领域亟待解决的重要问题。当前，我国高校的排名在世界范围内虽然逐步提升，但在攻克社会重大问题等方面表现乏力。大部分排名虽然可以较为直观地反映高校的知识产出水平，但有时由于太过于关注表面上的指标表现，缺乏对社会层面的关注，因此容易出现“头痛医头，脚痛医脚”的短期行为或“投机”行为。

社会给予大学自治的权力，并通过政府的公共财政支持，为大学发展提供大量的社会资源。大学作为适应社会需求而建立起来的社会机构，有责任根据社会发展调整其管理决策，使其适应社会需求，促进人的全面发展和社会的进步。高等教育必须从更广泛的角度分析其社会责任，并考虑整个社会所面临的挑战。

21 世纪高等教育面临着社会一系列的挑战，我们必须重新思考高等教育机构与社会的关系。因为大学面临的挑战不再仅仅是高校的利益、声望和毕业生的就业前景，还要通过满足本地和全球的社会需求，做到对社会相关活动负责任。在这个变革的时代，大学管理者应该思考如何解决这些问题以及如何保障大学机构发挥公共效力。在这样的环境下，社会需要大学提供一个更为丰富的发展理念去改善人类生存状况。这种发展理念必须是伦理的而不是仅仅从物质的角度来看待。高等教育体系有机会通过教育塑造一个新的环境，在这个环境中，人们可以充分发挥自己的潜力，过上高质量的生活，进而实现人类的可持续发展。

当我们在思考提高大学质量时，是否考虑了大学日益增加的社会责任？在当前社会变革的背景下，大学社会责任应该涉及大学所面临的新环境，如贫富差距的不断扩大、环境 / 能源问题、老龄化社会、细菌性新疾病凸显等问题。然而，由于大学的保守性，几乎每次重大变革都是在外力的推动下被动实现的，大学想要实现主动的变革，就不能忽视大学的社会层面，因为这是大学主动摆脱自我腐败的一个重要动力。一旦大学的有效性仅仅通过一些指标来衡量，如更高的外部研究资金、更多的申请人、更出色的学位完成率、更好的就业率等指标，而不谈大学机构对社会的贡献，就会缺少灵魂。如果我们不考虑一所大学对社会发展的贡献及大学在促进社会发展方面所起的作用，我们可能就不会看到这些数字背后的真相：什么样的研究得到了资助？有多少研究与工业相关、有多少研究与提升人类的生活质量相关？重点高校的学生主要来自哪个社会阶层？我们的毕业生在社会上扮演的是成功的领导者和先锋吗？学生就业成功是否意味着我们允许市场利益决定我们的课程？我们大学所在区域的社会发展是否协调、贫富差距是否持续变小？社区民众是否因为我们的参与变得更好？社区环境是否以可持续的方式发展？

大学要避免形成一种狭隘的大学质量观。在个别“双一流”大学中，过度的个人主义、对基础研究的忽视、不重视社会服务等大学风气营造了一种脱离现实的氛围，使高等教育偏离了其更大的目标——参与建设一个更加公正的社会，使国家更加文明和安全。[1] 当前对大学质量的评估，往往侧重于文章被引用量、学生就业率等，却对与大学相关的环境和社会影响认识不足。在复杂多变的社会中，考核高校教师获得职称晋升、人才称号、年度绩效奖金的方法往往参考的是学术论文，研究生的评奖则往往参考的是发表文章的数量，而不去评价学术研究是否对社会有用，以及如何使用专业知识帮助社会解决问题。部分教师在这种体制下只顾埋头发表文章，知识生产拘泥于“象牙塔”之内，一些研究与社会现实问题脱节，知识难以转化为对社会有用的东西，可能难以为社会提供无偿服务；个别高校教师公共精神逐渐丧失，学术成为部分学者谋求功利的工具。总之，若已有的大学评估指标没有考虑到社会责任，将导致其难以促进我国研究型大学持续高水平发展。

大学想要提升其质量就必须与社会建立更紧密的联系。正如耶鲁大学汉斯曼教授所说，教育是一个关联品（associative goods）。质量是一种社会建构，它需要反思、对话和集体努力，所有这些都必须在高等教育机构运作的特定背景下进行。新自由主义经济在世界范围内的确立，意味着高等教育机构在更广泛、更复杂的环境中履行其职能，社会问题的复杂性和系统性要求大学必须与政府、企业和非政府组织或非营利性组织部门展开合作。故高等教育机构必须重新配置其与社会各部门联系的结构与职能，利用知识作为社会发展的决定因素，化解不合理的发展对社会和生态环境带来的巨大威胁。为了生存并产生影响，大学必须像社会秩序一样充满弹性。正如韦尔金斯所说的那样，大学作为知识的生产者、批发商、零售商，承担社会责任是其天然使命。[2]

据此，本书将尝试回答以下问题：大学如何确保其决策和活动能够增进公众利益，提升人民的生活质量，以及他们的努力如何被强化？具体来讲，本书是

---

[1] Laird T F N, Engberg M E, Hurtado S. Modeling accentuation effects: Enrolling in a diversity course and the importance of social action engagement［J］. The Journal of Higher Education, 2005, 76（4）: 448-476.

[2] 约翰·S. 布鲁贝克. 高等教育哲学［M］. 王承绪，译. 杭州：浙江教育出版社，2002：18.

将大学放置在社会责任视域下，尝试回答大学作为一个具有巨大社会影响力的组织，如何承担其对社会产生的负面影响的责任以及如何引导高校践行大学社会责任，进而提升大学质量水平与人类生活质量水平。

为了回答这个问题，需要将这个问题分为三个小问题。

大学社会责任的逻辑起点是因大学对社会造成影响而应该承担的责任。因为大学作为知识生产主体会自动对政治、经济、文化产生影响，既然大学会对社会产生影响，那么大学对社会的影响可能是正面的，也可能是负面的。如果大学评价指标在使用中被扭曲，那么大学对社会和环境将会造成负面影响。

第一个问题是研究型大学对社会存在一定的负面的影响吗？这是本书第一个需要回答的问题。

第二个问题是如何消除大学可能存在的这些负面的影响？也就是大学管理者应该采取哪些措施干预大学对社会可能存在的负面影响？这些措施是否考虑了大学的社会责任，能否解决大学机构可能存在的负面影响，进而确保知识生产与传播能增进公众利益？如果大学不采取相应的干预措施消除其负面影响，这将影响公众对大学的信任程度，直接影响大学的招生及对专业人员的吸引力。

第三个问题是干预指标能否用于监测和评估研究型大学社会责任表现，进而提升我国研究型大学质量？评价指标是评估的基石，它们支撑着整个高等教育质量体系，不适当的标准和指标会导致高等教育质量体系低下，无法充分满足社会需求。

如果社会期望大学满足当代需求，那么高等教育机构必须发挥作用。如何使其发挥作用，需要一个评估项目进一步展示其指标背后的逻辑。

大学如何确保其合法的社会利益高于市场利益是当下大学转型最为关键的挑战，这一转型过程必须确保大学成为社会中心角色，并需要对评估大学质量过程中使用的机制、标准和指标进行改革，这种改革将有助于确保高等教育的社会责任。

本书将以社会公正为价值观倾向构建大学社会责任评价指标，并综合国内外大学社会责任内涵要素，探讨适合我国研究型建设高校的社会责任评价指标。这将有助于我们改变大学现有的结构和行为，从而实现可持续发展。

三、研究意义

（一）理论意义

1. 扩展大学评估的新维度，丰富目前的大学评估体系和内容

近代中国大学学制及机构的设置是模仿借鉴日本、法国、美国等国家建立起来的，可以说中国是在“办大学 ”（university in China），大学也基本建立起五大职能体系——人才培养、科学研究、社会服务、文化传承与创新、国际交流与合作。虽然大学在发展科学技术、传承知识上无可厚非，但这种“办起来”的大学存在求同性，缺乏多样性。要实现在中国“建大学”（university of China），就需要大学立足本国实际。[1]而立足本国实际情况，就需要将中国社会责任融入大学职能维度，增强大学对社会公共服务的承诺，扩展大学研究本土化。本书以大学影响力作为突破口，以大学社会相关性为主线，能够增加大学评估的新维度。

2. 推动大学社会责任的相关理论研究

采用利益相关者理论对大学社会责任进行研究，可以丰富利益相关者理论在中国高等教育领域的适用性。通过对该理论在中国高校的运用可以推动理论进一步发展。此外，通过高校职能作为分析工具，有助于高校功能理论扩展。同时也有助于高等教育公益性理论的完善。

3. 推动大学社会责任由理念到实践操作的发展

通过构建研究型大学社会责任指标体系，将有助于厘清大学社会责任内容，为研究型大学社会责任的推行提供切实可行的路径。

---

[1] 欧小军．“中国特色世界一流”大学的文化选择［J］．现代教育管理，2017（12）：22-27.

（二）现实意义

1. 为高校管理者提供新的管理方法

大学需要强有力的大学战略管理，才能在竞争激烈的教育行业中取得成功。大学社会责任是高等教育机构获得良好声誉、取得竞争优势的首选策略之一。在全球化的背景下，高等教育机构必须考虑竞争，以便不仅在国内而且在国际层面吸引高质量的学生和学术人员。

2. 有助于提高教育质量和人类生活质量

将社会责任作为评估高校的一种方式有助于应对我国经济、社会和环境面临的问题，也有助于促进大学关注社会、正确履责、增强服务社会的意识、提升教育质量。对大学社会责任研究兴趣来源于周围同学们的反馈，有助于解答学生们的现实困惑："都已经是大学生或研究生，每天还是图书馆、餐厅、宿舍三点一线，有的同学对附近的农业、工业、商业及地理环境等存在的问题，以及居民生活状况不清楚，有的同学甚至连不清楚自己学的专业可以解决什么问题，为什么学校不给学生机会，让学生到自己研究的领域进行参观学习，为什么学校的志愿服务没有系统规划，大学生拥有知识不去帮着社会解决问题，那学习那些知识干什么用？"如何解决这些个别问题？本书认为通过在高校实践大学社会责任理念可以促进大学关注社会、服务社会的意识，进而通过大学共同体参与社区发展，促进区域经济与社会的发展。

3. 有助于衡量和评价社会责任执行情况，推动大学为社会可持续发展服务

随着高等教育商业活动增多，其在某种程度上已经成为一种商业活动。在这种背景下，大学作为一种机构必须进行相应的调整以适应全球面临的气候变化、不平等、环境危机等问题。[1] 当前世界面临着共同社会问题，急需大学管理者制定科学的战略决策，构建共同价值体系，解决人类面临的困境。通过对大学社会

---

[1] Vasilescu R，Barna C，Epure M，et al. Developing university social responsibility：A model for the challenges of the new civil society［J］. Procedia – Social and Behavioral Sciences，2010，2（2）：4177–4182.

责任的研究，可以推动大学为社会可持续发展作出贡献。

4. 为社会发展提供具有社会责任和社会担当的新青年

根据 2022 年中国统计年鉴，2021 年高等教育（研究生、普通本科、职业本专科）在校学生达到近 3829.3 万人。[1] 通过社会责任相关的课程的开设，培养引领未来社会、经济、政治等各方面领军人物，对社会进步有着巨大的推动作用。

第二节 文献综述

质量保障是国际高等教育重要主题之一，而建立多元化的质量评估体系是保证高等教育的重中之重。第二次世界大战之后，高校走出象牙塔与经济社会联系更加紧密，且在进入普及阶段之后学生生源、知识结构、对知识的需求多元化等，这些都要求高校要对社会需求做出反应。秉持有了测量才会有改进的理念，可以发现无论从历史纵向的角度，还是横向比较寻求借鉴的角度思考，评估在高等教育中的作用都是举足轻重的。19 世纪的物理学家威廉 · 汤姆森曾说过“无法测量就无法改进”。大学评估是必不可少的政策工具，基于指标的测量也是大学评估中一个不可缺少的方法。评估可以为人们提供关于大学质量的信息，排名的先后与升降有时也可以间接地反映大学发展的某种状态。尽管评估受到诸多诟病，但目前并没有更好的办法可以取代它。

关于本节的文献综述，主要分为两部分内容。第一部分需要对大学社会责任进行梳理，以求在已有的基础上更好地把握大学社会责任的内涵与外延，构建我国研究型大学社会责任指标。第二部分对已有的大学社会责任测量与评价框架归类分析，找到大学社会责任评价亟须弥补的空白。

[1] 国家统计局．中国统计年鉴 2022［M/OL］.［2023-11-25］.http：//www.stats.gov.cn/sj/ndsj/2022/indexch.htm.

一、大学社会责任研究

在多数情况下，21 世纪之前的大学会试图以“理想主义的大学理念”来证明其合理性，认为大学应该与社会保持一定的距离，大学的存在应该力求了解其生存的世界，在“富于想象”中探讨其所好奇的问题，并通过精密的验证来满足其好奇心。这种强调学术自由、要求免受外部影响、强调通过自由的探究精神来发展新思想的理念认为大学在本质上不应该为任何人负责。

然而，从本质上来说，21 世纪之前的大学只回答了大学擅长的问题，即大学要创造知识、传授知识并培养人才及社会服务，却未回答“大学为社会带来了什么益处”这一问题。为了更好地回答大学在擅长的领域为社会带来的好处，有必要梳理大学社会责任研究的概念及内涵，以便建立一个更加适切的大学社会责任评价指标体系。

在知网上以篇名为“大学社会责任”进行检索，截至 2020 年 5 月 12 日，一共有 673 篇，其中中文文献 417 篇，外文文献 264 篇（见图 1.1、图 1.2）（关于大学社会责任的外文文献非常多，但是很多文献尚未被收录在知网之中）。

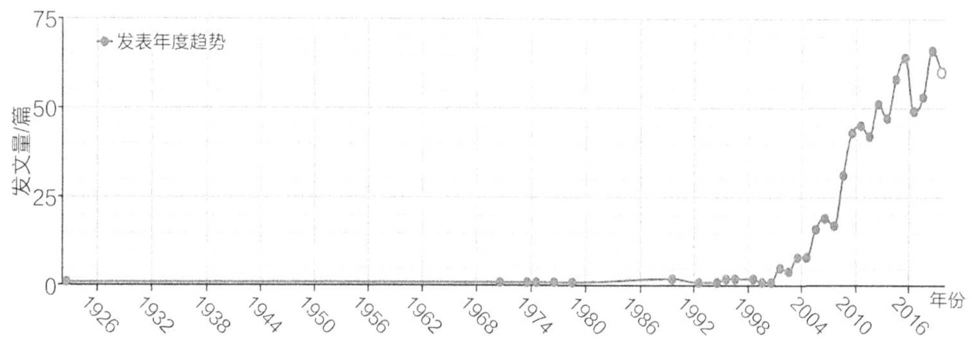

图 1.1 大学社会责任（中英文对照）发文量趋势

资料来源：中国知网文献统计

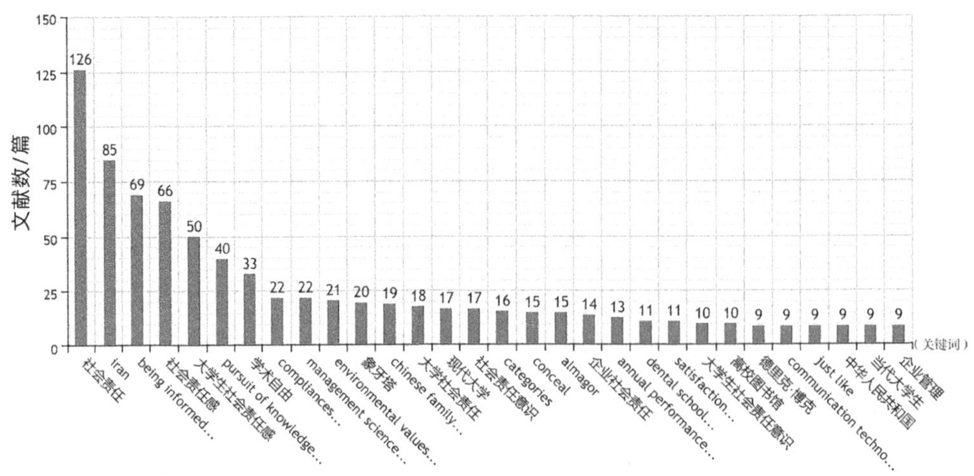

图 1.2 大学社会责任（中英文对照）主题分布

资料来源：中国知网文献统计

鉴于知网收录的文献不够全面，本研究还通过谷歌学术、南开搜索、百度学术搜索，以及国外的同学及老师收集了大量的资料，通过多种途径查阅了大量资料（其中以西班牙语为代表的非英文的外文文献，由于在翻译这些非英文的文献仅凭借翻译软件，可能会存在理解偏差）。为了能为研究大学社会责任评估指标体系提供一定的研究基础，本书需要梳理大学社会责任的概念与研究的切入点及大学社会责任内涵与维度。

（一）大学社会责任概念研究

对大学社会责任概念的梳理，有助于本书更好地把握大学社会责任内涵与外延，找到新的切入点，而且可以避免研究中出现重复问题。

1. 国外学术界关于大学社会责任概念的研究

国外对于大学社会责任的概念研究比国内成熟很多，本书通过文献梳理，将其分为以下四类：将社会责任作为一种道德规范；将大学社会责任作为培养公民意识的方式；将大学社会责任作为回应利益相关者需求的方式；将大学社会责任作为大学因其社会活动所产生影响的责任。

将大学社会责任作为一种道德规范，代表性的人物是胡安·雷塞尔（Juan Reiser），他认为大学社会责任是一种具有道德规范特征的义务，表现为大学共同体（ 学生、教师和行政管理者）负责任地管理大学对教育、认知、劳动力和环境产生的影响和作用，在与社会相互交流中，促进人类可持续发展。[1] 全球大学社会责任联盟（global USR network）对大学社会责任的定义是大学通过教育研究、社会和环境三个重要方面关注当地社区，并采取一切可以采取措施来改善其所有员工及其家属、学生、教师的生活质量。[2] 大学社会责任联盟（University Social Responsibility Alliance）将大学社会责任定义为：大学改善其所有员工及其家属、学生、教师、当地社区和社会生活质量的行动，是大学为创建人与人之间、人与环境之间的良好关系而采取的行动。该行动主要包括以下几个方面：一是通过教育与研究为社会提供公共福利；二是在社会上积极传播知识和专门技能；三是维持并提升社会道德标准；四是促进环境的可持续发展；五是为社会培养高素质的公民。[3]

将大学社会责任作为培养公民意识的一种方式。具有代表性的学者阿瑞瓦·本彻·阿玛特（Aurilla Bechina Arnzten）认为，大学社会责任是大学通过采取一系列的方法，提高学生、学者和教职员工对社会、生态、环境、技术和经济的参与，进而推动当地社区与全球社会的可持续发展的伦理行动。[4] 鲁克桑德拉·瓦西列斯库（Ruxandra Vasilescua）认为，大学社会责任是大学通过鼓励学生、学术人员向当地社区提供社会服务来加强公民承诺、积极的公民意识、志愿服务、道德方法、发展公民意识促进生态和环境承诺推进地方与全球可持续发

---

[1] Juan Reiser. University Social Responsibility definition［EB /OL］.（2009-10-14）［2023-11-25］. http：//www. usralliance. org /resources /Aurilla_ Presentation_ Session6.htm.

[2] 康乐．大学社会责任理念与履行模式［D］．大连：大连理工大学，2012：9.

[3] University Social Responsibility Alliance. What is University Social Responsibility?［EB/OL］.（2010-06-20）［2023-11-25］. http：//www.usralliance.org.htm.

[4] Sawasdikosol S, Moral P. Driving universities' collaboration toward the new era of sustainable social responsibility[C]//University-Community Engagement Conference. 2009：1-17.

展。[1] 阿克塞尔·迪君克松（Axel Didriksson）认为，大学社会责任是培养如何适应职场的公民；如何培养有道德的公民；如何培养具有自由、民主和社会平等意识的公民以及如何培养尊重多元文化的公民。[2]

将大学社会责任作为大学回应利益相关者需求的方式。阿尔玛·埃雷拉（Alma Herrera）认为，大学社会责任指的是大学尽可能以合适、伦理和有效的方式回应利益相关者需求的行动与过程。[3]

将大学社会责任作为大学因其社会活动所产生影响的责任。代表性学者弗朗索瓦·瓦利斯（François Vallaeys）认为，大学社会责任是指大学通过四个过程（责任校园、社会知识、专业教育和社会参与）传播和使用一套准则和价值的一种能力。[4] 欧盟委员会认为，大学社会责任是大学通过公开和透明的方式，采取符合伦理的战略，实现大学对社会和环境的正向影响。

2. 国内学术界关于大学社会责任概念研究

我国对大学社会责任研究比国外晚一些，但是学术界也对大学社会责任的概念和切入点做了一些研究，主要分为将社会责任作为一种道德义务；将大学社会责任作为应对社会挑战的方式；将大学社会责任作为大学职能的延伸。

将社会责任作为一种道德义务。学者阎光才认为，大学社会责任排除了强制和功利的价值评判，纯粹是一种自发的道德自律行为。[5] 同样从道德层面研究大

---

[1] Vasilescu R，Barna C，Epure M，et al. Developing university social responsibility：A model for the challenges of the new civil society［J］. Procedia – Social and Behavioral Sciences，2010，2（2）：4177–4182.

[2] Axel Didriksson，Alma X. Herrera. Universities' New relevance and Social Responsibility［A］. GUNI（eds）. Higher Education in the World 2007（Accreditation for Quality Assurance：What is at Stake）［C］. New York：Elsevier Science，2007：11–14.

[3] Alma Herrera. Social Responsibility of University［A］. GUNI（eds）. Higher Education in the world 3（Higher Education; new challenges and Emerging Roles for Human and Social Development）［M］.New York：Elsevier Science，2008.177.

[4] Gomez L. The Importance of University Social Responsibility in Hispanic America：A Responsible Trend in Developing Countries［M］// Critical Studies on Corporate Responsibility，Governance and Sustainability. 2014：249

[5] 阎光才. 识读大学——组织文化的视角［M］. 北京：教育科学出版社，2002：64.

学社会责任的还有刘恩允。刘恩允认为社会的伦理道德问题成为人们所诟病的问题，为此他提出了大学社会服务活动需要以社会整体利益为着眼点，为社会弱势群体提供人道关怀。[1]

将大学社会责任作为应对社会挑战的方式。尹晓敏认为，大学社会责任就是大学通过一系列的行为，回应不同利益相关者的利益需求的一种行动。[2]张维红认为，大学社会责任是大学存在的社会意义与方式，是大学对社会的期待与需求所作出的反应。[3]

将大学社会责任作为大学职能的延伸。眭依凡认为，大学的使命就是人们对大学必须承担社会责任的一种认定，并认为大学必须坚守培养人才的使命、探索真理创新知识的使命和对国家负责的使命。[4]康乐认为，大学社会责任是指大学在基于对大学使命的深切体认的基础上，通过大学职能的充分发挥引领人类社会进步的责任。[5]

将大学社会责任作为某一类主体的道德理性的责任。第一类责任主体是以潘懋元[6]为代表的学者，他将高等教育研究作为承担社会责任的主体，论述了高等教育研究的社会责任。持这类观点的还有以下学者：武毅英、叶爱珍从高教研究主体出发，论述了高教研究的五大责任，即服务责任、引领责任、促进责任、历史责任和学术责任[7]；董泽芳、张继平、李盛兵、彭拥军等都从高教研究主体出发，从不同视角论述高教研究的社会责任。第二类责任主体是高等教育学者的社会责

[1] 刘恩允．区域发展视角下的高校社会服务伦理探讨——基于威斯康星大学社会服务理念的解读及其启示［J］．江苏高教，2011（2）：19-21.

[2] 尹晓敏．大学社会责任研究——以利益相关者理论为视角［J］．辽宁教育研究，2008（2）：6-10.

[3] 张维红．大学社会责任探究［D］．厦门：厦门大学，2018：93-94.

[4] 眭依凡．大学的使命及其守护［J］．教育研究，2011（1）：68-72.

[5] 康乐．试论大学社会责任［J］．中国高教研究，2012（4）：26-29.

[6] 潘懋元．高等教育研究的社会责任［M］．北京：教育科学出版社，2011：3-6.

[7] 武毅英，叶爱珍．高教研究的社会责任与高教研究主体的使命［J］．中国高等教育评论，2011（2）：37-47.

任，代表人物是曾天山[1]，他认为学者是社会的良知，学者要将作为公民身份的社会责任与作为职业身份的学术责任有机结合起来，研究真问题，提出真知灼见。持此类观点的还有以下学者：胡弼成、陈小伟、李姝辄[2]从大学教师这一主体出发，提出了大学教师要加强学术探求、师德情操和怀抱普世情怀，才能发挥知识分子的社会责任。庞振超[3]从教师身份出发，认为教师有三种身份，自然具有三种责任，一是作为教师身份，承担着教书育人责任；二是作为学者身份，承担科学研究责任；三是作为知识分子身份，具有对现代大学制度反思与构建的责任。

3. 关于对大学社会责任概念研究的述评

国内与国外对大学社会责任概念的研究不同点在于国外对大学社会责任概念的研究注重科学研究的程序，无论从什么视角出发，他们对大学社会责任概念的界定都在尝试将大学社会责任分解为若干可以操作的变量。当然这种研究方式与其所处的环境有着密切关系，如国外比较注重对人与物关系的思考、注重对自然规律的探讨，所以国外对大学社会责任概念的界定注重自变量的归纳。而我国文化更加注重"天人合一"、人与人之间的关系的思考、经验性的观察，所以我国对大学社会责任概念的界定相对模糊。

从责任伦理的角度出发，考虑大学作为一个社会机构应该承担的责任，在某种程度上有些"乌托邦"的色彩。首先，因为大学之间竞争激烈，一旦大学承担的社会责任与大学核心业务存在利益冲突，大学管理者可能会首先舍弃社会责任。其次，法律就是道德的最底线，有法律作为其活动界限，从道德伦理来谈大学应该承担的社会责任就会显得乏力。

从公民教育的角度谈大学社会责任，比较适合北美地区情况，因为该地区奉

---

[1] 曾天山．高等教育学者的社会责任［J］．中国高等教育评论，2011（2）：7-13.

[2] 胡弼成，陈小伟，李姝辄．大学教师作为知识分子的社会责任［J］．中国高等教育评论，2011（2）：101-108.

[3] 庞振超．高等教育研究者的身份意识与社会责任——教育叙事的视角［J］．中国高等教育评论，2011（2）：54-60.

行自由、市场、竞争，所以强调大学对公民的培养。

从社会本位出发，强调大学对社会需求的应对。这种观点可以真正惠及大众。但是大学是一个研究高深学问的场所，是一个学术组织，大学不能偏离其人才培养和科学研究的基本职能，不应该承担其他社会组织承担的责任。

从利益相关者理论角度强调大学对利益相关者的回应。对于这一问题，尹晓敏表示，以利益相关者理论作为探讨大学社会责任问题的研究视角，大学社会责任的边界就可以限定在大学与相关利益者之间的关系上。[1] 利益相关者在推进大学社会责任实践对象的主体由人扩展到社区以及环境，这显然是一大进步。这种概念在某种程度上可以缩小大学社会责任的范围，更具有实践操作性，但谁是大学的利益相关者，对这个问题的回答主观性比较大，还涉及大学层次划分，且利益相关者对大学的需求与大学应该承担的社会责任很难协调一致。

将大学社会责任立足于大学职能的发挥，这是一种大学主体论。大学社会责任是一个随着大学职能的发展而不断发展的概念，很多学者认为将大学承担的社会责任仅仅停留在人才培养、科学研究和社会服务，却未对文化传承及国际交流与合作给予足够的重视。

将大学社会责任作为某一主体应该承担的社会责任。已有研究主要集中在高等教育研究和高等教育学者应该承担的社会责任，却未提及高等教育机构应该承担的社会责任。任何组织的存在都对社会具有一定影响，大学机构也不例外，所以忽视大学机构这一责任主体显然是存在一定问题的。

因此，在我国要真正推行大学社会责任，就需要一种新的切入点作为研究大学社会责任的逻辑起点。据此，本书认为大学社会责任的逻辑起点是大学影响力。大学承担的责任是因为大学机构的决策或活动对社会产生影响而应该承担的责任，即大学是承担责任的主体，承担的客体应该是那些受到大学影响的个人、团体乃至自然环境，大学承担社会责任的方式是基于大学的五大职能，即人才培

---

[1] 尹晓敏．大学社会责任研究——以利益相关者理论为视角［J］．辽宁教育研究，2008（2）：6-10.

养、科学研究、社会服务、文化传承与创新及国际交流与合作。

（二）大学社会责任维度与内容研究

对大学承担社会责任划分维度研究非常重要，因为这些维度的划分能够为后面案例的归类提供一些思路。对大学社会责任内容的研究可以帮助本书把握大学社会责任履责主题，有助于后续评估指标的选择。因为大学社会责任实践形式具有很强的地域性，每个地方的大学都具有自己特色的大学社会责任内容体系，由于每个国家的国情是不一样的，对大学社会责任的定义也是不一样的，所以在此部分，需要划分国内和国外进行分别综述。

1. 国外学术界关于大学社会责任维度及内容研究

国外关于大学社会责任研究的内容。曼努埃尔·拉拉恩·豪尔赫（Manuel Larrán Jorge）、弗朗西斯科·哈维尔·安德拉德斯·佩纳（Francisco Javier Andrades Pena）通过选取2010—2015年的314篇学术论文中对文章主题的归纳发现，关于大学社会责任的活动可以分为四类，即社会责任教育、社区参与、科学研究、大学管理。社会责任教育有38篇，其中有16篇详细描述了将社会责任主题纳入课程的程度，有11篇探讨了如何教授社会责任主题，以及可以使用哪些教学方法来教授社会责任主题，另外11篇文章分析了大学教育对学生社会行为的影响；社区参与55篇，其中42篇文章研究了与促进公民价值观和社会正义有关的问题，13篇分析了大学对其社会经济区域的贡献；科学研究38篇，这些学术文章探讨了知识转移在大学与社会之间的社会契约中的作用；大学管理183篇，其中74篇主要从管理机构结构的角度，深入探讨了大学管理改革的效果；有57篇文章探讨了内部和外部利益相关者对大学治理新模式的影响；有52篇文章分析了大学治理的作用及其对问责和报告问题的影响[1]。大学社会责任（USR）包括许多不同领域：加强公民承诺和积极公民意识的必要性；通过社

[1] Larrán Jorge，Manuel，Andrades Pena F J . Analysing the Literature on University Social Responsibility：a Review of Selected Higher Education Journals［J］. Higher Education Quarterly，2017：310

区参与和外联活动向社区提供服务；促进经济和国家发展；促进对问题的伦理处理；培养公民身份，鼓励学生、学术及行政人员向当地社区提供社会服务；促进生态或环境承诺，促进当地和全球可持续发展；开发当地和全球人力资源；通过为国家和人类提供高质量的研究和教育来扩展人类知识。[1] 阿扎姆·埃斯菲贾尼（Azam Esfijani）、法克希尔·侯赛因（FarookhKhadeer Hussain）和伊丽莎白·张（Elizabeth Chang）通过 NVivo 和 Leximancer 检索，认为大学社会责任的内容应该包括：利益相关者、参与、教育、研究 / 发现、学术、学习、服务 / 外展服务、知识、教学、伦理。[2]

国外关于大学社会责任维度的划分，主流的观点主要是依据大学社会责任，包括大学负责什么？为谁负责？以什么样的方式负责？进而划分大学社会责任维度。在美洲，大学社会责任被认为是一种伦理和整体管理模式，可以促进大学和社会的互利互惠。莉娜·戈麦斯（Lina Gomez）将大学社会责任实践的影响分为组织性（与工作氛围和环境相关）、教育性（学术基础）、认知性（认识论研究）和社会性（社区拓展）四个方面，进而提出大学社会责任四大维度：教育、研究、管理与社区参与。[3] 他认为大学社会责任应将责任和可持续发展实践置于大学日常管理过程中（如校园管理、教学、研究和社区推广）。还按照这种维度的划分，提出了具有操作性的建议：首先，大学有责任将伦理置于学术和组织生活的中心，这意味着所有关于大学管理、教学、研究和社区服务的决定应以一种更加注重道德的方式进行；其次，大学应该对大学社区不同成员负有责任，内部利益相关者（职员、教授、学生以及校友）和外部利益相关者（当地社区、政府和其他关键外

---

[1] Vasilescu R , Barna C , Epure M , et al. Developing university social responsibility: A model for the challenges of the new civil society［J］. Procedia Social & Behavioral Sciences, 2010, 2（2）: 4177–4182.

[2] Azam Esfijani, FarookhKhadeer Hussain, Elizabeth Chang. University social responsibility ontology［J］. Engineering Intelligent Systems , 2013（4）: 271 - 281

[3] Gomez L. The importance of university social responsibility in Hispanic America: A responsible trend in developing countries[M]//Corporate social responsibility and sustainability: Emerging trends in developing economies. Emerald Group Publishing Limited, 2014, 8: 241–268.

部团体负责）；最后，大学负责管理日常事务，如管理、教学、研究和社区。这种定义是非常清晰的，而且易于操作。同样，持相同观点有曼努埃尔·拉兰·豪尔赫（Manuel Larran Jorge），弗朗西斯科·哈维尔·安德拉德斯·佩纳（Francisco Javier Andrades Pena）。他们认为[1]大学作为一个机构需要把道德、社会和环境价值观融入其主要功能中，同时也要积极回应利益相关者的需要，这样才能履行好大学社会责任。大学履行社会责任指的是大学实践其社会维度的活动，主要包括四个方面，即教育：将社会责任主题纳入课程；研究：知识向社会的转移；管理：实施良好治理；社区参与：促进公民价值观，如社会正义、公平和多样性等。胡安·雷塞尔将“教育、科研、组织和社会”作为大学社会责任内涵的四个维度。除此之外，还有一些混合型的大学社会责任维度。罗马尼亚高等教育体系在大量文献回顾和内容分析的基础上，提出了大学社会责任实践的六个维度[2]：一是校友导向项目；二是校际合作；三是大学—高中 / 其他机构合作；四是社区导向大学—商业环境合作；五是社区导向国际合作；六是社会文化和生态项目。

关于大学社会责任构成要素，在欧洲有专门的项目对其进行研究，即欧洲大学社会责任与社区发展参考框架（EU-USR）比较研究项目（EU-USR. WP2 USR GOOD PRACTICE COLLECTION-FINAL REPORT），他们依据联合国教科文组织在 1998 年发布的《世界高等教育宣言》和 ISO26000 中提到的组织社会责任 7 大主题组成的交叉矩阵，从大量的案例中挑选矩阵交叉点，最终从欧盟 15 个国家选择了 40 个大学社会责任实践案例，对挑选出的案例使用软件 QSR NVivo10 进行词频分析，得出了大学社会责任要素（常见词汇，比重由高到低）：发展、教育、社会、社区、方案、研究、合作、质量、欧盟、政策、生态环境的、人权、可持续、人类、项目、培训、创新、环境、结果、活动、重点、主题、管

[1] Jorge M L，Peña F J A. Analysing the Literature on University Social Responsibility：a Review of Selected Higher Education Journals［J］. Higher Education Quarterly，2017，71（4）：302-319.

[2] Dima A M，Vasilache S，Ghinea V M，et al. A model of academic social responsibility［J］. Transylvanian Review of Administrative Sciences，2013：23-43.

理、影响、评估、保障、参与、工作、可持续发展。阿扎姆·厄斯菲嘉尼[1]（Azam Esfijani）等运用文本挖掘方法（Text-minin），借助NVivo和Leximancer两个内容分析软件，对1996—2011年大学社会责任的有关文献进行了分析，结果显示，最常见的大学社会责任构成要素是（比重由高到低）：利益相关方、参与、教育、研究/发现、学者、学习、服务/拓展、知识、教学和伦理。

2. 国内学术界关于大学社会责任维度与内容的研究

对于大学社会责任的维度，郭丽君提出大学社会责任的两个维度：以大学职能为表征的外在向度；以隐形形式作用于社会的内在向度，内在向度存在于大学的本体价值中。外在向度是基础，内在向度是灵魂。[2]王守军从学术与非学术两个维度来界定大学社会责任。王守军认为，大学社会责任的内容可分为学术责任和非学术责任两个维度。[3]王晓阳从间接社会责任与直接社会责任两个维度来划分大学社会责任，他认为大学社会责任就是大学的社会职责，同时将大学的三大职能中的前两项归结为大学的间接的社会责任，最后一项归结为大学的直接的社会责任。[4]刘革将大学社会责任分为大学社会责任和大学职责。他认为大学社会责任从大学对社会作用的视角来看，应该包括教育责任、学术责任、服务与引领社会责任和国际责任；如果从大学职责看大学社会责任的内涵，应该包括政治责任、道德责任、法律责任和质量责任。[5]李新月、陈敏从大学社区及大学作为一个学者共同体两个层面来研究大学的社会责任。[6]王世权、刘桂秋认为，大学社

[1] Esfijani A, Hussain F K, Chang E. An Approach to University Social Responsibility Ontology Development through Text Analyses [C] // International Conference on Human System Interactions. IEEE, 2013.

[2] 郭丽君．大学的社会责任[J]．扬州大学学报（高教研究版），2003（3）：18-21.

[3] 王守军．关于大学社会责任的一种结构化分析思路初探[J]．清华大学教育研究，2005（S1）：1-8.

[4] 王晓阳．大学社会功能比较研究[M]．北京：高等教育出版社，2003：55.

[5] 刘革．大学教育与社会责任解析[J]．沈阳建筑大学学报（社会科学版），2008（2）：180-183.

[6] 李新月，陈敏．作为公民的学院和大学——欧内斯特·L.博耶视野中的大学社会责任[J]．现代大学教育，2010（3）：58-61.

会责任可以细分为伦理责任、学术责任、育人责任、政治责任及法律责任。[1]

2. 国内学者对大学社会责任内容的研究

我国在大学社会责任内容方面比较具有代表性的学者是张维红。他认为大学社会责任构成要素包括的内容应该有可持续发展、利益相关方、透明、伦理、参与、评估。[2] 国内一部分学者认为大学社会责任是人才培养、科学研究以及社会服务。持这一观点的有杨德广，他认为大学有三项责任：培养有知识、能工作的公民；发展和创新知识；传播和推广新知识，使这些新知识与当地实际结合，进而能够解决经济、社会和政治等领域的实际问题。[3] 赵丽宁结合时代背景，认为在现阶段以及未来，我国高校的社会责任是大量培养人才、多出科研成果、建设社会主义精神文明。[4] 王冀生认为，在知识经济社会，教育责任、学术责任、服务及引导社会前进的责任、国际责任是现代大学应该承担的社会责任。[5] 龚静认为，现代大学的社会责任主要是：知识创新的集散地；国家建设的人才库；社会风尚的引领者。[6] 康乐认为，现代大学社会责任的主要内容是："确保高等教育质量以及高等教育公平性的责任；发现新知识并将知识应用于社会的责任；促进人类社会可持续发展的责任。"[7] 刘子云认为，大学社会责任应该包括五大责任。具体来讲，一是推动学术研究社会化的责任。二是引导社会道德文明进步的责任。三是促进种族与教育机会均等的责任。四是推动校企合作的社会责任。五是对外技术的支援的理性化选择的社会责任。[8] 卢晓静、赵胜川对日本大学社会责任进行研究，认为大学社会责任评估内容主要包括八个方面：教育开放项目（接

---

[1] 王世权，刘桂秋．大学社会责任的本原性质、履约机理与治理要义［J］．教育研究，2014，35（4）：85-93.

[2] 张维红．大学社会责任探究［D］．厦门：厦门大学，2018：93-94.

[3] 杨德广．试论现代大学的性质和功能［J］．厦门高等教育研究，2001（1）：29-34.

[4] 赵丽宁．大学的社会责任及其作用提升［J］．江苏高教，2002（4）：28-30.

[5] 王冀生．超越象牙塔：现代大学的社会责任［J］．高等教育研究，2003（1）：1-6.

[6] 龚静．论现代大学的社会责任［J］．武汉科技大学学报（社会科学版），2005（3）：63-66.

[7] 康乐．大学社会责任的现状、挑战与反思［J］．现代教育管理，2012（5）：32-35.

[8] 刘子云．博克论现代大学的社会责任及其启示［J］．高校教育管理，2013，7（6）：116-119.

受社会人员、开设高中生班等）；功能开放项目（公开讲座，资格讲座等）；产学研联合研究项目（委托研究、合作研究等）；信息提供、咨询项目（学术信息提供、教育咨询等）；人力资源配置项目（参加各种审议会、委员会、讲座等）；设施开放项目（附属图书馆、医学资料馆的开放等）；国际贡献项目（与日本国际协力机构的合作活动等）；附属设施（医院、学校等）及大学内部联合研究固有的社会贡献项目。[1]

2.3 关于大学社会责任维度与内容的研究述评

通过对大学社会责任维度和内容的研究，可以发现国外的研究者对于大学社会责任的划分更为细致，具有可操作性；但是国外很多都是基于社会中心，忽略了大学组织区别于其他组织的特性。国内学者对大学社会责任概念界定比较模糊，维度划分缺乏明确的边界感，操作起来具有一定的难度，难以促进大学社会责任的推进，同时基于大学职能展开论述，主要集中在人才培养、科学研究、社会服务三个方面。

（三）对已有研究的评价

从已有的文献梳理可以发现，目前大学社会责任研究主要聚焦于概念、内容、履责模式、履责主题，对于如何判定大学履行社会责任程度还缺乏系统的研究。

一是大学社会责任是一个相对较新的概念，目前还处于探讨阶段。大多数文献还处于探讨概念定义且还未形成一致认可的大学社会责任理念。主流学者对大学承担社会责任逻辑起点还未跳出道德伦理的起点，导致概念模糊，边界广泛，缺乏可操作性。此外，对大学承担的社会责任实践活动缺乏系统的提炼。

二是已有的研究还存在亟须解决的空白问题。第一，社会责任主体忽视了大学机构。第二，以大学职能为承担社会责任渠道，只看到大学传统三大职能，忽视了大学文化传承与创新和国际交流与合作职能。第三，已有研究注重对大学社

---

[1] 卢晓静，赵胜川．日本高等教育自我评估——以广岛大学为例［J］．上海教育评估研究，2017，6（5）：51-55.

会责任概念、内容，基本忽略了基于大学中心的大学社会责任评价指标。国外已经开发了一些可以衡量大学社会责任的绩效指标，但是由于已有的大学社会责任指标尚未跳出企业社会责任研究范式，他们过于注重社会需求，忽视了大学组织的独特性，在某种程度上可能存在对大学“基因”的破坏。所以亟须开发一套基于大学中心模式的大学社会责任评价指标体系。

二、大学社会责任测量与评价框架研究

评价是提高高等教育质量的一种常见的管理方法。20 世纪 30 年代高等教育评估开始兴起，国内外学者也展开了对评估的思考，如桑代克注重评价技术的改进、泰勒注重评估模式的改进、哈特马赫注重教育公平的评价观、古巴和林肯注重评估的价值观的共同建构、约翰·杜威注重评价理论等，他们的研究为高等教育评估事业的发展奠定了良好基础。

在中国知网上，以“大学评估”为主题词搜索，时间从 1955 年 1 月 1 日到 2021 年 4 月 8 日，共有 3832 条文献（图 1.3）。显然，进入 21 世纪大学评估成为一个热点话题，根据“大学评估”主题词发现涉及的相关主题也非常丰富；然而以主题词“大学社会责任评估”搜索时，截至 2021 年 4 月没有找到相关文献。相关主题分布如图 1.4 所示。

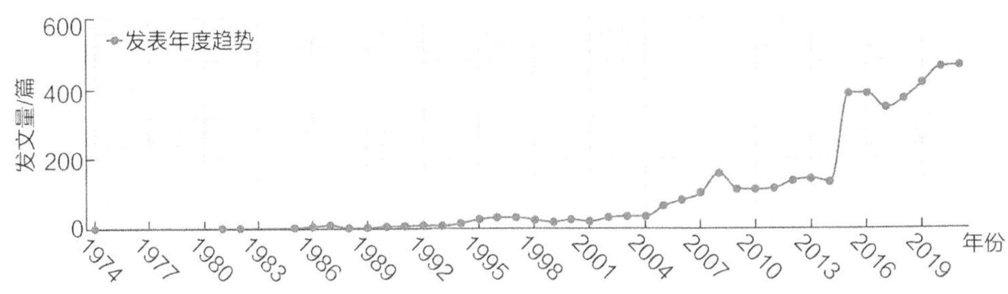

图 1.3 以“大学评估”为主题历年的文章数量

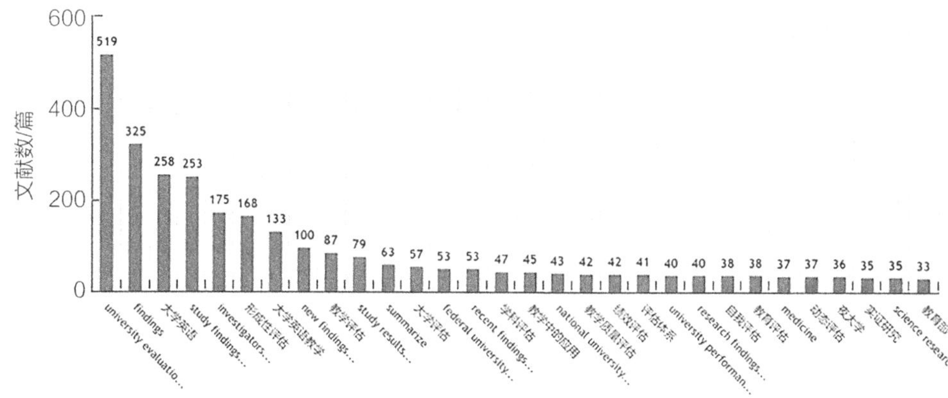

图 1.4 涉及与大学评估主题相关的文章数量

中文社会科学引文索引，以篇名“大学社会责任评估”进行检索，也没有找到相关的文献。但从 web of science 核心合集、ERIC、南开搜索及国外友人的文献传递来的文献看，查到一些与大学社会责任评估相关的资料。通过对国际上关于大学社会责任的会议追踪可以发现，为了能够更好地了解大学社会责任实践的成效，提高大学社会责任的综合绩效，国际上一些大学、大学社会责任联盟及社会机构正在开发大学社会责任的评价体系，而我国对大学社会责任的研究显然还相对滞后，并未提出适合我国的大学社会责任评价体系。本书通过对相关资料的梳理之后，作了以下综述。

（一）大学社会责任测量与评价模型类型

第一类是以卡罗尔（Carroll）四维度为基础的大学社会责任测量与评价模型。在 1991 年提出了社会责任金字塔[1]，该金字塔包括四层次：最下面一层为经济责任，第二层为法律责任，第三层为伦理责任，最上面一层为慈善责任。这个模型首先在处理企业社会责任时使用，后来一些学者将其迁移至大学社会责任。乌干达采用该模型——法律责任、经济责任、伦理责任和慈善责任——构建了一

[1] Abla Bokhari. Universities' Social Responsibility（USR）and Sustainable Development：A Conceptual Framework［J］. International Journal of Economics and Management Studies，2017：1-9.

套衡量大学社会责任指标。[1]

第二类是基于大学核心业务领域基础上的大学社会责任测量与评价模型。邓敏、刘文宇、马蕾[2]依据ISO26000和国内相关的社会责任文件，基于大学核心业务领域，提出了社会责任测量与评价模型四维框架：责任管理、人才培养、科研能力和社会服务。埃及南谷大学基于大学核心业务领域提出了社会责任测量与评价模型三维框架[3]: 教育、研究和社区服务及环境事务。建立侧重于大学的社会角色的评估框架：大学任务是社会需要为基础的教育；通过提供良好的学习和教育环境进行创造性的应用研究，根据质量标准培养合格的毕业生，支持科学研究；建立有效的伙伴关系以满足社区的愿望。伊莎贝尔·桑切斯·埃尔南德斯（M. Isabel Sánchez-Hernández）和 爱默生·迈雅德斯（Emerson W. Mainardes）[4]基于大学的核心业务领域，构建了三维大学社会责任模型：负责任的管理、负责任的教育和负责任的研究。维泰里莫亚·豪尔赫，约康·维拉克雷斯等[5]（ViteriMoya，Jorge，JácomeVillacres，et al.）在大学核心业务的基础上提出了厄瓜多尔大学社会责任测量与评价模型，即管理、教学、研究、联系、环境和沟通。联合国开发的“责任管理教育原则”[6]也属于基于大学核心业务领域的大学社会责任测量与评价模型，即领导与战略、教学、研究、延伸或社会影响、运营管

---

[1] DdunguL，Edopu R N. Social responsibility of public and private universities in Uganda［J］. Makerere Journal of Higher Education，2017：73–86.

[2] 邓敏，刘文宇，马蕾．基于现代大学制度下的高校社会责任研究［J］．技术经济与管理研究，2015（2）：42–46.

[3] Mohamed A T E. A framework for university social responsibility and sustainability：The case of South Valley University，Egypt［J］. World Academy of Science，Engineering and Technology，International Journal of Social，Behavioral，Educational，Economic，Business and Industrial Engineering，2015，9（7）：2370–2379.

[4] M. Isabel Sánchez–Hernández，Emerson W. Mainardes. University social responsibility：a student base analysis in Brazil［J］. Nonprofit Mark，2016（13）：151 - 169.

[5] ViteriMoya，Jorge，JácomeVillacres，et al. Integral index for the evaluation of the university social responsibility in Ecuador［J］. ingeniería industrial，2012：295–306.

[6] University social responsibility indicators system sharing information on PROGRESS - PRME［EB/OL］（2018–09–25）［2023–11–25］. https：//www.researchgate.net/publication/331608244.htm.

理。欧盟[1]也基于大学核心业务提出了大学社会责任测量与评价模型：研究、教学、支持学习和公众参与；治理；环境和社会可持续性，以及公平做法。欧盟将社会责任定义为“通过透明和合乎道德的战略，使大学承担其决策和活动对社会和环境产生影响的责任”。依据大学的业务领域，提出大学社会责任涵盖四个不同领域：一是研究、教学、支持学习和公众参与；二是治理；三是环境和社会可持续性；四是公平做法。[2]基于全球大学创新联盟开展的专家意见调查情况的结论[3]，康乐提出了大学社会责任评估框架，即从高等教育质量保障和监测、知识的生产与转移两个维度对大学社会责任的履行情况进行评估。

第三类是混合型大学社会责任测量与评价模型。混合型指的是采用多个框架相结合的方法来对大学社会责任的维度进行划分。根据2018年公开发布的上海市文明办规定的上海市高校社会责任报告框架的提炼总结，可以将大学社会责任指标分为六个维度[4]：一是队伍建设责任；二是人才培养责任；三是文化传承责任；四是依法诚信责任；五是社会服务责任；六是生态文明责任。2018年青岛市委教育工委、市教育局印发《在青本科高校服务青岛贡献度评价实施方案（试行）》对青岛本科服务当地经济社会发展的贡献度进行了评估，评估由六个维度组成[5]：人才培养与聚集；产业孵化；社会服务；科技创新与成果转化；社会认可度；特色贡献。日本经济新闻社（前身是中外物价新闻报，创建于1876年）

---

[1] José Pedro Amorim，Begoña Arenas. University Social Responsibility：A Common European Reference Framework. Final Public Report of the EU-USR Project，52709-LLP-2012-1-RO-ERASMUS-ESIN，February 2015［EB/OL］.（2015-02-20）［2023-11-25］. http：//www.eu-usr.eu/.htm.

[2] 同[1].

[3] 康乐 . 大学社会责任理念与履行模式［D］. 大连：大连理工大学 . 2012：126.

[4] 关于提交“2017—2018年度上海市文明校园在线创建中期评估”《上海市高校市级文明单位社会责任报告框架》（2016—2017）相关材料的通知 .［EB/OL］.（2018-01-02）［2023-11-25］.https：//xcb.shiep.edu.cn/f5/96/c2924a193942/page.htm.

[5] 青岛对高校服务青岛贡献度“打分”，全国首创！［EB/OL］.［2018-11-28］.https：//baijiahao.baidu.com/s?id=1618366812204294371&wfr=spider&for=pc.htm.

2006年首次发布的“全国大学地区贡献度排名”[1]，以大学地区贡献的体制及充实程度；学生在区域内就职和实习成绩；产学合作以及和政府的联合；通过公开讲座等对当地居民的服务程度作为评估大学社会责任框架。QS大学评估中衡量大学社会责任有四个维度[2]：社区投资和发展，即通过大学提供的服务给社区带来的益处；慈善工作和赈灾，可理解为支持慈善事业和社会公益运动、志愿服务的兴趣及救灾活动等；区域人力资本开发，可以通过区域内毕业生的就业率以及区域内学生入学比例来测量；环境影响，可以通过解决能源节约、节约用水、浪费最小化、绿色交通、回收利用等来测量项目的性质和强度。泰国[3]将大学社会责任活动融入其质量评估体系之中，将理念、承诺，目标和实施计划、大学生培养（教与学）、学生发展活动、研究、为社会提供学术服务、保护艺术和文化、行政和管理、财务和预算、质量保证体系和机制作为评估大学社会责任的评价框架。

第四类是以可持续发展为框架的大学社会责任测量与评价模型。社会责任与可持续发展有着密切的关系，当社会责任聚焦于组织，关注组织对社会和环境的责任，在这一语境下，我们将社会责任与可持续发展视为可替换的。全球经验表明，大学在可持续发展中具有很大的影响力，首先是通过其社会责任进行表现，因为可持续发展大约占欧洲商业教育社会责任项目的24%；其次是职业道德占22%；最后是环境管理、工作和社会占16%。[4]2019年泰晤士高等教育世界大

---

[1] 李昕．大学的社会贡献——基于中日两份大学排行榜的比较分析［C］// 中国高等教育学会．文化传承创新与建设高等教育强国——2012年高等教育国际论坛论文集．高等教育出版社，2012：6.

[2] Carmen P，Denisa D，Oana G，et al. Examining obligations to society for QS Stars best ranked universities in social responsibility［J］. Management & Marketing，2017：551-570.

[3] Plungpongpan J，Tiangsoongnern L，Speece M . University social responsibility and brand image of private universities in Bangkok［J］. International Journal of Educational Management，2016，30（4）.

[4] Bokhari A A H. Universities' Social Responsibility（USR）and Sustainable Development：A Conceptual Framework［J］. SSRG International Journal of Economics and Management Studies（SSRG-IJEMS），2017：8-16.

学影响力排名（THE）首次发布了世界大学影响力排名（THE Impact Ranking）[1]，该排名是以2015年联合国提出的17项可持续发展目标（Sustainable Development Goals，SDGs）为基本框架，衡量大学的社会表现。高等教育可持续发展审计工具（AISHE）[2]开发的目标、过程、结果、语境框架也是基于可持续发展为基础的衡量大学社会责任测量与评价模型。ACUPCC[3]（美国学院和大学校长对气候的承诺）是主要解决全球变暖和气候变化问题的评价框架。STARS[4]（可持续性跟踪、评估和评级系统）是一个专门衡量大学可持续性表现的自我报告框架即学术、参与、运营、规划与治理四维框架。

第五类是以利益相关者为框架的大学社会责任测量与评价模型。卡瓦贾·法瓦德·拉蒂夫（Khawaja Fawad Latif）认为，社会责任是解决不同利益相关者相关的社会、经济和环境问题的一种做法。大学社会责任可作为一种概念来增强社区对质量、信誉、价值、信任和意识的感知，并让大学充分认识到他们有义务为社区回馈一些正向的东西。据此，拉蒂夫以利益相关者理论为基础，提出了测量大学社会责任的七大维度[5]：管理责任；研究开发责任；利益相关者的责任；法律责任；伦理责任；慈善责任；社区参与。他们通过研究确定了大学社会责任有七个维度：管理责任、研究开发责任、利益相关者的责任和法律责任（这四项责任可以归为生存水平责任），伦理责任可以归为中间责任，慈善责任和社区参与可

---

[1] 邓肯·罗斯．我们将联合国所有17项可持续发展目标均纳入到2020年世界大学影响力排名当中［EB/OL］．(2019-10-13)［2023-11-25］.https：//www.timeshighereducation.com/cn/blog/were-including-all-17-sdgs-2020-university-impact-rankings. htm.

[2] Boer P. Assessing sustainability and social responsibility in higher education assessment frameworks explained［J］. Sustainability Assessment Tools in Higher Education Institutions: Mapping Trends and Good Practices Around the World, 2013: 121-137.

[3] ACUPCC［EB/OL］.（2018-11-18）［2023-11-25］. http：//ecoamerica.org/programs/american-college-universitypresidents-climatecommitment/.htm.

[4] STARS［EB/OL］.（2018-11-18）［2023-11-25］. https：//stars.aashe.org/pages/participate/reporting-process.html.

[5] Latif K F. The Development and Validation of Stakeholder-Based Scale for Measuring University Social Responsibility（USR）［J］. Social Indicators Research，2017（2）：1-37.

以归为自愿责任。卡洛斯 – 罗永洪（Lo W H）、罗斯 – 薛 – 庞（ Pang R X）、卡罗琳・皮・埃格里（Egri C P）等提出了价值、过程和影响（VPI）模型[1]，并基于利益相关者的观点制定了一个大学社会责任绩效评估框架：以大学利益相关者——学生、雇员、环境、政府 / 资助机构、大学同行、社区、供应商作为纵坐标，以教学和学习、学术研究、大学治理、社区服务、环境可持续性作为横坐标，组成了一个评估大学社会责任的绩效矩阵。沈映春依据利益相关者理论提出了学生责任评价指标、出资者责任评价指标、教职工责任评价指标、政府责任评价指标、社区责任评价指标[2]。

第六类是以大学影响力范围为框架的大学社会责任测量与评价模型。陈（Chen）、纳松赫拉（Nasongkhla）、唐纳森（Donaldson）[3] 认为社会责任是一个组织对其决定和活动对社会和环境的影响的责任，通过透明和道德的行为，有助于可持续发展、健康和社会福利，这种行为要考虑到利益攸关方的期望，它考虑到利益相关者的期望，采取符合法律和国际行为的准则，并在整个组织中得到整合。基于这种认识，提出了在当今复杂的全球世界中识别伦理问题的 SCOPE 框架。该框架从社会、亚社会、认知、组织、慈善、经济、伦理、环境、教育来分析与评估大学社会责任影响范围。

第七类是以主要议题为框架的大学社会责任测量与评价模型。依据国际标准化委员会 2010 年所发布的《社会责任指南》[4] 制定的大学社会责任评估指标，该评估框架主要有七大主题，即劳工实践、组织治理、人权、环境、公平运行实践、

---

[1] Lo W H，Pang R X，Egri C P，et al. University Social Responsibility：Conceptualization and an Assessment Framework［M］// University Social Responsibility and Quality of Life. Springer Singapore，2017：37–59.

[2] 沈映春．高校的社会责任［M］．太原：山西人民出版社，2015：197–199.

[3] Chen S H，Nasongkhla J，Donaldson J A. University Social Responsibility（USR）：Identifying an Ethical Foundation within Higher Education Institutions［J］. Turkish Online Journal of Educational Technology–TOJET，2015，14（4）：165–172.

[4] 中华人民共和国标准—社会责任指南：GB/T3600—2015.［S］北京：中国标准出版社，2015：12–37.

消费者问题、社区参与和发展。比较具有代表性的是韩国社会责任研究院、韩国社会责任联盟开展的私立大学社会责任联盟，该排名主要聚焦于7个社会责任主题的绩效指标：劳工实践、人权、学生、社区、环境、公平运营实践、治理。

第八类是以大学职能为基础的大学社会责任测量与评价模型。陶培之[1]基于大学职能提出了人才培养的社会责任、科学研究的社会责任和社会服务的社会责任。陈星博[2]在构建一流大学的社会责任担当中，提出了大学社会贡献的评价模型，即人才培养贡献、科学研究贡献和社会服务贡献。

（二）对已有研究的评价

一是对大学社会责任评价采取了社会中心模式，这种评价使得大学过于关注社会需求，容易分散大学履行核心职能的精力。通过对大学社会责任测量与评价模型的分类可以发现，基于卡罗尔四维度为基础的大学社会责任测量与评价模型、基于大学核心业务的大学社会责任测量与评价模型、混合型大学社会责任测量与评价模型、以可持续发展为框架的大学社会责任测量与评价模型、以利益相关者为框架的大学社会责任测量与评价模型、以大学影响力范围为框架的大学社会责任测量与评价模型、以主要议题为框架的大学社会责任测量与评价模型的价值取向更直接地吻合了社会需求，可以说代表了大学社会本位的价值诉求。社会本位论主张教育应当以社会需要为出发点和根本，将社会对学生的素质要求和价值导向作为开展教育活动的出发点。但是这种社会本位论容易使得大学按照政府、公司等外界需求去提供服务。显然大学通过这种形式履行社会责任就很难坚守自己的中立立场，也会使得大学过分分散精力，不能很好地履行其职能。基于以上理由，本研究认为大学是一个学术组织，有区别于其他组织的根本属性，我们不能偏离了大学最基本的职能，去迎合社会需求，只强调大学的社会责任自身属性。

---

[1] 陶培之．当代中国大学社会责任研究［M］．苏州：苏州大学出版社，2017：159-202.

[2] 陈星博．一流大学建设要担当起构建和谐社会的责任——对一流大学评价指标体系的再思考［J］．贵州社会科学，2007（6）：45-49.

但是大学也不可能回到象牙塔模式，大学需要积极应对社会需求，但不能过度回应大学职能之外的社会需求，大学应该坚持大学本位论。大学应该在大学职能中融入其在社会层面应该关注的问题，进而回应社会需求、履行大学社会责任。

二是目前还没有社会一致认可的大学社会责任评价体系。主要原因是大学社会责任的共同性尚未提炼。大学社会责任虽具有地域性，但是从世界范围内来看，目前各个大学对大学社会责任内涵各执一词，内涵模糊性亟须厘清。大学社会责任应该发展成各个大学都能探讨的新方向，而不能成为大学无法交流的屏障，如何求同存异提高大学对社会乃至整个世界的可持续发展做出正面积极的贡献。即使已有研究将大学社会责任立足了大学职能基础上，但只看到了传统的三大职能——人才培养、科学研究和社会服务。

三是已有的评估指标体系太注重量化指标的选取。目前已有的评价过于专注可量化的指标或结果、过于注重量化指标的选择，导致一些应该是重要的变量被忽视，或选择的替代变量无法衡量其核心内容，最终导致评价标准偏离被评价的客体。评价也应该关注定性方面的内容，如教育过程应该增加对原因、产生条件和背景的理解以及对经济、社会、文化和政治理解。从整个人类发展历史来看，大学与社会之间的关系是相辅相成的关系，故评估指标的选取应该挑选使大学与社会双赢的观测点。评估应当更加重视团结，增加机构内部和机构间合作的评估，而不是对经费、学生、教师比拼的竞争评估。

第三节 核心概念界定

对大学社会责任评估指标研究之前，需要对研究的大学机构的层次进行界定，目的是缩小研究对象的范围；对大学职能进行界定，目的是厘清大学社会责任与社会职能的区别，以免对核心概念造成干扰；对大学社会责任进行界定，目的是帮助读者对文章核心概念有一个理解；对评价进行界定，主要是大学社会责任还处于探索阶段，所以需要对它如何使用进行界定。

一、研究型大学

本部分之所以要对大学进行限定范围，是因为大学有不同的类型，不同类型的大学外溢效应是不一样的，所承担的社会责任也是不一样的，为了保证研究结果的适用性，需要在此进一步地解释和限定。

从法律的概念来理解大学，大学指的是按照国家规定的设置标准，并通过国家批准所举办的，以招收高中毕业生为其主要对象，以培养本科以上的专门人才的教育机构。[1] 在泛化意义上的大学是指从事中等教育以上的高等教育。[2] 一般来讲，大学属于高等学校，而高等学校并不都是大学，具备一定条件的高等学校才可称为大学。[3] 但是，由于我国大学有多种类型，刘献君[4] 根据本科高校的人才培养目标，即培养学术型人才和应用型人才，认为本科高校可以分为研究型大学和应用型大学两类。我们一般都将高校分为研究型大学、教学型大学、应用技术型大学三类。

什么是研究型大学？美国斯坦福大学校长杰拉德·卡斯帕尔[5] 认为，研究型大学需要符合三项基本要求：一是精选学生；二是主要致力于探索知识；三是富于批评性地追根究底的精神。在我国对研究型大学定义认可度较高的是王战军[6]，他认为研究型大学需要满足以下三个条件：一是大学以知识生产、传播和应用为中心。二是大学以产出高水平的科研成果和培养高层次精英人才为目标。三是大学在社会发展、经济建设、科教进步和文化繁荣中发挥重要作用。李卫东[7] 认为，

---

[1] 中华人民共和国教育部．中华人民共和国高等教育法［EB/OL］.（1999-01-01）［2020-03-15］. http：//www.moe.gov.cn/s78/A02/zfs__left/s5911/moe_620/tnull_3134.html.

[2] 李进才，邓传德，朱现平．高等教育教学评估词语释义［M］．武汉：武汉大学出版社，2016：2

[3] 张楚廷，彭道林．关于大学的概念、起源与发展［J］．学园，2010（2）：21-28.

[4] 刘献君．行业特色高校发展中需要处理的若干关系［J］．中国高教研究，2019（8）：14-18.

[5] 李艳．国际视野下我国研究型大学本科阶段拔尖创新人才培养模式研究［D］．桂林：广西师范大学，2014：7.

[6] 王战军．什么是研究型大学——中国研究型大学建设基本问题研究（一）［J］．学位与研究生教育，2003（1）：9-11.

[7] 李卫东．高等教育的外部性与高等教育财政政策的选择［J］．中国高教研究，2009（8）：22-25.

在人才培养方面，研究型大学提供的是一种精英教育，而且在科学研究中，研究型大学较其他类型的高校更多从事基础性研究，因而研究型大学的公共性更突出。沈映春[1]认为，研究型大学生产的公共产品较多，外部性较大。康乐[2]认为，研究型大学与其他类型大学的区别在于，研究型大学的社会责任实现在推动国家科技进步以及在人类科学发展中做出的贡献。综上，本书比较认可王战军教授对研究型大学所下的定义，并在后面指标构建中充分考量研究型大学的这一特性。

研究型大学应该承担什么样的责任？研究型大学作为全球“公共物品”的重要提供者，对全球共同利益的承诺是研究型大学成为“世界一流”的核心。如教育部原部长陈宝生所言，“双一流”建设是“培育国家队第一方阵”，也就是说研究型大学应该将对国家利益的承诺放在第一位。故引导研究型大学建设以立德树人为根本，以支撑创新驱动发展战略、服务经济社会发展为导向的增值评价是研究型大学的价值追求。

本书选取了研究型大学中的42所“双一流”建设高校（36所A类和6所B类）。“双一流”建设高校是在2015年由国务院发布的，这也标志着国家对大学发展所作出的顶层设计。很显然“双一流”建设高校是扶优扶强的思维，所以不能与其他类型的高校放入同一个评价体系之中。本书中提到的研究型大学均指的是42所“双一流”建设高校，研究型大学与“双一流”高校这两个词可以在本书中互换。

二、大学职能

本部分之所以需要对大学职能进行界定，其一，是因为本书研究的是从大学职能视角去分析大学社会责任内涵，因为大学社会责任概念属于理念层面，很难在现实中进行操作，所以需要依据大学职能为承载路径，将其由虚转实。其二，

[1] 沈映春．高校的社会责任［M］．太原：山西人民出版社，2015：22.

[2] 康乐．试论现代大学社会责任的实现方式［J］．中国高教研究，2014（8）：25-28.

大学的社会责任高于大学职能，国外大学社会责任更多是将大学社会责任与大学职能分开讨论，只考虑大学的社会责任自身特性。本书认为这种离开大学职能去谈社会责任容易使得大学偏离核心职能，容易分散大学的注意力。故本书是将大学社会责任融入大学职能中，没有将大学社会责任从大学职能中抽离。

什么是大学职能？在现代汉语语义学中，职能是指履行一项职责，重点是组织内部的规章制度和要求，而不强调行动的结果是消极的还是积极的。潘懋元认为功能指的是作用，而职能指的是职务、职权、职守、职责。所以当所指对象是高等学校，一般才会使用“职能”一词，而当所指对象是高等教育，一般使用“功能”一词。[1] 邬大光、赵婷婷[2] 也持有与潘懋元教授同样的观点，即当把事物看成一个系统，在谈到它的作用时，往往使用“功能”一词。而谈到机构的作用时，大多使用“职能”一词。大学职能的演变与整个社会发展是紧密相关的。大学职能除 12 世纪发展的教学职能、19 世纪发展的科研职能、19 世纪中后期发展的社会服务职能之外，还有文化传承与创新职能和国际交流与合作职能。

如何辨析大学社会职能与大学社会责任？张维红认为大学社会责任强调的是大学本质和内在性的规定，而大学职能则强调的是大学作用的发挥与体现。[3] 本书认为责任指的是义务，意味着对自己的行为负责，通常带有积极的含义。大学职能强调的是大学在社会组织功能性分配意义上的责任，一种关于大学的最低限度的责任的规定。同时，大学职能也代表大学承担社会责任的渠道，也就是说大学社会责任要通过大学职能来实现。大学的职能也决定了大学应该承担和履行什么责任。总之，大学社会责任属于一种理念，它的实现需要通过大学履行其职能，而大学职能的充分发挥也依赖于大学社会责任理念的指导。

本书将大学五大职能作为实践大学社会责任的路径，通过在大学职能方面增

---

[1] 任燕红．大学功能的整体性及其重建［D］．重庆：西南大学，2012：12.

[2] 邬大光，赵婷婷．也谈高等教育的功能和高等学校的职能——兼与徐辉、邓耀彩商榷［J］．高等教育研究，1995（3）：57-61.

[3] 张维红．大学社会责任探究［D］．厦门：厦门大学，2018：91.

加社会维度，进而实现大学社会责任由理念到实践的转化。

三、大学社会责任

大学社会责任是本书的核心概念，此部分的概念界定直接关系着研究问题的开展，想要回答的问题是大学如何确保其决策和活动能够增进公众利益？对大学社会责任的界定直接关系着对研究问题的回答方式。

“责任”一词，在 18 世纪时主要是法律概念，指的是分内应做的事。后来随着社会发展，它被引用到企业领域，在企业中的责任与义务对应，强调法律义务的伦理补充。再后来，学术中提及责任，主要是与特定职业相关联的伦理职责。[1]“责任”一词包含两方面的语义：一是关系责任；二是方式责任[2]。一般来说，责任与人或组织的社会角色常常联系在一起，作为一个人或组织的外在规定；而把义务与权力经常联系在一起，作为一个人或组织的内在规定。[3]也正因为责任与人或组织的社会角色有着密切的联系，所以我们也需要对“社会”一词进行界定，“社会”的范畴从同伴交往到独立实体性领域的抽象化，再到强调权力关系与动态过程的多重网络，最后到现在将其视为“人类与非人类的各种异质性要素相互联结与重组的过程”[4]。本书也是将社会放置到该范畴之下，探讨大学的社会边界问题。

国际标准化组织认为，社会责任聚焦于组织，关注的是组织对社会和环境的责任。社会责任指的是组织通过透明和合乎道德的行为，为其决策和活动对社会和环境的影响而承担的责任。[5]那么对于一个大学来讲，大学的社会责任应该是

[1] 毛羽．凸显“责任”的西方应用伦理学——西方责任伦理述评［J］．哲学动态，2003（9）：20–24.

[2] 张文显．法理学［M］．北京：法律出版社，1997：143.

[3] 陶培之．当代中国大学社会责任研究［M］．苏州：苏州大学出版社，2017：19.

[4] 李晓雯．社会［J］．广西民族大学学报（哲学社会科学版），2021，43（3）：9–14.

[5] 中华人民共和国标准—社会责任指南：GB/T3600—2015［S］．北京：中国标准出版社，2015：3.

因大学活动或决策对社会和环境造成的影响而应该担负的责任。大学作为知识中心，必须成为道德行为的典范，确保公平的运行体系、透明度和对人权的尊重。

“现代大学的社会责任”研究始于20世纪80年代的美国，以德里克·博克和唐纳德·肯尼迪为代表。目前对于“什么是大学社会责任”还没有形成定论，但是得到大家一致认可的理念是：在当代，一个我行我素，游离于社会之外的大学是不存在的，因为大学所享有的社会地位、权利及拥有的资源是摆脱不了社会责任。大学社会责任可以分为狭义的大学社会责任和广义的大学社会责任。狭义的大学社会责任指的是大学为主要利益相关者提供优质服务，它并不关心更广泛的社会，只是想通过提供有吸引力的环境来培养更有竞争力的学生及留住优秀的员工，为大学在竞争中脱颖而出。而广义的大学社会责任是通过展示良好的行为，以获得公众的赞赏。大学社会责任还可以分为显性的责任和隐性的责任。隐性的责任是由价值观、规范和规则组成，这就要求大学在解决利益相关者问题时，以一种集体而非个人的方式界定大学的适当义务。显性的大学社会责任是使用大学利益相关者的语言传达大学的政策和实践，带有明显的营销行为。为了大学获得必要的竞争力，大学需要选择广义的大学社会责任目标及明确的活动，并创造具体的效益，在与利益相关者沟通时，提高大学的声誉。

对于大学社会责任的定义，前面已经有诸多探讨，然而尚未对大学社会责任概念形成统一的认识。但可以看出这些概念都强调的是大学必须对社会提供公共服务。也就是说大学社会责任从本质上说是强化大学为社会提供公共服务办学承诺。

也正因如此，在研究过程中，发现人们常常把大学社会责任与大学社会服务画等号，这直接影响了大学社会责任研究的开展，所以在此处，也需要对大学社会服务进行界定。对于高等教育来讲，高等教育领域的社会服务概念来源于美国，被提出的原因是1862年美国颁布的《莫雷尔法案》，社会服务理念确立于20世纪初的美国威斯康星大学。根据伍德对大学“服务”的解释，他认为大学服务应该包括两层含义：一是大学组织的社会服务，如改进课程，在实用技术方面增设学位及课程；扩大高等教育的对外开放教育范围；提供更面向大众的服务；在公共问题的解决上投入研究与知识。二是大学教师对学问、学院学科、学生的服务。例如，公共服务：向公共政策提出建议，主持短期讲座等，对自身的学问研究进行应用；组织服务：改进课程、开发项目，参加大学运营的委员会活动；学术服务：参加学术活动、组织学术管理委员会及编辑委员会等，对专门学术作出贡献；市民服务：对地方发生的问题进行协调；咨询业务：有偿开展咨询业务活动。[1] 金保华、刘禹含认为大学社会服务职能是大学以知识或活动为基础直接为社会提供各种服务的活动。[2] 在实践中，大学社会服务强调面向那些由于知识的匮乏，造成在生存方面处于弱势群体的个人或组织，是一种强调单向的给予的概念。总的来说，大学社会服务主要通过提供以“知识”为载体有形产品及无形产品为其给付方式的各种服务总和。大学社会服务与大学社会责任有什么区别？非洲大学协会前秘书长古勒姆·穆罕德巴依（Goolam Mohamedbhai）曾说，人们常常把大学社会责任与大学社会服务混淆，但是大学社会责任是一个更广泛和更深入的概念。它不是一个单独的活动，它应该是一所大学的本质、风气、存在与管理的方式。总之，大学社会服务是大学承担社会责任的一种路径，将大学社会服务等同于大学社会责任，其一窄化了大学社会责任实践的路径，因为大学社会责任的实施路径除了社会服务，还有人才培养、科研研究、文化传承与创新、国际交流与合作路径。其二大学社会服务属于大学的职能范畴，而大学社会责任属于大学价值理念范畴。所以不能将大学社会服务等同于大学社会责任。

综上，本书认为大学社会责任指的是大学在考虑到大学自身决策和活动对大学利益相关者（学生、雇员、政府 / 资助机构、同行大学、社区、环境、供应商）的影响，通过在人才培养、科学研究、社会服务、文化传承与创新和国际交流与合作职能方面增加大学的社会维度，追求社会综合价值最大化的意愿、行为和绩效。

---

[1] 王丽燕. 美国大学办学理念的创新［J］. 文化学刊，2010（1）：5-8.

[2] 金保华，刘禹含. 地方高水平大学的社会服务职能：问题与改进［J］. 教育探索，2015（11）：67-70.

四、评价

评价是本书的一个核心概念，用这个概念想要回答的问题是大学在履行社会责任方面的努力如何被强化？在本书中，所开展的评价是质性评价，之所以进行质性评价是因为大学社会责任概念是一个新的概念，目前还处于探索阶段，很多研究型高校未公开大学社会责任相关数据，所以本书只能采取质性评价。

什么是评价/评估？根据《新华字典》的解释，这两者都有对事物的性质、数量、变化等做大概推断的含义。最容易理解当属美国学者格朗兰德在1971年提出的一个定义：评价=测量（量的记述）或非测量（质的记述）+价值判断。在实际应用中一般用评估一词比较多，而在理论研究中评价一词用得比较多。在本书中不对它们做严格区分，可以通用。通俗来讲，大学评价是对大学满足社会与个人需要的程度进行价值判断的过程。

一般来讲，评估/评价有一些共同要素——评估理念、评估主体、评估客体、评估指标、评估结果等，这些要素就构成了高等教育评估体系。高等教育评估理念是指通过评估实践逐步形成对高等教育评估活动的指向性的价值观的集合，本书开展的大学社会责任评价是基于社会公正的价值导向。高等教育评估主体是指对大学某一方面表现进行价值判断的人。在本书中评估主体是由大学的利益相关者组成的评估委员会。高等教育评估客体是评估主体进行价值判断活动所指向的客观对象。本书中的评估客体是研究型大学机构在履行社会责任、增进社会福祉方面的表现情况。高等教育评估指标体系是为了评价某一客体，进而将对客体的认识转化为具有紧密联系的一系列可以观测的点所组成的有机体。高等教育评估结果是指通过指标体系对客观对象进行价值判断所给出的最后结果。本书主要指的是使用大学社会责任指标体系对研究型大学战略规划进行评价，主要目的是对大学社会责任表现进行判断。

总之，大学社会责任评价，是指通过一定的程序和过程，按照一定的标准或体系，通过直接或间接渠道收集大学的社会责任信息，对一定时期内的社会责任实践和绩效进行评估，从而得到大学在一定时期内的社会责任水平或状况。研究型大学社会责任评价有两层含义：一层是微观的，指的是某个具体的高校采取自我评价方式。另一层是抽象的大学群体，一般采取第三方评价方式，由社会机构通过大学提供的信息，对同类型大学开展评价。由于大学社会责任还处于探索阶段，目前条件不成熟，只能采取高校自评。

第四节　研究思路与研究方法

一、研究思路

依据责任伦理理论和利益相关者理论提出研究问题："大学应该如何确保知识生产和传播能够增进公众利益？"为了回答这个问题，本书以大学机构的影响力作为研究的逻辑起点，依据访谈和可靠新闻呈现大学在人才培养、科学研究、社会服务、文化传承与创新和国际交流与合作的评价方面存在的问题。为了促进大学的决策和行动能够增进社会公众利益，本书进行了以下分析：依据责任伦理分析了大学为什么要承担社会责任，即大学需要对其行为和政策所产生的后果负责；依据利益相关者理论分析了大学应该对谁承担社会责任及大学如何承担社会责任。最后依据大学社会责任评价－第四代评估理论，将大学置于社会相关性下，基于大学五大职能维度对大学社会责任相关政策、大学社会责任相关文献、国内外研究型大学社会责任案例进行了指标梳理，同时对利益相关者访谈资料运用扎根理论进行了分析，然后通过德尔菲法构建一套研究型大学社会责任指标体系。大学社会责任及其评价研究思路如图 1.5 所示。

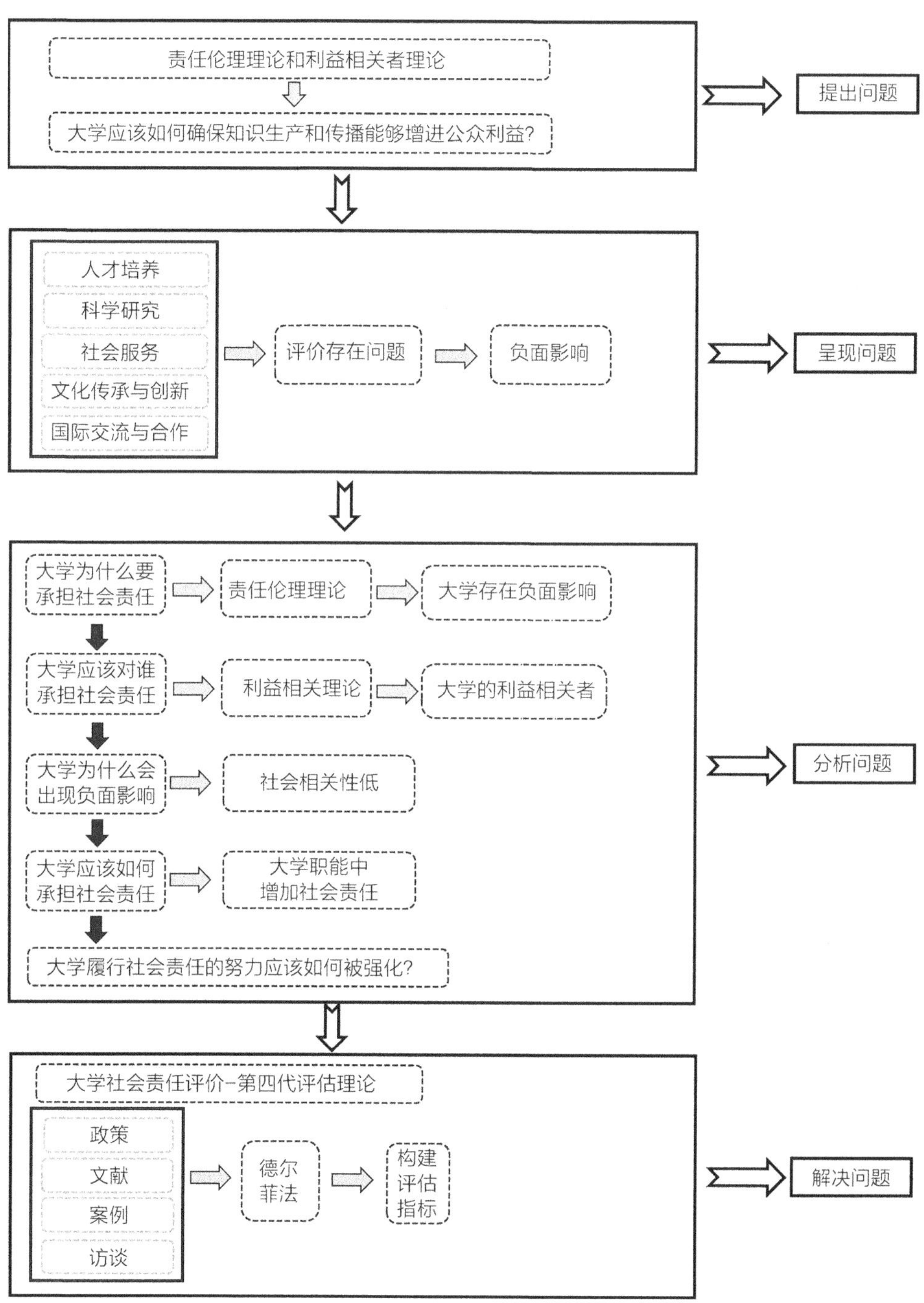

图 1.5 大学社会责任及其评价研究思路

二、研究方法

（一）文献法

文献法是指通过阅读、分析、整理有关文献材料研究某一问题的方法。文献法的使用主要有如下两处。

文献研究法使用的第一处在本研究前言中的文献综述部分，使用文献法的目的是想通过文献梳理找到研究空白。具体来讲是通过中国知网、web of science 等相关数据库整理相关文献，对涉及大学社会责任的相关期刊、专著、政府相关文件、国际上有关大学社会责任文件、大学网站、新闻报道等进行筛选和归纳，从中找到可利用的文献，为论文书写提供文献的理论支持。通过文献梳理发现，目前关于大学社会责任评价是以社会需求为中心，指标设置较为混乱。因此，本书基于大学中心，以大学职能为大学社会责任载体，以求完善大学社会责任评价研究。为了避免研究的重复，本文还使用文献法，对大学社会责任的内涵、内容维度、已有指标的研究进行梳理。

文献研究法使用的第二处主要用于分析大学社会责任指标来源问题。主要运用在第五章和第六章，用其处理大学社会责任相关的政策文件、文献资料、对利益相关者的访谈、国内外大学社会责任案例。本书使用的文本分析步骤是：首先，对这些资料进行编码，通过对编码归类处理和不断提炼，直到不再出现新的概念，最终得到五个一级维度。其次，对文本资料不断进行比较分析和归纳，进而提炼这些文本的共同性。最后，从中抽离出指标，形成新的指标。其中，本书在对访谈资料进行分析的过程中主要借鉴和使用的是扎根理论研究法。本书通过手动编码和软件 NVivo12 对大学利益相关者的访谈资料进行处理。扎根理论对于质性研究至关重要，所以从 1967 年提出之后，文献研究法就吸引了大批质性研究者，扎根理论强调的是在对丰富资料内容占有的基础上，将收集的资料打散，赋予概念，并建立概念类属之间的各种联系，最后在核心类属与其他类属之间建立起系统的联系。[1] 本书主要通过开放性编码、主轴性编码、选择性编码 [2]，在对大量资料进行分析的基础上，抽离出大学社会责任的指标。首先，在没有前置性假设的情况下，逐字逐句地将访谈资料概念化。其次，将同一属性的概念归类，通过逐级提炼，建立概念之间的联系，直到资料中不再出现新的概念，也称编码达到饱和状态。

（二）访谈法

如何找到研究型大学在承担社会责任方面存在的问题以及应该如何提升研究型大学的社会责任？为了解决研究中这两个问题，本研究选取了访谈法。由于大学社会责任这个学术概念对于很多高校的利益相关者来讲是一个陌生的概念，对于这些问题的解决，不能通过问卷测量的方式来获得答案，故本研究选取了访谈法。

首先，基于利益相关者理论确定了研究型大学的访谈对象，即 42 所“双一流”建设高校的利益相关者——学生、雇员、社区人员、政府 / 资助机构人员、环境、同行大学、供应商。为了保证访谈的代表性，我们在抽样中主要从三个方面筛选样本：一是对大学的选取，我们尽可能选取多所研究型大学。二是对学科背景进行筛选，如文科专业和理工科专业。三是对学历层次进行选择，如本科生、硕士研究生、博士研究生。对于学生和大学雇员以外人员的选取主要考虑选取本科以上学历人群，且对大学社会责任有一定了解。

其次，虽然被访者不熟悉大学社会责任概念，但是每个大学利益相关者对大学存在的问题、需要改进的地方，以及在承担社会责任方面的做法都能发表一些看法，故对于大学承担社会责任方面的问题以及如何构建研究型建设高校社会责

---

[1] Yun-Hee Jeon. The Application of Grounded Theory and Symbolic Interactionism [J] . Scandinavian Journal of Caring Science，2004，18（3）：249-256.

[2] 朱丽叶·M. 科宾，安塞尔姆·L. 施特劳斯质性研究的基础：形成扎根理论的程序与方法［M］. 朱光明，译 . 重庆：重庆大学出版社，2015：317.

任评估指标，采取了半结构式访谈（访谈提纲见附录 C）。

最后，访谈的实施。访谈的时间跨度从 2018 年 5 月到 2020 年 11 月。被访者人数近 100 人次，但由于大学社会责任对于很多人还是相对陌生，所以最终只有 40 人左右的访谈资料是可用的。访谈的地点主要分布在天津、北京、西安、上海、大连、武汉、河南、广州、浙江、深圳、山东、四川等地。本书访谈的主要方式有面对面、电话、微信语音或视频电话。访谈之前向被接受访谈对象表示尊重他们的个人隐私，保证进行匿名处理，访谈内容只是用于学术研究。

（三）案例研究法

由于大学社会责任目前还处于探索阶段，所以需要采用案例研究法进行探索性研究。而且案例研究法对于大学社会责任实践形式的归纳总结，有助于寻求大学社会责任的共性，进而发展新理论。

本书使用的案例研究法主要是通过系统地收集世界不同区域范围内研究型大学社会责任实践案例，以大学机构为研究对象，以典型的大学社会责任实践作为案例，这样不同的案例可以保证研究观点的可复制性。

在案例的选择上，一是要保证案例的完备性，所以我们要确保每一个大洲的研究型大学都应该照顾到。二是要保证大学社会责任的可靠性，目前大学社会责任还处于探索阶段，所以本研究选取的案例必须从大学社会责任联盟公布的大学社会责任案例中挑选。

本书主要聚焦社会责任主题、管理方式及可以观测的社会责任实践方式，通过对案例的文本的收集，力求掌握相关社会责任案例及其管理的全过程和客观内容，为社会责任指标提供依据。

（四）比较研究法

通过比较研究法主要解决研究问题中样本的完备性及大学社会责任研究的可

靠性问题，并最大限度地寻找大学社会责任的共性。比较研究法旨在通过一定的标准对比大学机构的相似性和差异性，归纳具有普遍意义的规律性并解释个体的差异性。本研究通过对比世界范围内的研究型大学与我国研究型大学在大学社会责任实践的异同，以求取大学社会责任的共性，以便能够提炼衡量大学社会责任的指标。

（五）德尔菲法

为了解决本研究指标选取的合理性问题及指标权重，所以在第六章中使用了德尔菲法。之所以选择德尔菲法，主要想避免集体讨论中存在的站队现象、不愿意主动发表意见现象、屈从于权威现象及盲目的从众心理现象。

德尔菲法（Delphi Method）也称作专家调查法，是在 20 世纪 60 年代由美国赫尔姆和达尔克首创。从本质上来讲，德尔菲法是一种匿名函询法，通过对专家意见的归纳再反馈的形式，经过几轮的反复循环，最终达到充分汇集专家意见，得到一个综合的有效的结果。其过程可简单表示为：第一步，匿名征求专家意见；第二步，对专家意见进行归纳；第三步，对所有专家的意见进行统计；第四步，匿名将统计结果反馈给专家；第五步，对专家意见进行归纳；第六步，对新一轮专家意见进行统计。如此循环几轮，使专家意见趋于稳定和一致，讨论结束。

根据德尔菲法的实施的主要流程，首先确定专家成员，一般来说德尔菲法专家人数在 10—30 人，本书选取了 27 名专家。选取的人员是对大学社会责任有一定影响力的专家，他们基本是来自高校的教师和与研究型大学相关的一些专业人员，具有较高的学识和经验，以此保证调查的专业程度。其次是进行半结构式的问卷，一对一发放。本书的问卷都是由研究者与专家单线联系，专家与专家之间没有联系，可以保证每个专家都能在不受其他专家影响的情况下作答。再次是对他们的问卷回收统计。每个专家的意见都能被统计，并且通过多轮调查研究，所以数据统计比较科学，而且以数据的形式提供证据，保证了结果的科学性。如此经过第一轮问卷的统计分析，对专家提出的意见进行整理和交流之后，对第一轮指标进行修改，删除得分较低的指标，增加专家的意见。然后开始第二轮的专家问卷，通过对专家意见的第二次统计，发现专家对指标达成共识。最后开始第三轮的指标赋值，通过对问卷的处理，得到各级指标的权重。

第五节　研究难点与创新点

一、研究的难点

本研究难点在于：（1）大学社会责任评价在世界范围内来说，目前还处于探索阶段，而且每个大学、每位学者对大学社会责任有自己的独特的理解，所以在资料的获取、资料取舍方面面临很大的挑战。（2）如何确保大学社会责任评估指标选择的完备性，以及以什么样的标准来选择，才能确保大学的政策和活动能够增进公众利益，同时还需要把握大学承担社会责任的度。一方面，大学与社会关系过于紧密，容易使得大学将精力过度用于解决社会问题，会使大学偏离大学核心职能；另一方面，大学与社会关系保持过远的距离，即大学作为象牙塔或修道院的形式存在，无法满足社会需求。（3）评估指标的构建很容易把焦点放在容易测量的指标上，但是一般来讲，最容易测量的元素很少是那些最重要的元素。如何避免这种指标陷阱是本研究的难点中的难点。

二、研究的创新点

本研究区别于之前的研究点在于：（1）视角新颖。本书是以大学机构的影响力作为切入点，通过呈现大学对社会和环境带来的负面影响，同时以大学的社会相关性为指标选择的标准、以大学职能作为实践路径，最终构建我国研究型大学社会责任评价指标体系，这与之前以社会需求中心的研究视角是不同的。（2）研究内容比较前沿。关于大学评价研究大部分都集中在人才培养和科学研究领域，而对大学应该为社会带来什么益处的研究凤毛麟角，而大学社会责任研究正是回应这个问题，对于大学社会责任评价在世界范围来说，都处在探索阶段，尚未成型。本书在基于我国国情的基础上，通过对国外文献的整理，尝试构架大学社会责任评价体系属于前沿研究。（3）研究结论新颖。本书基于大学社会责任相关的政策文件、案例、文献、访谈资料的整理，通过德尔菲法构建了研究型大学社会责任评价指标体系及其相应的权重。

第二章 “大学社会责任”概念的提出、发展及分析框架

如果将21世纪之前的高等教育归为从精英教育到大众教育的一种发展过程，支撑这一过程的转变价值理念为社会公平，那么21世纪高等教育就要从数量到质量过渡，这种质量观不仅局限于回答大学培养多少毕业生、做了多少项研究，而且更多地考虑大学社会责任。所以在这种背景下，本章节需要对大学社会责任概念的提出及基于大学职能的不断发展而发展的社会责任内容做一个简要的梳理。此外，本部分还基于研究问题，尝试构建一个大学社会责任及其评价的理论分析框架。

第一节 “大学社会责任”概念提出的原因

21世纪全球面临着共同的问题，如部分地球资源面临枯竭、生态环境恶化，水污染、大气污染、土壤污染、社会老龄化、贫富差距的持续拉大、新疾病的出现等，这些问题直接威胁着人类的生存环境，对这类群体共担的责任，依靠个人的道德自律不足以解决，必须建立群体的社会责任感。同样持这一观点的弗朗索瓦·瓦利斯认为，由于问题是由一个群体的社会惯例所引发的系统性问题，所

以，要学会社会化地解决这些问题。[1]

一、社会责任是大学组织发展的必然要求

21 世纪，承担社会责任是组织发展的必然方向。丽娜·戈麦斯（Lina Gomez）认为，社会责任源于组织在社会、经济和环境的运营中所产生影响而需要对此做出的法律和伦理的承诺。[2] 从系统思维来看，组织要承担责任是因为我们面临着共同的问题。大学作为社会的一部分承担起相应的责任，不仅是大学使命的内在要求，而且也是当前社会转型的要求。

（一）从企业社会责任到大学社会责任

"社会责任"的概念在 20 世纪下半叶逐渐形成，主要围绕着企业对社会的附带影响，以及如何以合乎道德和可持续的方式管理这些影响。进入"全球风险社会"及面对社会和环境不平衡，所谓的自我市场管制失败，将道德管制问题列入了全球议程。今天，我们的全球可持续性取决于对我们自身发展的责任和"组织的社会责任"运动，尽管它是多方面的，但它是这一道德和管制政策逻辑的一部分。

企业社会责任的发展已经使组织承担社会责任的理念深入人心。那么我们的大学对这一系列集体问题应该做些什么？社会责任最初由大型跨国公司提出，为了应对全球民间社会日益增加的压力，一些公司采用了一系列负责任的做法，其中最有影响力的例子就是美国经济开发委员会[3] 在 1971 年 6 月发表的一篇题为《商事公司的社会责任》的报告，该报告列举了企业应该为社会承担的责任行为，

---

[1] Vallaeys F. University Social Responsibility: a mature and responsible definition［C］// GUNI Report 2014 nº5 Higher Education in The World, 2014.

[2] Gomez L. The Importance of University Social Responsibility in Hispanic America: A Responsible Trend in Developing Countries［M］// Critical Studies on Corporate Responsibility, Governance and Sustainability, 2014: 242-268.

[3] 卢代富．国外企业社会责任界说述评［J］．现代法学，2001（3）：137-144.

这些行为涉及教育、用工与培训、公民权与机会均等、污染防治、医疗服务、资源保护与再生、对政府的支持，等等。目前企业社会责任已经在商业界开展起来，家乐福和耐克等跨国公司会对其供应商进行社会责任审核。随后，人们开始关注高等教育在促进公民价值观和责任的发展方面能够发挥的作用。尤其是在第二次世界大战之后的几十年里，高等教育合法的活动领域发生了变化，如教育大众、通过研究推广知识、通过雇用工人促进经济发展及开发工业应用等。[1] 根据欧盟委员会在 2011 年发表的观点，每个组织都会对社会产生影响。因此，大学必须像其他组织一样，对其战略、结构、政策和行为所造成的影响和后果负责。联合国教科文组织 1998 年起草的《21 世纪高等教育世界宣言：愿景和行动》指出，社会责任越来越被认为是高等教育，尤其是大学的一个内在方面。

社会责任概念从企业向大学延伸的原因可以作出如下解释[2]：一是大学为公共和私营公司提供雇员；二是大学在公司所在的社区中发挥着重要的教育和研究作用；三是大学帮助人们在个人需求和社会需求之间找到平衡点；四是随着高等教育市场的变化，大学需要与其利益相关者（如学生、雇主、国家、社会等）建立更强有力的战略关系，以保持竞争力；五是大学有助于提高区域终身学习和就业能力；六是随着高等教育服务市场化程度的加深，企业在高校的参与程度有所提高；七是学生和教授集体意识的提高，为实施与社会责任相关的举措提供了必要条件；八是大学在应对环境挑战方面发挥重要作用，社会要求把可持续发展概念纳入其课程。

（二）承担社会责任成为大学未来发展的方向

从理论层面来讲，大学社会责任是大学未来发展的方向之一。德里克 · 博克

---

[1] Gumport P J . Academic Restructuring：Organizational Change and Institutional Imperatives［J］. Higher Education，2000，39（1）：67-91.

[2] Dima A M，Vasilache S，Ghinea V M，et al. A model of academic social responsibility［J］. Transylvanian Review of Administrative Sciences，2013：22-43.

详细阐述了大学承担社会责任的原因，即某些有价值的资源几乎是大学独有的。而且，大学从政府那里得到了大量的津贴。[1]除此之外，解释大学承担社会责任的原因还有以下三点：一是当今的大学越来越关注满足不同利益相关者的需求，并应对深刻的生态和社会承诺，这就要求它们承担更大的社会责任。二是大学在优化社会管理方式和实现人民生活水平大幅提高方面发挥着至关重要的作用。三是大学是教育服务的提供者，能培养既有能力又有品德的优秀公民。

从现实的逻辑来看，大学社会责任是大学因其影响而必须承担的责任。高校作为知识生产的主体，在教学、科研、社会服务、文化传承及国际交流的过程中，对社会和环境产生了广泛而深刻的影响，这种影响有正面积极的，如提供在职培训、资格培训、广泛参与国家政策咨询、决策，解决企业的科技问题等方式推动社会健康可持续发展；也有负面的，如可能存在忽视社会问题、培养精致的利己主义者、对自然资源进行大肆浪费等现象。所以，为了规避大学对社会所产生的负面影响，就需要高校对知识生产过程中研究结果的阐释、传播甚至对于研究问题的选择进行社会责任渗透。大学的发展只有适应整个时代前进的浪潮，在社会中承担其应该承担的责任，才能确保整个社会的可持续发展。所以从大学与社会的关系来看，首先，大学是社会机构，因此大学有义务负责任地使用权力；其次，大学作为行为主体，应该对其参与社会的结果负责；最后，大学作为社会道德代理人需要为社会做出正确的引导。

从大学的影响力来看，大学社会责任是大学的更大使命。大学由于其庞大的人口基数及巨大的影响力，所以人们开始重视大学所产生的影响，大学的社会责任感因此而日益增强。蝴蝶效应告诉我们，任何知识的生产者都不能只关注知识本身而置其社会后果于不顾。根据《2019年全国教育事业发展统计公报》统计显示，2019年我国各类高等教育在学总规模4002万人，高等教育毛入学率51.6%。如果根据马丁·特罗的提出的阶段论，毛入学率超过50%，也就意味着

---

[1] 德里克·博克．走出象牙塔—现代大学的社会责任［M］．徐小洲，陈军，译．杭州：浙江教育出版社，2001：73.

我国高等教育进入普及化阶段。高等教育在校人数剧增的趋势表明，大学正在成为更大的社区，它们的相关活动将对整个社会产生比之前更大的影响。早在2012年马斯伦曾预言，到2025年，各国高等教育入学学生总数预计将增加1倍多，达到2.62亿人。这些增长几乎都将发生在发展中国家，仅在中国就有一半以上。

大学应该在外界维持一种负责任的声誉。代表性的学者弗朗索瓦·瓦莱伊是一位专门研究大学社会责任的哲学家，也是拉丁美洲大学社会责任运动的创始人之一。他认为大学社会责任不能仅仅被理解为慈善事业，而应该融入大学使命和规划中，不应被视为独立于大学的正常运作，也不应与掩盖组织内部潜在问题的个人慷慨行为相混淆。大学社会责任应该被理解为一个组织的固有特征，即社会责任同时是内部和外部的，并融入机构的运作。[1]持有相同观点的还有坦登（Tandon），他认为高等教育机构的研究和教学职能应该服务于人类和社会发展的更大使命。[2]巴达特（Badat）认为，高等教育在发挥其作用时，必须遵循并体现具体的原则和价值观，这些原则和价值观包括：公平与补偿、质量、发展、民主化、学术自由、机构自治、效力与效率以及公共问责[3]。哥伦比亚大学哲学家亚瑟·C.丹托（Arthur C. Danto）认为，“大学具有超越知识传播的道德使命”[4]。他们都赞成把社会反应能力融入大学的核心活动中，使大学成为应对社会挑战的参与者。

总之，大学作为探索高深知识、探索真善美的场所，因其对知识、价值观和行为产生巨大的影响，故承担社会责任是大学发展的必然趋势，大学不能脱离对当前社会责任和可持续发展的思考。

---

[1] Vallaeys，Francois. Responsabilidad Social Universitaria：Propuesta para una definicion madura e eficiente［M］. Monterrey，Mexico：Tecnologico de Monterrey，2007.

[2] Tandon R. Civil engagement in higher education and its role in human and social development［J］. Higher Education in the World，2008:142-152.

[3] Badat S. The role of higher education in society: Valuing higher education［J］. HERS-SA Academy, 2009: 13-19.

[4] Parsons，Amy. Literature review on social responsibility in higher education［J］. literature，2014.

二、教育市场化

将市场机制引入高等教育中，使高等教育运营出现明显的市场特征，如竞争、效率、选择、金钱导向等。以哈耶克、弗里德曼等为代表的新自由主义经济学派认为，市场是教育活动的基础，主张将市场的竞争原则运用于教育领域。[1]

（一）知识资本化

由于新自由主义经济发展模式的运用，市场竞争机制在全球被确立，加之大学的科学与社会功能的结合，进一步刺激新的社会需求，大学所面临的外部环境，如知识化社会、网络社会或者说信息社会，大学基本职责正处于快速变化之中，不同社会背景的人们对教学、科研、知识、职业培训、市场等重要问题的意义、期望和急迫性不同。在极大的社会压力之下，不同地区的大学出现了不同应对策略，如创业型大学、利益相关者大学、管理型大学、学术资本主义以及代表市场的大学和商业模式等。[2]市场的力量对高校产生了极大的影响，它不仅影响了高校的课程和规划，而且对教学和科研也产生了极大的影响。

1. 教学和科研内涵的演变

在知识化社会，教学、科研的内涵发生了变革。第二次工业革命以来，随着科学技术对社会影响日益凸显，高校因提供经济发展所需要的教育而成为现代社会的中心。高校的知识发展与工业界的联系日渐紧密，工业界以增加对高校资助为手段，要求工业所需的技能能够反映到课堂和科研中。其中工业界对科研的影响不仅是轻基础研究、重应用研究，而且使效率成为判断知识价值的标准。对知识效率的这种重视，瓦解了现代大学产生初期那种追求“闲情逸致”的教学模式，学生和社会都要求高校能提供与工业社会经济发展直接相关的知识。工业企业将自己的研发放到高校进行，加剧了高校科研的实用化倾向。从事学术研究和

---

[1] 朱新涛．新自由主义经济学的高等教育市场化观点评析［J］．江苏高教，2004（3）：4–7.

[2] 汪利兵．2007年世界高等教育报告［M］．杭州：浙江大学出版社，2009：41–47.

精英教育的高等教育机构不再是大学的全部，大量的新型教育机构成为大学的一部分，并成为传统大学的有力竞争对手。

在知识社会，教学和科研虽然是高校的核心技术，但对这些技术的不同运作导致了当今高等教育机构的组织多样性。高校技术既包括最专业化的科研，也包括最功利化的业余培训和继续教育，不同的高校根据自身的条件和社会的需求选择某项技术或技术组合。

2. 教学和科研的资本化

知识的资本化是从高校与工业联姻开始。高校从非营利性组织逐渐转向营利性组织。高校开始利用手中的知识资源营利，原因在于这些知识具备了营利的资质。首先，这些知识是社会直接需要的知识。工业企业可以利用这些知识来创造经济价值，个人可以通过获取知识提升自身的经济价值。其次，这些知识是工业化社会所需要的，知识生产与传播的规模效益能够实现，从而使高校萌发了追求利润的动机。最后，"新公共管理"或"管理主义"的兴起，一场追求经济、效率和效益的运动席卷了包括高等教育在内的公共部门。在成本难以降低的情况下，高校开始考虑营利性行为。知识的资本化改变了高校的生存法则，部分营利性高校开始直接从技术转让的获利中拨付资金资助内部的研究和教学。

在知识社会里，教学、科研、培训、社会服务等都是知识的操作方式，与之前的知识操作方式的区别只是发现、保存、提炼、整合、传授和应用知识的组合以及与外部社会结合的不同。从某种程度上讲，在知识社会中，信息技术通过使知识在世界范围内具有可获得性，进而从根本上改变了教与学的关系。另外，信息技术使知识能够被不同层次的人员所评价和使用，这会削弱学术自治，把更多的控制权交给了学术管理人员。远程教育和新技术在传统教室中的使用改变了教与学的关系。[1]高校的知识材料和技术已经分裂成一个复杂的系统，它带动高校形成一个全新的系统。有远见的高校正在围绕各种类型的知识尝试全新的操作方

[1] 菲利普·G. 阿特巴赫. 全球化挑战与创新理念［M］. 陈艺波，译. 青岛：中国海洋大学出版社，2009：1–7.

式，以获得更好的竞争优势。

知识化社会催生了高等教育市场的产生。知识的生产和传播是有成本的。作为知识传播途径的教育，其运营存在着多种成本，如资金成本、社会成本、文化成本和系统转换成本等。作为接受教育的个体人，在接受教育的过程中也面临着各种各样的成本支付。无论是教育机构还是个人，在选择教育内容和教育方式时肯定要考虑成本问题，尤其是个人，在选择接受教育时肯定要考虑个人成本支付问题，选择最适合自己的教育。这也是高等教育市场化的基础。

（二）全球范围内的大学扩招：教育沦为谋生的手段

在全球范围内，新大学的兴起和大部分旧大学规模的扩张，是为了满足公共目的，而不是为了鼓励探究精神和创新思维。例如，英国大学的扩张是伴随福利国家的发展而出现的。作为公共机构，多数大学承担着服务公共政策的目标的责任，这一理念至少被贯彻了三十年，这一理念深深扎根在英国、加拿大和美国。20 世纪后半叶高等教育进入快速扩张期，大众化是高等教育的一个典型特征。

接受更多的知识和教育，培养更多高素质的人才，推动经济快速发展成为高等教育扩招背后的逻辑。这个逻辑背后的出发点就是利益，一些国家逐渐出现公立院校私有化的趋势。公立院校私有化具体来说，一是社会需求拉动，那些没有能够进入传统型的大学的学生群体，需要寻求那些能够在一定程度上可以给自己的教育投资带来回报的低选择性的大学。由于资本的逐利性，人们对不同类型的大学的需求也刺激了各种类型的高等院校的兴起。二是政府因为无法满足公立高校不断增加的财政需求，开始放松其管控权，允许公立院校通过一些学术活动提高其自筹经费的能力。这就为高等教育的私有化提供了制度空间。

三、政府问责的兴起

公共权力的“公属”与“私掌”之间的矛盾化解是公共管理的近现代的主

题之一，如何对公共权力的“负面”行为或活动进行约束，实现公共权力“正面”价值，是公共管理的价值追求。在20世纪晚期，作为公共机构的现代大学面临着不同的外部环境，随着大学拨款的不断增加，大学资金的提供者（政府和企业）认为，这些观念即使不是自我放纵也是自私自利的。他们认为大学应该对公共服务有所作为。另外，随着高等教育的大众化，以及社会对大学角色期望的转变，大学与社会之间的界限缩小了。大学现在有望在地方、国家和国际发展中发挥更大的作用，这就要求大学采取新的方法来促进大学与社会各主体之间的合作。

从国家颁布的法律来看，《中华人民共和国高等教育法》通过法律形式明确了高校法人地位，由此也确立了以自主权为基础的大学自治和高等教育公权力的行使。高校具有行使国家和人民赋予的“公共权力”。在高等教育领域里公共权力表现为教育行政机关对教育资源、教育人力资源、教育课题等方面的管理行为。正如博克在《走出象牙塔》一书中的观点，大学承担社会责任是由于其享有自然需要。从我国高校财政来源来看，教育部所属和中央各部委所属高校经费由中央财政负担。“双一流”大学资金来源由中央财政专项资金、地方财政专项资金、部门配套资金及其他自筹资金构成。

随着公共管理领域问责制的发展，当大学校长被问及“你们的学校是公立的还是私立的？”大学管理者回答这一问题需要意识到他需要对纳税人负责。权责统一理论认为管理主体在行使管理权力和享受权益的同时，必须切实履行相应的义务和职责。权益象征拥有，职责象征付出。公共权力部门的权力行使来源于公众，则理应肩负起服务公共利益的责任并接受公众的监督。高校使用的财政收入来源于人民的税收，故大学承担社会责任成为大学使命的内在要求。

过去几十年随着福利国家制度的建立，大多数大学只是注重从外部获取资源，而不考虑这样做是否会削弱大学的独立性，也不考虑大学是否有能力承担被赋予的职责，更不考虑管理的效率和效益问题。由于没有长期的规划，导致了教育中的商业周期性，即在社会用人需求最小的时候，大学却提供了最大数量的合格毕业生。

近年来随着各国政府的财政赤字不断攀升和社会人均实际收入的持续下降，迫使政府对所有福利性的机构的绩效和这些机构提出的资源要求进行严格评估，进而进行问责。作为重要的公共机构，大学获得资助更多是基于它完成公共政策目标的情况，很少是因为实施通识教育而得到慷慨资助，最终大学必须强调办学绩效。故一些国家还纷纷建立了国家财政支出绩效评价体系，如美国、英国、澳大利亚、新西兰等国家。国家财政支出绩效评价体系建立的目的在于以最佳的方式投放国家资源，使国家财政支出获得最大利益。在问责制的推动下，大学已被要求对其公共服务的绩效、所提出的公共资源需求及公共资源的管理效率做出说明。大学的利益相关者对大学也逐渐关心起来，大学也需要向政府及公众报告其社会贡献效益。

大量的数据表明，大学对公共资源的扩张的要求已经达到极限，而大学在管理公共资源方面效能低下，在许多人看来，大学的确需要进行改革。

四、大学应对知识转型风险的管理需要

21世纪，世界正在经历一场漫长的新型社会过渡阶段，社会越来越以知识为基础，大学已经成为生产新知识，转移新知识、新技术的平台，在知识化社会中发挥关键性的作用。高等教育必须认识到它是一种包含社会利益的一种公共财产，必须为政治、经济、文化、环境、社会和环境作出贡献。所以，高等教育必须增加它的社会相关性，反对由市场决定大学质量。大学要进行前所未有的彻底的变革和更新。

提及大学当前所面临的环境，就不得不提及知识的生产模式转型。经济全球化、科学研究商业化和高等教育系统的快速发展等因素推动了知识生产模式的三次转型。知识生产模式一被概括为“哲学思辨式”阶段，其特点是以科学为基础学科，学术研究由兴趣驱动，大学与产业部门之间存在严格的边界。知识生产

的学术与应用目标分离，知识生产的目的主要是认识和解释世界，创新成果的吸收、应用和扩散是企业的职责，是自发、自动的。

知识生产模式二或许可以被描述为“经验试错式”阶段，这一阶段其特点是以研究为基础的应用。知识生产的目的主要是改造世界，服务于实践。模式二打破了传统的“投入—研发创新—应用”线性创新模式，突破了学科界限。大学跨学科研究的不断推进，成为学科整合的重要方法和显著标志，促进了大学与社会的良性互动和企业科研活动与知识生产活动的有效联结。大学的知识生产和知识创造开始与经济社会发展相联系。

与此同时，20 世纪 80 年代以来，在科技引领发展、创新改变世界的时代潮流中，知识生产活动已不再仅仅是大学的专属特权，大学之外的知识生产主体也已开始和正在形成，大学的知识生产垄断地位在悄然发生变化，大学在技术转化和商业化过程中无法单打独斗，与企业合作成为大势所趋。正如埃茨科维茨和雷德斯多夫的“三重螺旋”理论所指出的，政府、产业部门和大学之间通过各种网络紧密地联结在一起，成为新的知识生产体。

知识生产模式三是基于产业、大学、政府、公民社会四重螺旋动力机制模型推动的新型知识生产方式。知识生产模式三是埃利亚斯 · G. 卡拉雅尼斯（Elias G. Carayannis）在 2003 年提出来的，他认为传统的“三重螺旋”忽略了社会民众或民间创新活动的意义，所以在模式二基础上进一步拓展边界，将“公民社会”纳入其中，进而演进为由产业、大学、政府、公民社会“四重螺旋”动力机制模型推动的新型知识生产方式。大学不再是知识生产的垄断者，但仍是重要的证书授予者和文化资本的仲裁者，大学需要重新审视自己的知识地位，以更加开放的姿态，建立健全大学科学研究成果转化推广部门，成立师生创新创业孵化器，乃至向创业型大学转型等，主动通过各种努力与其他创新主体建立联系，加强互动。

在知识生产模式三中可以发现，科学和社会背后的驱动因素是相同的，也可以说是一致的。在当下，科学和社会的边界已经模糊，科学不再像以前那样传递知识，社会只作为一个接受者，而是出现了网络社会和情境性的科学。

网络社会是社会学家卡斯特尔提出的一种新的社会形态，用以区别采猎社会、农业社会、工业社会的一种新的社会形态和新的社会模式，他认为我们正在经历一场信息技术革命，信息技术就像工业革命时期的能源一样，渗透着社会的方方面面，当下信息技术的网络使社会结构化，进而改变着我们社会的形态。[1]正是由于网络社会具有流动性和共享性，所以，以学科为单位的线性知识生产和传播模式在网络社会被打破，而以知识网络为模式的新知识生产和传播模式，在促使学科组织越来越专业化的同时，突破了地域和空间的限制，形成了越来越复杂的知识网络，知识越来越不分等级。

情境性的科学的表现，一方面是知识的生产和创新实践可以不再发生在以大学为代表的研究型机构中，而是其他的地方；另一方面，从事知识生产和创新实践的研究人员可以大量地在地方、国家和国际层面进行知识转移。高校传播的知识既可以有高深知识，又可以有社会亟须的浅显的知识，即高校传播的知识扩大到了社会所需要的一切知识层面。

知识社会的社会形态越来越呈现出复杂多变的流体特性，高等教育与政界、产业界乃至整个社会生活的关系越来越密切。

第二节 大学社会责任发展的历史演变

没有史的根基，论就是虚无缥缈的。[2]由于大学职能决定了大学应该履行的责任，所以本部分主要通过从大学职能视角追溯大学社会责任历史发展演变，为大学社会责任研究提供史论根基。潘懋元教授认为高等教育的发展经历了三个重要阶段：农业经济时代、工业经济时代和知识经济时代。[3]而对此作出判断的

---

[1] 谢俊贵．当代社会变迁之技术逻辑－卡斯特尔网络社会理论述评［J］．学术界，2002（4）：191-203.

[2] 潘懋元．中国高等教育研究的历史与未来［J］．中国地质大学学报（社会科学版），2006（5）：5.

[3] 潘懋元，刘振天．发挥大学中心作用 促进知识经济发展［J］．教育研究，1999（6）：28-33.

依据主要是大学与社会之间的距离。无论处于什么历史阶段，人们或者坚持认识论，高扬大学“独立精神”而忽视大学社会责任，或者高扬“大学社会责任”而扼杀了大学独立的精神。但大学在遗传与变异中发展，其中遗传强调的是基于以“知识”为核心的大学发展演变过程，其中变异强调的是高等教育为适应社会而做出的改变。因为大学作为一种具体的文化建制，在不同国家携带着特定的历史传统、政治安排、经济制度的基因。[1]教育作为整体社会系统的一部分，社会变迁会对教育产生巨大影响，特别是教育制度、教育目标和教育观念等的变化几乎都是社会变迁的结果。[2]

据此，本研究将大学职能作为大学承担社会责任的路径，通过呈现不同历史阶段大学职能的扩展，来凸显大学社会责任内涵扩展的历史轨迹。通过每个历史节点选取一定的标志性案例或政策作为支撑，简要呈现了大学社会责任从最初的人才培养责任发展到目前的五大责任，即人才培养责任、科学研究责任、社会服务责任、文化传承与创新责任和国际交流与合作责任。

一、大学游离社会之外：中世纪巴黎人才培养责任

（一）中世纪大学远离社会生产与生活

当时的西欧由于较早出现了工商业，促进了世俗力量的兴起，加之当时十字军东征，带来了外来文化，西方人的精神生活因此活跃起来[3]。中世纪的世俗大学是市民阶级的产物，它们在城市与行会组织获得发展的条件下形成。

由于中世纪的大学教育目标与当时的农业经济社会扯不上任何关系，或者说，中世纪大学传播的知识完全脱离当时社会发展需求，大学充当的是社会生产与生活的旁观者。“自 13 世纪以来，国家开始与大学有所关联，但仅限于国家的

---

[1] 王处辉．思想者言：中国大学管理问题［M］．北京：知识产权出版社，2012：208.

[2] 马和民．新编教育社会学［M］．上海：华东师范大学出版社，2002：279.

[3] 汤普逊．中世纪经济社会史（上册）［M］．耿淡如，译．北京：商务印书馆，1997：539.

行政和意识形态的变革方面，大学仍然是教会的机构，国家无意争夺大学的控制权。”[1]那时高等教育的目的主要在于培养官吏、牧师等，所以中世纪大学涉及的利益相关者主要是有钱的富家子弟和上层的“绅士”，且接受教育的人很少。社会对大学熟视无睹，大学犹如流浪社会的乞丐无人在意、无人关心，这一时期也常常被后来的学者称为“象牙塔”。这一时期，大学基本不会受到市场和政界影响，逐渐成为与世隔绝的修道院式机构。大学的教育活动仅仅与知识的传播和掌握相关，却不与新知识的探索以及与社会生产有任何关联。[2]

（二）中世纪大学社会责任：巴黎大学人才培养责任

随着贸易发展和城市的出现，社会对政治、法律、管理、宗教机构等方面的专业人才需求增加，这为大学的诞生提供了契机。尤其是教会组织也需要新的知识来诠释它们的宗教理念和思想体系。随着市民阶级的兴起，平民也有了追求知识的渴求。在多种力量的博弈之下，大学在获得一定的权力的同时也能看到大学社会责任的影子。为了满足社会需求，当时开设的课程内容主要是文法、修辞学、辩证法、神学等。由师生组成的学者行会与从事制鞋、铁匠等手工业者组成的行会一样，没有固定的场所。

11 世纪末，博洛尼亚大学的出现标志着中世纪欧洲第一所大学诞生。12 世纪，法国巴黎大学和英国牛津大学相继出现，其中以教授治校而著称的巴黎大学模式在当时起了主导作用，成为传统大学的典范。当时巴黎大学共设有 4 个学科：文艺、医学、法律和神学。这一时期高等教育的管理者主要由教授和长老组成，教学也主要为当时统治阶级——教会服务。大学高高在上并与世隔绝，以人文学科为重点，培养精神贵族中的尖子等是这一时期大学模式的主要特点。

纽曼总结了当时的历史发展阶段以及这一发展阶段对大学应该承担的责任，他认为大学是一个传授普遍知识和培养理性的地方，即通过传播知识和推广知

[1] 雅克·维尔热．中世纪大学［M］．王晓辉，译．上海：上海人民出版，2007：87-110.

[2] 樊平军．论大学的知识选择［J］．江苏高教，2009（1）：24-27.

识，增强人们的推理能力，而非增扩知识。[1]也就是说他认为大学的教学功能是大学的唯一功能，教学内容应该为教授和学生而设，进而他提出了教学内容应该是那些具有普遍意义的真理以及包括神学在内的广泛知识体系[2]。

总之，中世纪大学因其单一的教学职能，对社会事务的不屑一顾，建立起了相对狭隘的责任边界。[3]

二、大学步入社会边缘：19 世纪柏林大学科研责任

（一）19 世纪大学与国家政治、经济建立联系

18 世纪，在以英国为中心的第一次产业革命的影响之下，社会经济活动日益发展，不断冲击传统大学的办学模式。传统的办学模式主要是为培养官吏、牧师等而设置的相应课程体系与教学模式。然而，伴随着英国工业革命的兴起，出现了一大批拥有闲暇时间的人。如果他们要去从事各种新职业，就有必要接受中学后教育。正如这句“君子如欲化民成俗，其必由学乎？”[4]这就进一步推动了初等教育的普及。随着社会的进步，宗教对社会的影响力逐渐减弱，科学的地位和影响逐渐上升，民族国家相继建立起来，民族意识的觉醒，国家需要大量的专门人才，于是大学成为一种重要的政治力量。[5]19 世纪的德国柏林大学就是一个很好的例子。

18 世纪末，普鲁士民族危机的加深，普鲁士的一些爱国人士开始积极寻求拯救国家于危难中的办法。当时有一些比较开明的统治者和改革者，他们都认为教育可以实现整个普鲁士民族的复兴，因为教育可以把人培养成为一个个独

---

[1] 约翰·亨利·纽曼．大学的理想［M］．徐辉，译．杭州：浙江教育出版社，2001：1–150.

[2] 同[1].

[3] John C. Scott. The Mission of the University：Medieval to Postmodern Transformations.［J］.The Journal of Higher Education，Vo1.77，No. 1，2006：1–40.

[4] 许美德，巴斯蒂．中外比较教育史［M］．上海：上海人民出版社，1990：1–50.

[5] 雅克·勒戈夫．中世纪的知识分子［M］．张宏，译．北京：商务印书馆出版社，1996：125.

立、自由、有教养的人。而且他们认为只有通过大学教育，才能赢得全世界的尊重，从而取得世界领先地位。[1]他们认为一旦构成一个民族的基本个体都得到充分的发展后，一个民族的复兴就指日可待了。于是他们把教育作为振兴国家的一种重要手段，然后进行了大刀阔斧的改革。而柏林大学的重建，也正是复兴国家的一部分。[2]

洪堡在柏林大学计划中提出：“大学始终是与国家的需要紧密相连的。”但是，这种结合，不是说大学要时时处处迎合国家，而是为国家的长远利益而存在。如果让大学与政府当前的短期利益联系起来，大学是没有精力去完成引领国家发展的重任的。而大学如果能在学术上不断提高，产生大量新的知识，大学所产生的成效绝非政府当前目光所能及。[3]如此一来，大学就能完成其历史使命，为政府服务，为民族国家振兴服务。洪堡认为柏林大学不应该仅仅作为一所国家层面的大学。政治关系一旦缓和下来，这所大学应该能够把整个欧洲的学生吸引到柏林。[4]

（二）柏林大学科研责任

大学对社会开始产生影响，国家开始主办大学并对大学进行宏观控制。洪堡认为大学不仅是为了传播知识，更重要的是树立起自己独特的教育风格。洪堡认为柏林大学既然要建，就应该超越传统的大学（如要超越旧式的州立大学或者传统的高等专科学校），而应建成一所新型的全国性的综合性大学。他还强调要在这所新型大学里，要摈弃传统大学里的一切陈规陋习。洪堡希望在新型的大学

---

① 李工真．德意志大学与德意志现代化．中国大学人文启示录［M］．武汉：华中科技大学出版社，2005：51.

② 张凌云．传承与创新—德美两国博士生培养模式研究［M］．武汉：武汉理工大学出版社，2016：89-95.

③ 鲍尔生，德国教育史［M］．藤大春等，译．北京：人民教育出版社，1986：125-126.

④ 佛兰茨－米夏埃尔·康拉德．洪堡传［M］．赵劲，张富馨，译．上海：同济大学出版社，2017：74.

里，大学能把教学与科研密切地结合起来。也就是说，教师不仅要给学生上课，而且教师还要带领学生一起探究新的知识。[1]

这一时期，社会突出的问题是过去依据经验就能解决的农业、企业、原料、卫生、教育、政府等问题，随着工业革命的推进，这些问题变得越发庞杂与复杂。据此问题，洪堡提出了在柏林大学里，教师和学生共同为科学而存在，师生可以根据科学的需要，自由、自主地选择科研、教学和学习的形式与内容，学院和大学所发现的知识应该用于解决社会问题，这些都极大地推动了德国的兴盛。柏林大学通过开创教学与科研相融合方式，为社会培养领袖，并在基础科学和实用科学方面，对国家做出贡献。

故这一阶段大学的社会责任除了教学功能，还突出其科研责任。

三、大学步入社会中心：20 世纪威斯康星大学社会服务责任

（一）20 世纪大学与社会经济发展联系密切

19 世纪中产阶级作为与国家同等重要的角色开始登上了历史舞台，大学开始应对来自企业、市民阶层的教育消费诉求。社会需求始终是推动高等教育发展的重要动力之一，随着第一次产业革命的结束和第二次产业革命的兴起，企业迫切需要大学的加盟，因为一些新兴企业在发展中遇到的许多技术问题急需科学知识才能解决技术难题。所以这一时期都强调大学与工农业生产直接结合，强调大学与社会的联系，使高等教育得到了进一步的改变，形成了以地方经济发展服务为己任的美国赠地学院模式。

19 世纪末开始，生产力的发展越来越依赖大学提供的科学和技术，社会对大学在这方面的要求也越来越多。传统的美国大学重学轻术与社会现实脱节，无法为国家培养急需的高素质实用性的工农业技术人才。而当时的时代是一个需要

---

[1] 杨焕勤，张蕴华．柏林洪堡大学［M］．长沙：湖南教育出版社，1986：10-14.

实用知识和懂得实际技能的人，需要工程师去建公路、铁路和矿山，需要农民进行科学种田的时代。[1]1862 年，美国国会颁布了《莫雷尔法案》（又称“赠地法案”），通过联邦资助，建立了一批州立大学，在为本地区的社会、经济发展服务方面，这些州立学院有意识地去适应地方对农业技术知识的需要，从而改变了传统大学自由主义的人文取向。在制度层面上，19 世纪中叶以来，美国逐步确立了市场经济制度的价值取向。在课程的设置上从医学到制造业，从农业到工程学，这些都在大学的教学中明显地体现出来。[2] 大学为社会服务的职能导致了大学模式的又一次重大变革。以美国威斯康星大学为代表，把教学、科研和社会服务三者结合起来的州立大学模式，不仅是美国大学教育革命性的改革，而且为世界现代高等教育的改革和发展提供了具有普遍意义的经验。

（二）美国威斯康星大学社会服务责任

20 世纪初，大学不仅与工业发展联系紧密，越来越多的大学参与到商业化中来，新技术不断被商业化。发明公开化的政策、技术转让条例等在大学得到了发展。同时，在国家一系列政策的引导下，大学也走向了大众的生活。除了《莫雷尔法案》，1867 年的《哈奇法案》（*Hatch Act*）和 1918 年的《史密斯—利弗法案》（*Smith-Lever Act*），美国又增加了新的社会服务，承担了更多的社会责任。这一时期，大学社会服务主要通过以下方面来承担其社会责任：一是大学必须向全州公民及其子女提供学习机会，在人文学科、自然学科、社会学科及实用艺术方面，推行富有成效的教学及培训活动。二是紧密联系社会需求，将地区和环境需要纳入研究和课程设置，发展农业、制造业技术相关的创新性研究。三是大学与各州政府建立了合作伙伴关系，为各州提供必要的智力和知识支持。

1904 年，作为美国最早建立的土地赠予学院之一，威斯康星大学最具典型。

---

[1] 王英杰．美国高等教育的发展与改革［M］．北京：人民教育出版社，1992：7-8.

[2] 弗兰克·H.T. 罗德斯．创造未来——美国大学的作用［M］．王晓阳，蓝劲松，译．北京：清华大学出版社，2001：1.

威斯康星大学提出了威斯康星思想（Wisconsin Idea），即帮助州政府在全州各个领域开展技术推广和函授教育以帮助本州公民。这一思想后来被誉为“把整个州交给大学”[1]，可以将其理解为把知识传递给人民群众。范·海斯曾提出“服务应该是大学唯一的理想”“学校的边界就是州的边界”等观点，大学作为知识的生产者、批发商和零售商，为了生存必须适应周围人们的需要。[2]

大学、政府和产业合作领域范围加大，从农业经济拓展到国家安全和军事领域，合作方式从咨询扩大到直接承担政府项目、开办公司等，大学就像一个买卖货物的商铺，在这个商铺中，大学成为知识的兜售者，而学生可以在商铺中发现各种实用技能与知识——拉丁语、希腊语、历史学、科学、商学、新闻学、家政、工程学、农学、军训以及其他各种五花八门难以概括的科目和活动。[3]

故这一阶段大学的社会责任不仅体现在教学、科研，还特别突出其社会服务责任。

四、大学步入社会中心：21 世纪大学文化传承与创新责任

（一）大学与社会文化关系密切：成为社会的灯塔

21 世纪，随着市场制度在世界范围内的确立以及新自由主义经济发展模式运用，在激烈的竞争中，过于强调大学为经济政治服务的功能，过于强调经济的高速增长，社会公共问题和环境问题常常被忽视。在整个社会和高等教育部门中越来越强调私有化的地位背景下，为了能获得竞争优势，高等教育开始从全球市场上的研究基金，大学相关产品的销售、咨询，研究服务和大学与产业科技创新的联系中获得收入，如美国的硅谷、日本的筑波科学城、欧共体的技术孵化器、

[1] 蓝晓霞．美国产学研协同创新机制研究［M］．北京：北京交通大学出版社，2014：19.

[2] 约翰·S. 布鲁贝克．高等教育哲学［M］．王承绪，译．杭州：浙江教育出版社，2002：18.

[3] 亚伯拉罕·弗莱克斯纳．现代大学论——英美德大学研究［M］．徐辉，陈晓菲，译．杭州：浙江教育出版社，2001：42.

中国的中关村等。大学被定义为“它们在经济发展中的作用”，“市场力量”将很大程度上决定课程，如果市场对某一课程或项目有需求它就会存在，如果市场不需要它将不会被纳入课程中。大学课程必然会专注于经济学，专注于培训学生进入劳动力市场以及重视对职业项目和经济效益的追求，学生将注意力从宽泛的学科转移到狭隘的职业项目上。在这种背景下，大学作为人类文明传播的土壤，有责任向社会呼吁如何不被经济思维奴役，不让社会成为经济思维控制下的机器，警醒我们人类避免成为经济动物。所以，文化传承与创新成为高校必须承担的责任。

（二）大学文化传承与创新责任

2011 年，在清华大学建校 100 周年大会上，胡锦涛同志提出，全面提高高等教育质量需要牢牢把握“四个必须”[1]，而四个必须中前三项是众所周知的大学三大职能，第四项则是必须大力推进文化传承与创新。各界普遍认为，四个必须是我国国家领导人对于大学职能和使命的新解说。以此次发言为契机，整个学术圈掀起了对大学第四项职能的研究。2017 年 2 月，中共中央、国务院印发了《关于加强和改进新形势下高校思想政治工作的意见》，再次将文化传承与创新同大学其他职能并列为大学职能。最终，大学文化传承与创新作为大学的第四个职能在我国高等教育领域确立起来。大学文化传承与创新责任得到了社会的关注。

文化传承与创新的内涵是什么？高校在文化传承与创新中有其独特的地位。高校不仅是文化传承的载体，也是文化创新的源泉。那么高校应该如何发挥其文化传承与创新的作用？一是高校需要发挥文化育人的作用。高校需要对已有的文化成果进行扬弃，扬的是本民族优秀的思想文化，弃的是不符合社会发展的旧义。二是高校需要发挥文化的辐射作用。高校不仅需要培养师生崇尚科学、崇尚真理的观念，而且还需要知道什么样的文化是先进文化，也需要知道一个社会发展需要什么样的

[1] 胡锦涛．在庆祝清华大学建校 100 周年大会上的讲话［EB/OL］.（2011-04-24）［2023-11-25］. http：//www.gov.cn/ldhd/2011-04/24/content_1851436.htm.

文化，如此一来，高校通过创立新知，并将其传播到社会，才能真正推动社会进步。三是高校需要开展对外文化交流。一方面要通过与国外文化交流中，了解国外先进文化，吸收国外优质文化；另一方面需要向国外展示中国的文化实力，增强我国的文化影响力，在文化交流互动中，推动人类文明的进步。

五、大学步入社会中心：21世纪大学国际交流与合作责任

（一）大学与国际社会关系密切：成为国与国之间的沟通纽带

21世纪，国际交流与合作被重提。伴随着知识、人才、技术、信息、资本在国家与国家之间的流动，国际政治、经济、文化的联系也越来越紧密。世界错综复杂，经济和社会复杂程度不断加深，这就给全球化世界中的教育决策者提出了更为严峻的挑战。各国经济发展表明，随着经济全球化的深入发展，就业增长率低，就业形势严峻。教育与日新月异的就业领域脱节严重。[1]这就促使高校决策者要有更大的格局来处理大学与外部世界的关系，这个外部世界不仅限于一国范围，而是更广阔的国与国之间的关系。此外，资金、资源、人才等在国与国之间的流动性日益增强，这就要求教育系统能够塑造身份认同以及在相互联系和依存日益加深的世界中求同存异，共同和平发展。在这种背景下，国际交流与合作成为高校必须承担的责任。同时由于世界贸易组织的推动，商业性的跨国高等教育活动成为国家获利的一种竞争形式。日本在1974年就提出国际化时代的教育问题，并且从1984年开始日本把教育适应国际化的需要作为重要课题进行研究。[2]此外，美国等国家也从20世纪末开始将创办全球性的大学作为办学的方向之一。

---

[1] 联合国教科文组织．反思教育：向“全球共同利益”的理念转变？［M］．北京：教育科学出版社，2017：2.

[2] 陈学飞．面向21世纪国际高等教育发展的基本趋势［J］．现代教育管理，1998（6）：25-37.

（二）大学国际交流与合作责任

我国自进入21世纪以来一直是全球最大的发展中国家，一个社会的发展，离不开对外开放，也离不开国际教育活动。在此背景下，《国家中长期教育改革与发展规划纲要（2010—2020年）》（以下简称《纲要》）中进一步确定了国际交流与合作。2016年，中共中央、国务院印发的《关于加强和改进新形势下高校思想政治工作的意见》中，明确指出高校肩负着国际交流合作的重要使命，并首次将国际交流合作与人才培养、科学研究、社会服务、文化传承创新一起列为高校的五项职能。2017年，中共中央、国务院印发的《关于加强和改进新形势下高校思想政治工作的意见》明确提出国际交流与合作是大学的第五项职能，并要求高校发挥国际交流合作职能，培养具有国际视野，精通国际规则，能够承担国际事务和参与国际竞争的国际化人才。至此，国际交流与合作成为我国高校的第五大职能得以确立下来，这也意味着大学又多了一项责任，即大学的国际交流与合作责任。

《纲要》[1]对国际交流与合作如何开展做了如下规定：一是借鉴学习。借鉴的是国际上先进的教育理念和国际上先进的教育经验。二是培养人才。培养的是具有国际视野、通晓国际规则而且能够参与国际事务的国际化人才。此外，2015年国务院印发《统筹推进世界一流大学和一流学科建设总体方案》[2]，该文件的颁布也标志着高等教育国际化已经成为我国国家层面的发展战略之一，也标志着教育国际化进入了一个新的阶段。该文件对于国际交流与合作主要有四点要求：一是强调与世界一流大学和学术机构的合作。合作主要方式是将国外优质教育资源融合到教学和科研过程中，具体来讲就是在人才培养方面，开展人才联合培养；

---

[1] 国家中长期教育改革与发展规划纲要（2010—2020年）[EB/OL].（2010-07-29）[2019-07-12]. http://www.moe.gov.cn/srcsite/A01/s7048/201007/t20100729_171904.html.

[2] 中华人民共和国教育部. 国务院关于印发统筹推进世界一流大学和一流学科建设总体方案的通知[EB/OL].（2015-10-24）[2020-08-05].http：//www.moe.gov.cn/jyb_xxgk/moe_1777/moe_1778/201511/t20151105_217823.html.

在科学研究方面，开展科学联合攻关。二是牵头或积极参与国际性或区域性重大科学计划或工程。三是营造良好的国际化教学科研环境。因为只有良好的教学科研环境，才能增强对外籍优秀教师和高水平留学生的吸引力。四是要参与国际教育规则制定、国际教育教学评估和认证。

第三节　构建大学社会责任评价的理论依据

一、责任伦理理论

最早提出“责任伦理”概念的是马克斯·韦伯。韦伯在 1919 年，在其“政治作为一种志业”的讲演中提出，想要从事政治的人在人格上必须具备两个条件，即良心伦理与责任伦理，因为政治家的活动直接关系到人民大众的根本利益，所以政治家的行为应受良心伦理和责任伦理的双重制约。[1] 责任伦理理论的代表人物是德国汉斯·约纳斯（Hans Jones）和约翰·莱德（John Ladd）。汉斯·约纳斯的《责任的强制性要求》（1979）标志着责任伦理学的确立；随后约翰·莱德的《道德的责任心与公民的美德》（1991）、《道德的责任心与计算机》（1988）等关于责任伦理理论的著作相继问世。

约纳斯在《责任的强制性要求》中所提出的责任伦理学思想，是为了解决工业时代人与自然之间被破坏的平衡关系以及科学技术对自然的破坏，对人类生存的威胁。他认为以前的伦理学只关注人与人之间的关系，而忽视了人与其周围的动物、植物、空气、土壤等之间的关系。所以他试图让人们关注人类未来、关心自然、让责任处于科技时代的中心位置，力图为“科技时代的伦理学”奠定一个理论基础。[2]

责任伦理学与传统伦理进步之处在于，责任伦理学更加侧重人的行为效果，

---

[1] 夏基松. 现代西方哲学［M］. 上海：上海人民出版社，2009：550-586.

[2] Hans Jonas. The Imperative of Responsibility：In Search of an Ethics for the Technologic［M］. Chicago：Chicago University Press，1984：26-245.

是强调主体对其行为效果负责的一种伦理理论；更加侧重对社会、对自然的责任，强调的是责任的社会性、整体性或公共性，因为责任伦理学派认为社会是人与人之间相互联系的有机系统；责任伦理对象的未来性，即人的行为不仅应当向当代的人负责，还应向未来的人负责；责任伦理学还不仅将责任范围推广到下一代人，而且还推广到人类以外的整个自然界。

将责任伦理理论运用于高等教育机构，是要关注高等教育机构因其决策或行为对社会和环境产生的后果，并将高等教育机构的利益相关者从人扩张到自然环境，最终的目的是要推进社会的可持续发展。责任伦理理论为研究大学社会责任提供了一个新的维度。[1]

二、利益相关者理论

传统商业组织是将决策从伦理中分离出来，强调组织的价值创造和交易，这就是资本主义伦理问题产生的根源。马歇尔在《经济学原理》对企业的论述是股东至上的发端，随后新古典企业理论先验地接受了股东至上的逻辑。科斯的企业理论（企业契约理论）虽没有接受股东至上的先验性，但是他所开发的分析工具，如产权概念、交易成本概念、企业的契约属性，证明了股东至上的正确性。格罗斯曼和哈特等人在委托代理框架下通过资产专用性以及合约的不完全性，证明了股东至上的合理性。

（一）利益相关者的提出

股东至上的企业观在管理实践中面临诸多悖论。一是股东至上的管理理念未能给企业带来更多利润。对 20 世纪英美德日四国的企业财务表现的研究结果发现，奉行股东至上的英美企业的财务表现，不如关注更多非股东企业利益相关

[1] 甘绍平．应用伦理学前沿问题研究［M］．南昌：江西人民出版社，2002：112.

者的日本和德国。二是奉行股东至上的企业，违反商业道德的行为频繁发生。据统计[1]，在美国500家大型企业中，有115家曾因行为不良被起诉，如美孚石油公司、通用汽车公司、希尔斯公司、美洲银行等。三是奉行股东至上的企业敌意并购频繁发生。斯内普（Schneper）和吉伦（Guillen）对38个国家1989—1998年的数据进行统计发现，美国发生敌意并购案件431例，英国220例；德国为5例，日本为1例。

显然，仅仅关注组织的价值创造，注重经济效益是一种狭隘有害的观点，所以越来越多的思想家开始质问商业组织与社会其他制度的关系，如何理解商业组织，才能使决策者考虑其对社会的全面影响。汤姆·琼斯在他的利益相关者理论中提出商业和社会缺乏一个组织框架，并认为利益相关者最吸引人的地方就在于提供了一个统一的框架，该框架建立在伦理学的基础上。[2]利益相关者理论的进步之处不是引入了一个关于管理企业的看法，而是结合商业组织和社会伦理去看问题的过程，包括组织的目的是什么、管理者对谁负责。19世纪末20世纪初企业面临着一系列问题，如环境运动、食品安全事件、劳工抗争等，这使得人们认识到，并非股东对现代企业的经营承担了所有的风险，而是所有的利益相关者都承担了一定的风险，相应的企业也必须承担利益相关者的社会责任。[3]

20世纪30年代，一种非正统的观点“企业的存在不仅仅为了盈利”被提出，在随后的几十年里，一些学者和专家围绕“商业在社会里作用”问题，展开了激烈的辩论。为了改善企业管理，利益相关者理论开始被运用于企业管理，其最大的贡献在于给企业管理者提供了系统思维，使企业管理者能够将更广阔的利益群体纳入其战略管理之中。最终利益相关者理论成为指导企业管理运营的重要理论依据之一。根据爱德华·弗里曼给出的定义，利益相关者指的是任何一个影

---

[1] 江若玫，靳云汇．企业利益相关者理论与应用研究［M］．北京：北京大学出版社，2009：23.

[2] 爱德华·弗里曼．利益相关者理论现状与展望［M］．北京：知识产权出版社，2013：198.

[3] 朱斌．自私的慈善家——家族涉入与企业社会责任行为［J］．社会学研究，2015，30（2）：74–97+243.

响公司目标的完成或受其影响的团体或个人。[1] 在利益相关者理论的指导下，出现了企业社会责任（Corporate Social Responsibility，CSR）。后来企业社会责任的概念成为企业管理的一个重要维度。企业社会责任强调的是企业除了考虑自身的经济盈利外，还将社会和自然环境影响纳入决策范畴。

（二）利益相关者理论在高校的适用性

20 世纪 90 年代后，对利益相关者的研究从私人机构向公共部门渗透。美国哈佛大学文理学院原院长罗索夫斯基首次将利益相关者理论用于高校管理[2]，随后越来越多高校管理者将利益相关者理论应用到高等教育领域。

利益相关者理论虽然最初在企业界使用，但是该理论也能够指导大学的管理。大学与企业相比，企业是一个营利性的社会组织，其主要目的就是盈利，社会责任的承担只是企业放在盈利之后的一种战略选择，企业承担社会责任的逻辑建立在道德的自觉基础上。也就是说企业对社会责任的承担是建立在自愿基础之上的，如企业自愿在改善工人生活水平，为社区以及社会提供福利，没有任何外在的强制性或约束。[3] 但问题在于，一旦企业经营处于劣势，企业则会首先放弃社会责任选择盈利，因为亚当·斯密的《国富论》或者马克思的剩余价值来源都详细阐明了企业的本质。[4] 正如教育家涂又光先生所说，在经济领域追逐的是“利”。[5]

所以，张维迎说，非营利性的组织才最应该强调社会责任。大学与社会联系得越来越紧密的情况下，大学为了更好地发展必须处理好与大学相关的利益群

---

[1] 爱德华·弗里曼．战略管理——利益相关者方法［M］．王彦华，梁豪，译．上海：上海世纪出版股份有限公司，2006：2.

[2] 罗索夫斯基．美国校园文化：学生．教授．管理［M］．济南：山东人民出版社，1996：233-255.

[3] 张维迎．正确解读利润与企业社会责任［J］．长三角，2007（Z2）：30-33.

[4] 王爱国．强化企业社会责任问题的会计研究［M］．济南：山东人民出版社，2011：43-44.

[5] 王应密．从“力、利、理”到“仁、义、诚”——涂又光先生“三 li 说”思想的再阐释［J］．学园，2011（10）：12-16.

体。所以利益相关者理论用在大学比企业更合适。当然，谈到用利益相关者理论研究大学的人，绕不开的学者是哈佛大学的罗索夫斯基。大学因其公共属性，即大学是属于社会的每一个人的，没有哪一个人能对大学行使独立控制权。具体来讲，大学的所有权不属于大学里成员（教师、行政管理人员及学生等），但是其成员如学生即使毕业离开学校，他（校友）与大学的相关性也不会消失。而且，在当今知识社会由于知识已经成为社会运作的轴心，其复杂性已经超乎想象。大学治理的权力由某个群体所掌握，总能产生某种治理效率上的损失。因而为了减少治理效率的损失，大学只能由利益相关者共同行使控制权。所以，从某种程度上来讲，大学是一个利益相关者组织[1]，利益相关者理论为大学的利益相关者参与大学管理找到了理论依据。[2]

识别并区分利益相关者的优先度是高校治理的内在逻辑起点。米切尔于1997年提出米切尔评分法。他从三个属性上对可能的利益相关者进行评分：一是合法性，某类主体是否在法律上对组织具有索取权；二是权力性，某类主体是否在地位和能力上有干预组织决策的力量；三是紧急性，某类主体能否立即引起组织管理者的注意力。这种能识别组织利益相关者优先度的方法进一步推动了利益相关者理论的推广应用。[3]国内也有学者借鉴三维分析法将高等教育的利益相关者分为确定型的利益相关者，如政府部门、教学人员、研究人员、学生等；预期型的利益相关者，如资助者、评议组织等及潜在型利益相关者，高中学生、学生家庭、大学所在社区等。[4]由于不同利益相关者与大学利益的相关程度不同，以及参与治理的意愿和能力各不相同，因此在安排大学治理结构时，需要基于非

---

[1] 胡赤弟，田玉梅．高等教育利益相关者理论研究的几个问题［J］．中国高教研究，2010（6）：15–19.

[2] 李福华．利益相关者理论与大学管理体制创新［J］．教育研究，2007（7）：36–39.

[3] 贾生华，陈宏辉．利益相关者的界定方法述评［J］．外国经济与管理，2002（5）：13–18.

[4] 胡子祥．高校利益相关者治理模式初探［J］．西南交通大学学报（社会科学版），2007（1）：15–19.

均衡的配置方式区分不同利益相关者的控制权。[1]

利益相关者理论对研究大学社会责任的贡献在于大学社会责任中的“社会”责任其实是利益相关者责任，所以它能将大学社会责任从抽象变得更加具体，增加了大学社会责任管理的可操作性。[2]

本研究聚焦我国42所“双一流”建设高校，探讨“双一流”建设高校的利益相关者有助于提升大学治理能力，也能促使“双一流”大学管理者能够把大学利益相关者，如政府、企业、社区、生态环境等纳入大学战略管理的范畴，进而提升大学整体的质量。

三、第四代评估理论

一般来讲，教育评价经历了四代：第一代教育评价（19世纪末至20世纪30年代）是测验和测量时期。这一时期代表人物是桑代克，他在1904年的《心理与社会测量导论》提出了“凡是存在的东西都有数量，凡是有数量的东西都可以测量”。随后出现了学力测验、智力测验、人格测验量表以及现在大家熟知的美国SAT测验。这一时期评价在本质上是测量，评价者的工作就是选择测量工具，提供测量数据。第二代教育评价（20世纪30年代至50年代）是描述时期。这一时期的代表人物是泰勒。这一时期评价的本质是描述，评估者在这一时期主要是描述关于某些规定目标的好坏与优劣。第三代教育评价（20世纪60年代至70年代）是判断时期。评估者在这一时期扮演的是裁判员的角色。目标和过程需要服从评估，所以这一时期评价的本质是判断。第四代教育评价是建构时代。古巴和林肯提出的第四代评估理论认为评价的意义在于服务，评价者首先要关心服务对象所关注的问题、兴趣和焦点，采用应答性资料收料收集方法和建构主义方

[1] 潘海生．作为利益相关者组织的大学治理理论分析［J］．中国地质大学学报（社会科学版），2007（5）：17-20.

[2] 肖斌，张衔．利益相关者理论的贡献与不足［J］．当代经济研究，2011（4）：22-26.

法，以回应服务对象为起点，并以“回应—协商—共识”为主线。

库巴和林肯基于已有评估存在的[1]如重视管理主义、重视效率，忽视价值多元等问题的基础上，在20世纪80年代末提出了第四代评估理论。第四代评估又称建构主义评估，该理论强调的是评估要全面考虑利益相关者的需求，强调评估者、政策的制定者、评估的受益者、评估的受害者等多元主体在协商中建构的评估指标体系。

第四代评估理论有两个核心要素[2]：一是响应式聚焦。响应式聚焦强调在大学的利益相关者参与的基础上，确定要解决大学的什么问题，以及应该收集关于大学的哪些关键信息。二是建构主义方法论。

随着第四代评估理论的发展，评估越来越注重利益相关者团体的共同合作过程，各利益相关者通过平等协商的方式对话协商，进而促进责任的分担，所以评估越来越关注利益相关者的参与和赋权。但是，当利益相关者各自的价值观相互冲突时，到底谁的价值观可以成为评估者评判项目和方案质量的标准？目前也只给出了复述、分析、批判、再复述、再分析等论证评价，最终应该由谁决定并没有达成共识。

第四代评估理论的核心价值观在于，它认为社会的最高决策权在于人民，如果认为人民难以做出明智的决策，正确的做法不是收回人民的权力，而是给他们讨论的平台。第四代评估理论正是对社会进步的投资。第四代评估理论能够用于大学，是因为大学是一个知识生产、人才培养的机构，通过多元主体建构的评估理论，能够保证知识生产和传播促进公众利益，进而推进社会进步。

大学社会责任评估的目标是为了提高高等教育质量、增进社会福祉，促进社会公正。[3]在评估的过程中要促使大学认识到其在社会中的角色及作用。

---

[1] 古贝，林肯．第四代评估［M］．秦霖，译．北京：中国人民大学出版社，2008：1-20.

[2] 同[1].

[3] 上海社会科学院政府绩效评估中心．公共政策绩效评估理论与实践［M］．上海：上海社会科学院出版社，2017：12-13.

第四节 大学社会责任评价的分析框架

大学如何处理与社会之间的关系，不同的视角可能有不同的看法，但一个结构清晰、要素完整的分析框架，有助于大学的管理者能够更好地处理其与社会的关系。大学社会责任管理是一个系统的工程，这个系统是围绕大学影响展开的。这个分析框架要回答以下问题：大学的影响有哪些？大学对谁负有社会责任？大学应该怎么承担社会责任，大学与谁一起做？大学的社会表现由谁来评判，用什么标准来评判？

为了确保大学决策和活动能够增进公众利益，提升人民的生活质量，并强化大学在这方面的努力。由于目前高等教育领域没有一个成熟的理论可以回答本研究问题，也不存在某一理论能够提供一个框架或模型可以回答本研究的问题，所以本研究需要基于研究问题搭建一个可以解决这个问题的框架。

框架搭建的基础是依据本研究的问题，即如何确保大学决策和活动能够增进公众利益？回答这个问题就涉及责任伦理理论，责任伦理理论要求组织对其“影响”负责，这个影响在本研究中指的是大学因其评价存在的问题，导致对社会和环境产生的负面影响。大学应该对谁负责？这就涉及利益相关者理论，利益相关者理论认为被组织影响的团体和个人都是利益相关者。大学如何负责？这就涉及大学职能的履行。如果大学在履行职能的过程中忽视其社会维度，大学行动和政策必定会产生负面影响，所以大学需要规避这些负面影响。那么大学如何规避负面影响，这就需要对大学评价中存在的问题进行原因分析。当大学在履行职能的过程中，能够顾及大学的社会维度，就可以减少对社会和环境的负面影响，就能最大限度对社会产生益处。最后一个问题就是如何使得大学这些有助于社会的行为得到强化。这就涉及评估，通过寻找最优行为并加以强化，就能促使大学对社会产生真正有益的行为。故本研究以利益相关者理论为主要分析框架，交叉使用了责任伦理理论与第四代评估理论。

一、理性层面

理性层面需要回答大学为什么要承担社会责任，大学对谁承担社会责任（谁是大学的利益相关者）。

（一）责任伦理：大学为什么要承担社会责任

1. 责任伦理：对行为产生的影响和后果负责

伦理在组织的管理中有着重要作用。伦理注重行动产生的影响以及结果，关注所采取的行动是否能够产生尽可能多的积极后果（拯救生命、扩展资源、提高社会福利等），同时尽可能减少消极的结果（失去生命、浪费资源、引起痛苦等）。总之，伦理的核心就在于无论组织还是个人都需要对自己的行为负责，并为行为提供站得住脚的理由。

传统的商业组织的盈利基本都有以下理论假设：市场参与者的自利本性、道德与经济繁荣分开以及对有限资源的竞争（零和博弈）。在这种情况下，商业丑闻的增加及媒体对此曝光，迫使企业陷入麻烦。商业中的伦理，可以帮助企业解决以下问题：首先，伦理充当法律的扩展，是控制民众过度追求自身利益的一种约束。其次，管理者需要社会责任来使得自己的自私与逐利行为变得合法。在这种语境下，商业伦理就等同于企业社会责任。企业将蛋糕同工人一起分享，会提高工人的工作积极性；与消费者分享，消费者能享受到更物美价廉的东西，这样企业挣钱就更踏实。阿克曼通过他对公司财务绩效成果的研究发现，从长期来看，越成功的公司是那些在社会绩效和经济绩效同时表现良好的公司。[1] 事实上，企业社会责任活动可以很好地改善企业形象，帮助企业获得更大的企业竞争力。

---

[1] 爱德华·弗里曼. 利益相关者理论现状与展望［M］. 北京：知识产权出版社，2013：209.

除了企业伦理被人熟知之外，20世纪以来，伴随着责任问题的出现，德国的伦理学家马克斯·韦伯提出了责任伦理的概念，开始关注行为可能产生的后果，并开始强调要为行为后果负责。汉斯·约纳斯认为，责任主体不仅要对过去和现在所做的事情负责，还要对未来的事情负责。汉斯·昆提出了全球责任是每个人的公共责任。

社会责任是建立在自由主义理论思想基础之上的，我们可以把自由主义理论的思想简单概括为“我们可以不受外界限制的自由”。自由主义理论的理论基础是[1]：牛顿的世界永恒运动，即世界的运转按照不变的法则永久地运动着；洛克的自然权利哲学，即人是理性的，自由是与生俱来的；古典经济学说，强调政府不要多加干涉，并且相信人在为自己的利益工作的时候，就不可避免地为公共福利而工作；弥尔顿的自我纠正法，即思想要自由，真理就会出现。然而，怀特海德在《科学与现代世界》中指出，这些支撑自由主义的理论在近代全部被推翻，牛顿的世界永恒运动论被进化论思想和近代物理动力概念所推翻；洛克的自然权利哲学被现代社会科学所推翻；古典经济学说被近代大多数经济学家所摒弃，也几乎没有国家在实践这一学说；弥尔顿的自我纠正法也变得可疑。总体来说自由主义思想是一种消极的自由，消极的自由就是让一个人不受外力的约束，凭借自己的理智来发现支配宇宙的运行规律，而不考虑行为的后果。而社会责任理论是在自由主义理论引起诸多社会公共问题的基础上发展起来的，社会责任理论是一种积极的自由，它强调的是“我们有做……的自由”，强调的是达到希望的目标的必需手段。显然，在社会责任理论下，人被看成理性自私的。人能够运用理性，但是由于自私的本性，人类就变成为了满足直接需要和欲望而不顾长远利益。

就伦理责任的承担主体而言，学术界存在着个体主义者是责任伦理的承担主体和集体作为伦理责任的承担主体两种观点。个体主义者承担伦理责任已经被广泛接受，但是集体主义作为承担责任的主体，主要有以下观点：第一，拉里·梅

---

[1] 斯拉姆.报刊的四种理论［M］.北京：新华出版社，1980：84-125.

指出，集体的责任的产生的必要条件是集体中的成员由于其所从事的事情或活动造成了具有危害性的后果。[1]第二，王向化认为集体承担社会责任需要满足三个条件[2]：首先集体应是具有独立道德行为能力的系统、组织或机构；其次集体具有可以确认的道德主体，能做出决策并付诸集体行动；最后集体从事的活动能够导致积极或消极的道德结果。很显然大学作为一个社会组织满足以上条件。

从组织发展的方向来看，我们从共同责任的角度对社会责任进行哲学上的重建（对于从我们的集体生活方式中产生的负面的社会和环境影响），这不是一个临时的发明，而是符合 ISO 26000 社会责任标准（2010）中明确阐述的国际共识：一个组织的社会责任是其对本地和全球社会环境影响的责任。责任伦理理论要求组织需要对其行为和后果所造成的影响负责。

2. 大学组织的影响力：大学承担社会责任的逻辑起点

我国在 2015 年颁布的《社会责任指南》中将社会责任定义为“因组织决策和活动对社会和环境产生的影响而应该承担的责任”。因此，从学术逻辑上来看，是大学因其决策和活动对社会和环境的影响而承担的责任。从生活逻辑来看，大学社会责任是大学作为具有做出决策并付诸集体性实践的社会组织基于因果关系链条而承担的责任。

（1）大学是一个具有影响力的组织

大学是否是一个有影响力的组织，已经有部分学者从理论层面回应了这个问题。比较具有代表性的学者是弗朗索瓦·瓦莱伊斯（François Vallaeys），他审视了大学对社会的影响，并将其分为四种类型：教育的影响、认知的影响、组织的影响和社会的影响（图 2.1）。[3]

我们用数学系统里的二维坐标系来表示这四种类型的影响在二维空间中点的

---

[1] May，Larry. Collective Inaction and Shared Responsibility［J］. Noûs，1990，24（2）：269–277.

[2] 王向华. 论大学的道德责任［J］. 教育研究，2018，39（1）：50–58.

[3] Vallaeys F. University Social Responsibility：a mature and responsible definition［C］// GUNI Report 2014 n°5 Higher Education in The World. 2014：88–96.

位置。纵轴（组织和社会影响）是任何类型组织（非政府组织、公司、政府等）都会产生的影响），因为组织中都雇用人，有生态足迹，并且与本地社区有联系。横轴与学术背景有关，因为大学是唯一负责新一代专业教育的机构，也是定义科学和社会发展的机构。

图 2.1 大学影响类型（图片来源于弗朗索瓦·瓦莱伊斯）

教育影响指的是大学形塑着学生的价值观和专业人士的形成。大学毕业生理解、解释世界的方式，以及他们进入社会后的行为方式与他们在大学中受到的教育理念和价值观息息相关。此外，这些毕业生还将影响职业道德，他们有意识或无意识地参与指导每个学科的职业道德及社会角色定义。所以如何组织教育，将会对社会产生深远的影响。

认知的影响是指大学生产的知识和技术，影响社会上所谓的“真理、科学、理性、合法性、效用等”的定义。认知的影响与知识有关，因为大学对研究活动负有科学和技术责任。它通过参与每个鼓励或反对知识的碎片化；它阐明了技术科学为谁服务；它还影响了科学问题的定义和选择。我们生产什么样的知识，为了什么生产这些知识，这些知识是为谁服务的？我们应该产生什么样的信息，应该如何传播这些信息，以解决阻碍国家可持续发展的认知缺陷？

组织影响指的是大学对组织内成员和环境负有社会和环境责任。组织运作的影响指的是，与任何劳工组织一样，大学对教职员工和学生的生活产生影响。大学管理运行中所采取的福利政策以及对环境污染的政策对社会有着深远的影响。大学在能源、车辆造成的污染、生活污水等方面的浪费等是什么态度？我们每天生活的价值观是什么？我们要考虑到大学社会成员的福祉是什么？在大学里我们应该如何以负责任的方式生活？如果大学不知道如何强迫自己使用再生纸，那么关于环境保护的演讲有什么用呢？如果经济系教授继续忽视环境成本，讲授新古典经济学，那么采取可持续校园的举措有什么用？

社会影响指的是通过增加相互学习社区促进社会的发展，大学对社会及其经济、文化和政治发展有影响。从专业人员和领导人的角度来看，大学毕业生对世界的未来有着直接的影响。大学能够促进世界的未来、可以创造社会资本，将学生的教育与外部社会现实联系起来，使所有人都能获得知识，等等。从解决问题的有效性来看，我们在社会发展中所起的作用是什么，与谁在一起，以及为了什么？大学如何能够在专业知识范围内通过社会资本参与促进社会进步？

（2）大学承担社会责任的逻辑起点

大学的活动或政策会使得什么群体受到其影响？它在当前人类世界危机中扮演了什么角色？是加剧了危机，还是提供了解决问题的办法？它是通过每一批新入学学生传递了社会不平等还是减少了社会不平等？大学如何能够成为社会变革的推动者，通过帮助外部社会利益相关者建立新的知识网络，以实现公平和可持续的发展？如果大学是一个修道院，那么它怎么把知识传递给社会？如果大学所提倡的知识和教育完全脱离了它的社会背景，那么它如何能够扎根于它的领地呢？它在学术和非学术人员中提倡什么样的价值观，鼓励什么反对什么？

不仅责任伦理理论认为大学组织需要对其行动或政策所造成的影响负责，而且高等教育外部性理论也认为高等教育要对其带来的不利影响负责。高等教育外部性理论将主体与主体外部因素以及社会关系作为主要的分析对象，主要揭示了主体的活动在市场之外影响了其他主体，却没有为之承担相应的成本，经过庇古、马歇尔及科斯等人的发展，后来被应用到高等教育领域。高等教育外部性理论将外部性分为正外部性和负外部性。正外部性指的是主体活动对其他主体带来的有利影响，负外部性指的是活动主体对其他经济体带来的不利影响。这也为大学社会责任研究提供了理论的支撑。

王世权、刘桂秋认为，大学社会责任的逻辑起点是基于交换关系所衍生的契约性与学术性，大学社会责任的本原性质可表述为基于学术性的契约履行过程。[1]所以，大学社会责任意味着大学不仅是研究高深学问，还需要满足利益相关者的需求，从更广的意义上来说是要求大学作出对经济、社会和环境可持续性的贡献。学术性和契约性是大学发展的两个方面，学术性更加强调遗传，对知识的遗传；而契约性则是变异的过程，是大学发展的张力之所在。大学只有处理好了大学与社会的关系，获得合法性，才能使得大学获得更大的发展。

本书认为大学社会责任在逻辑上是大学因其决策和活动对社会和环境的影响而承担的责任。依据利益相关者理论，可以知道那些影响大学目标或者受到大学影响的群体、个人或环境都是大学的利益相关者[2]也就是大学的利益相关者是受到大学影响的团体或个人乃至环境。本书从大学活动对社会和环境产生的影响为研究的出发点，探究大学对利益相关者应该承担的责任。

（二）利益相关者理论：大学应该对谁承担责任

利益相关者理论从本质来说，它是探讨管理者如何管理好组织。利益相关者最早出现在 1963 年的斯坦福研究中心内部备忘录中的一篇管理论文。最早将利益相关者定义为“没有他们的支持，组织就不再存在的团体”。对利益相关者的研究主要有以下几个研究方向：首先是从公司的实践，伯纳德·泰勒在公司战

[1] 王世权，刘桂秋. 大学社会责任的本原性质、履约机理与治理要义［J］. 教育研究，2014，35（4）：85-93.

[2] 弗里曼. 战略管理：利益相关者方法［M］. 王彦华等，译. 上海：上海世纪出版社，2006：62-64.

略艺术现状的评论中这样写道："在实践中，显而易见的是，在20世纪70年代，公司也会为其他利益相关者而运转。"其次是系统理论家的研究。20世纪70年代中期，罗素·阿考夫提出了组织的开放系统观，认为在系统中的利益相关者的支持和互动下，可以通过重新设计基本制度来解决许多社会问题。[1]最后是组织理论家的研究，他们设法认识组织—环境关系。普费弗和萨兰西克提出了组织—环境互动模型，这一模型取决于对组织资源和组织对提供这些资源的环境要素的相对依赖性分析。

因此，本研究需要采用利益相关者理论。利益相关者方法研究的对象是影响组织的团体、个人或环境，主要研究的是对这些团体、个人或环境做出反应的管理行为。利益相关者理论被管理者用来收集有关外部团体的一般性信息。总的来说，利益相关者是可以帮助组织采取行动，使自己与外部环境密切结合，进而塑造组织。组织的管理者想要进行有效的管理，就必须系统地考虑组织的利益相关者。

一般组织管理者将组织环境分为组织内部环境和组织外部环境两类。从组织内部环境来说，随着高等教育进入大众化阶段，高等教育的规模越来越庞大，顶层的管理者与组织链条末端人员的距离越来越远，管理的难度越来越大。从组织外部环境来讲，随着全球化的推进，组织面临的外部环境越来越动荡，尤其是资本主义作为组织价值创造和交易的主要方式在高校也逐步确立，高校之间的竞争越来越激烈，这使得高校管理者的视野越来越局限于"经济"效益。组织管理者发现，孤立"社会问题"，将它们与其所具有的经济影响力分离开来，或者孤立"经济问题"，似乎它们不会产生社会效果，这些都不能解决组织的管理问题。

大学社会责任是一个抽象概念，即使我们选择从影响力作为切入点，但是大学对社会的影响具有隐蔽性，如何将抽象的概念转化为实际的行动？利益相关者概念的基本用途是用作收集有关一般利益相关者信息的工具。默顿确定了个人在

---

[1] 弗里曼．战略管理：利益相关者方法［M］．王彦华等，译．上海：上海世纪出版社，2006：62-64.

社会中扮演的一系列角色，埃文把这一概念扩展到组织。我们进而可以说利益相关者在组织中扮演的一系列角色。琼斯第一个将社会责任概念运用到公司管理上，他认为社会责任不应该被当成一组结果，而是一个过程、一种手段。当管理者将社会责任看成一种手段，而不是结果时，管理者就会认识到那些被组织影响的团体利益的重要性。[1] 佩德森认为组织的社会责任的定义要与利益相关者相理论紧密联系，并通过特定战略、特定利益相关者以及特定的社会和环境问题得到。也就是说组织的社会责任可以通过利益最大化来增加社会福利。[2] 弗里曼在《利益相关者理论现状与展望》中建议用企业利益相关者来取代企业社会责任。因为组织不顾伦理，就会引发社会不满，而这种社会需求就要求商学院针对伦理开设相关课程，一旦商学院对此有需求，有关商业伦理的相关话题就逐步增多。对于传统的商业组织来讲，社会责任越来越多地从利益相关者的角度概念化，认为商业组织应该在盈利过程中积极照顾利益相关者。本研究认为这是商业组织的工具性取向，它们更容易从利益的角度分析利益组织的利益相关者“赌注”，而大学作为一种非营利性机构，更应该从组织伦理的视角找到组织的利益相关者“赌注”。

德里克·博克从利益相关者视角研究大学社会责任。他认为现代大学不是董事会可以决定其发展的私人机构，也不是教师自己的组织，而是众多利益相关者共同拥有的社会机构，大学社会责任就是大学对全部利益相关者的责任。[3] 张维迎也认为大学是一个典型的利益相关者组织。[4] 故本研究认为大学社会责任可以从利益相关者的角度概念化，大学可以通过利益相关者来增加社会福利。

总的来说，在理性层面可以看出这样一种逻辑链条，利益相关者理论就是建立在伦理学的基础上，是为了在商业和社会之间构建一座可以互通的桥梁，伦理理论强调组织要对其行动的后果以及行动产生的影响负责，进而通过利益相关者

[1] 爱德华·弗里曼．利益相关者理论现状与展望［M］．北京：知识产权出版社，2013：213-214.

[2] 同[1].

[3] 德里克·博克．走出象牙塔：现代大学的社会责任［M］．杭州：浙江教育出版社，2001：231.

[4] 张维迎．大学的逻辑［M］．北京：北京大学出版社，2005：19.

的角度具体化来承担这种责任。

依据利益相关者理论可以知道，大学的利益相关者是受到大学影响的团体或个人乃至环境[1]。无论国内还是国外，不少学者对大学的利益相关者都进行了研究，但是很多学者都是依据自己的经验所得。李少华[2]对国外研究者提出的38类利益相关者进行分类并对国内20多位研究者的60多类利益相关者进行分类，通过规范的词频处理，得到以下利益相关者的类型（表2.1）。

表2.1　国内外研究者对高等教育利益相关者分类的词频分析

序号	国内利益相关者		国外利益相关者	
	类型	频率	类型	频率
1	学生	9.90%	学生	7.53%
2	政府（中央政府、地方政府、教育主管部门）	9.90%	学生家长（家长及家庭等）	6.45%
3	教师	9.41%	政府（中央政府、地方当局）	6.45%
4	管理人员（教学、科研、辅助管理人员及普通员工）	8.42%	服务提供者	5.38%
5	校友	6.44%	雇主（用人单位）	5.38%
6	社会公众（普通公众、中学生等）	5.94%	管理人员（教学、科研、辅助管理人员及普通员工）	5.38%
7	工商界	4.95%	教师（教学人员）	5.38%
8	社区	4.95%	捐赠者（个人、基金会等）	5.38%
9	贷款提供者（银行等）	4.46%	高校高层管理者（校长等）	4.30%
10	媒体	4.46%	校友	4.30%
11	经费提供者（政府、出资人、股东等）	3.96%	董事（会）	3.23%
12	竞争者（兄弟院校等）	3.96%	经费提供者（政府、出资人、股东等）	3.23%
13	捐赠者（个人、基金会等）	3.96%	社会公众	3.23%

[1] 弗里曼.战略管理：利益相关者方法［M］.王彦华，译.上海：上海世纪出版社，2006：62-64.

[2] 李少华.基于利益相关者分析的高等教育评估制度设计研究［D］.北京：北京航空航天大学，2011：85-87.

续表

序号	国内利益相关者		国外利益相关者	
	类型	频率	类型	频率
14	学生家长（在校生家长、考生家长等）	3.96%	社区	3.23%
15	用人单位	2.48%	社会中介机构（就业中介、认证机构等）	3.23%
16	高校	1.98%	贷款提供者	2.15%
17	社会	1.98%	工商界	2.15%
18	产学研合作者	1.49%	金融机构（银行、保险公司等）	2.15%
19	高校高层管理者（校长等）	1.49%	竞争者（其他大学机构）	2.15%
20	科研合作单位	1.49%	媒体	2.15%
21	科研经费提供者	1.49%	社会	2.15%
22	社会中介机构	1.49%	产学研合作者	1.08%
23	金融中介机构	0.99%	大学联盟和合作伙伴	1.08%
24	中学	0.50%	中学	1.08%
25	—	—	宗教组织	1.08%

本部分主要在组织社会责任视域下，通过访谈法来确定的“双一流”建设高校的利益相关者。第一步，根据2015年我国颁布的《社会责任指南》中所提及的利益相关者以及李少华整理的文献中提到的大学利益相关者（表2.1）初步选择访谈对象。

第二步，在挑选初选的利益相关者时应重点关注以下几个问题：大学对哪种类型的利益相关者负有法定责任？哪一类利益相关者类型将受到大学决策及活动的影响？哪类利益相关者类型能帮助大学处理具体影响？哪一种类型的利益相关者能影响大学履行社会责任的能力？最终列举出19类可能的利益相关者——学生、校友、学生家长、教师、学校管理人员、大学同行、政府、贷款提供者、捐赠者、董事会、用人单位、社区、社会公众、中学、供应商、媒体、产学研合作者、环境、宗教组织。

第三步，邀请来自研究型大学的12名师生进行小组讨论，最终确定了“双一流”建设高校的利益相关者有七大类，即学生、大学雇员、大学资助机构、大学同行、社区、供应商和环境。为了能够对大学的利益相关者产生积极的影响，大学的管理者需要对其履行相应的社会责任。

大学的运作涉及广泛的利益相关者。大学职工和学术人员需要教育和培养学生为社会服务。除了教学外，学者还要在不同的领域和学科进行知识创造活动。为了维持日常运作和发展教学和研究能力，大学需要从政府或相关机构获得资金支持，以便支持教育和研究活动。从管理的角度来看，大学需要通过精心选择服务和资源供应商来满足学生和职工的福利。大学还必须照顾到学校经营活动对环境可能产生的不利影响，并需要通过为社会和商业社区服务来提升社会福祉。大学也与同行合作和竞争。大学与大学之间需要在教育和研究交流方面相互合作，分享资源，并共同为社会发展作出贡献。但他们在录取学生、招聘学术人员和获得资助等方面相互竞争。因此，研究型大学的关键利益相关者群体被确定为学生、员工、环境、政府和其他资助机构、社区、同行大学和供应商。

1. 学生

本科生通常是大学的主体，其次是研究生群体。学生大部分时间都在校园里参加各种各样的课程和课外活动。因此，他们通常比其他群体更需要大学的关心。在课程设计中引入社会责任的概念，安排相关的课外活动，有助于培养对社会负责的年轻一代。大学社会责任实践通过提供包括完整信息在内的高质量教育，回应学生的投诉和建议，以及采用满足学生需求和期望的课程设计和教学实践，履行大学对学生的承诺。

大学的特殊性在于，学生既是学校生产的产品，又是学校的顾客。所以从利益相关者的角度可以知道，学生是大学重要的利益相关者之一。大学需要满足学生的需求，按照理性经济人假设，学生选择一个好的学校，首先需要学校能够把自己培养成功，这个成功怎么界定，主要看这个学校有多少优秀校友和高质量的学生。这一般由学校的录取分数来决定，但如何选取处于同一层次的学校，主要看大学的社会影响力。大学的社会影响力主要通过大学对社会责任的承担内容，也就是教育的品牌价值。

2. 大学雇员

大学雇员也是大学重要利益相关者。一所大学需要各种各样的员工来完成其教学和研究任务，以及维持其日常运作，如行政人员、一线教职人员以及后勤人员。一般而言，员工责任实践强调组织的公平性和对员工关系的支持，包括不分性别地公平对待员工，支持员工教育发展和工作家庭生活平衡。特别是员工管理政策应鼓励校园和社区的社会责任实践。大学社会责任对大学教师和学术研究人员提出了额外要求。社会责任已成为各学科教学和研究的一个重要领域，如科学、工程、商业、艺术、人文、社会工作等。围绕这一主题的出版物也有助于促进社会和环境责任。

大学雇员包括教师岗位、管理岗位的员工等，是大学重要的人力资源。员工的价值与大学的高质量的声誉息息相关，员工的晋升机会与大学有着密切的关系，员工的健康等与大学提供的福利和社会保障制度有关。

3. 环境

我国是一个人口大国，自然资源短缺、经济基础和科技水平相对落后，只有节约资源、保护环境，才能够为社会和经济的良性循环提供后劲。大学作为社会中的一员，有责任推动环境的可持续发展。生物物理环境作为一个重要的利益相关者具有多重含义。从内部来看，校园可持续发展是一个长期目标，在这方面，大学应制定绿色政策，建立环境管理体系以指导日常运营，如资源与节能、污染防治、绿化工程等。从外部来看，大学对环境可持续性的研究是对社会知识和实践的重要贡献。此外，它有责任向公众传播环境友好信息，如参加和举办环境友好活动，鼓励大学志愿者支持环境倡议等。总之，大学的环境责任包括组织运作中的环境可持续性目标和目的，如自愿超越政府环境法规和实施环境管理体系。

4. 政府和其他资助机构

政府和其他资助机构也是大学的利益相关者。政府作为代表国家意志的职能机构，主要通过财政拨款、行政、法律的手段来规范和引导大学的行为。政府是公立大学的主要赞助者，它们提供财政和其他形式的资源来支持大学发展，将教育作为其履行社会责任的一部分，并发展合作项目。大学要认识到，尽管政府等其他资助机构在教学和研究方面不能直接管理大学，但是大学需要对政府提出政策和举措作出回应。尽管政府不应直接指示大学在政治意义上研究什么和教授什么，但政府或资助机构与大学在广泛的政策框架内，特别是教育政策框架内的关系，需要认真探讨。大学履行对政府和资助机构的社会责任实践，需要将它们对教育和研究决策的兴趣纳入大学的战略决策，进而回应政府或资助机构的需求和要求，并为它们的教育投资提供积极回报。

5. 社区

社区也是大学的重要利益相关者。社区是受大学影响最密切的渠道。为了树立良好的大学形象，以便能更好地在社区开展联合活动，促进大学与大学的共同发展，大学需要通过核心业务与社区建立合作关系。大学社区责任实践表明，大学通过慈善捐赠等慈善活动以及组织和资助文化、体育和教育项目，致力于改善当地社区的生活质量。大学通过组织志愿者工作或由大学教职员工和学生提供的活动来影响社区。这种由大学组织和支持的活动可以对当地公民的生活产生重大影响。反过来讲，社区可以为大学提供就业、招生、产业支持和实地研究的场所。大学和社区之间的互动是发现知识并将其转化为生产力和创新的关键环节。

6. 同行大学

大学与大学之间的关系可以既是竞争对手又是合作者。为了确保公平竞争，必须做到公平的资源获取、公平的招聘政策和透明的信息披露。大学与大学之间的合作，包括学生交流项目、学术访问和组织会议，这些共享的交流平台有效地提高了教学和研究成果。大学与大学的社会责任实践表明，相互尊重、资源共享和结成联盟，可以更好地服务于其他利益相关者的利益。

7. 供应商

供应商也是大学利益相关者。供应商为支持大学的日常运作提供服务和产品。大学有义务选择合格和负责任的供应商，这些供应商都认同可持续发展的理念。大学需要建立一个有效的采购系统来选择、评估和维护与供应商的关系。大学对供应商的社会责任实践包括建立基于沟通和信息共享的长期合作关系，以及合作目标和决策。

二、程序层面

程序层面集中关注组织的外部环境。在程序层面需要回答大学如何承担社会责任？这就需要分析组织目标与组织战略如何体现利益相关者的权益，以及利益相关者行为如何影响组织目标实现。

（一）战略规划：了解利益相关者如何被影响

要理解组织以及它们如何处理与利益相关者的关系，就要清楚描述什么样的活动是组织成功的必要因素。一个想要持续发展的组织需要协调组织内部活动与外部环境，对组织所要求的任务有一定关系。在程序上实现的方法就是[1]在大学职能的基础上加上“谁是我们的利益相关者”；在制定大学发展战略之时加上“大学的利益相关者如何影响大学的长远发展”；在预算上加上“我们是否已经分出部分财力来与我们的利益相关者打交道”；在控制程序上加上“我们关于利益相关者的关键假设是什么”。这些都能够使管理者更仔细地思考组织的内部环境与外部环境。

如何将利益相关者因素纳入组织的战略规划之中？首先需要明确组织的利益相关者是谁，了解利益相关者各自的利益及所承担的风险。如果不清楚谁是组织的利益相关者，也不了解利益相关者各自的权益主张，组织的管理者自然无法协调他们之间可能存在的利益冲突，无法正确地制定组织发展的战略。其次，组织的管理者需要知道在众多的利益相关者中，组织应该更多地关注谁，如何把重要的利益相关者的诉求体现在组织发展战略之中。组织是利益相关者实现其权益主张的载体，无论是组织治理结构设计、战略计划设计还是日常决策，都需要管理者考虑利益相关者的合法权益。

我们可以根据大学影响的类型，找到被大学影响的利益相关者。弗朗索

---

[1] 弗里曼．战略管理：利益相关者方法［M］．王彦华，译．上海：上海世纪出版社，2006：76-82.

瓦·瓦莱伊斯（François Vallaeys）提出大学影响的四种类型：教育的影响、认知的影响、组织的影响和社会的影响已经得到学术界的认可。即教育人、塑造道德和价值观有关的教育影响；认知影响，涉及建立和生产知识，巩固科学和社会背景下的科学和社会之间的关系；组织影响涉及影响大学环境和社区的它包括学生、员工和学者；通过培养进步、建立社会资本和培养学生适应现实世界而影响社会的社会影响。

1. 教育的影响涉及的利益相关者

大学在教育领域内涉及的利益相关者主要是学生、大学雇员及同行大学。大学在教育的影响方面主要通过教与学的活动开展。

首先，对于学生群体来说，本研究聚焦在研究型大学，按层次来划分，包括本科生、研究生和博士生。这些学生是大学的主体，尤其本科生，他们大部分时间都在校园里学习各种各样的课程，并参与各种校园社团活动。所以说大学生将人生几年时光投入大学，大学需要对这些学生负责，不仅要培养他们博雅的知识和专业技能，为他们谋取世界一流的生存技能，更要培养学生为社会服务的责任感。为解决教育活动中提出的问题，我们需要通过干预措施来解决这些问题。例如，在课程设计中引入社会责任的概念，并安排相关的课外活动培养对社会负责的一代年轻人。通过学校提供高质量的教育（包括完整的信息、回应学生的投诉和建议、采用满足学生需求和期望的课程设计和教学实践），完成大学对学生的承诺，并解决这些问题。

其次，大学雇员也是教学领域的利益相关者。一所大学教学活动的开展需要各种各样专业的教师来完成它的教学和研究任务。师者，传道授业解惑。对于我国大学来讲，在当下更需要教师在教学方法上进行突破。对于如何破解大学在教育领域的问题（上面已经提到），需要一系列干预的项目，改变教师的教学方法。例如，基于项目的社会性学习、将社会问题作为激发学生对专业知识的学习、创建研讨会鼓励学生多学科和跨学科的方法来处理社会问题、鼓励将专业与社会需求结合起来的社会专业实践活动、课程传授中传达社会伦理问题及负责任的公民价值观传达学生如何做有益于社会的事情等。

最后，教育活动领域还会涉及的利益相关者是大学同行。大学与大学之间的关系不仅是竞争关系，争夺资源、争夺优质的学生以及卓越的大师，大学与大学之间还有合作关系。随着社会发展，社会问题越来越复杂，而大学专业分工越来越细。这就需要大学与大学之间通过学生、学科、学院之间开展合作。对于如何破解大学在教育领域的问题（上面已经提到），需要一系列干预的项目。例如，以某几所大学一起完成社会问题的解决。

2. 认知影响涉及的利益相关者

大学科研活动涉及的利益相关者有大学雇员、学生、同行大学。大学对社会认知的影响，主要是通过大学的研究活动或学术活动形式开展。

科研活动的主体是大学雇员，尤其是教师。对于教师来说，科研岗位的教授作为大学科学研究或学术研究职能的承担者，在社会中充当着发现新知识，并将知识合法化与客观化的角色，其最根本的特征就是自由地探究高深学问，探究任何一个论点到它可能引向的任何地方，且他们的活动只服从真理的标准，不受任何权力的掣肘，他们有权力以真理的名义来纠正社会的偏见与落后的社会习惯，创造和传播对社会有积极影响的研究。[1]

对于学生来说，以博士生为主体的学生群体是科研活动重要参与者之一，他们的研究课题是否对社会发展起到积极作用，是否对社会有深远的积极影响？对于同行大学来说，大学之间是否联合起来一起攻克复杂的社会问题，对社会存在的问题给予支持？

对于大学研究活动或学术活动中存在的问题，需要一系列措施来进行干预，使其科研活动或学术活动能以一切可能的方式通过研究活动或学术活动创造和传播对社会有积极影响。例如，一项可能的战略是，该大学与城市和农村地区签订合作协议，并邀请各专业部门与这些地区开展跨学科应用研究。因此，不同专业

[1] 潘懋元. 大学的沉思［M］. 北京：商务印书馆，2017：111-116.

研究人员从他们各自的专业就同一个问题开展研究，既可以解决社会问题，又有助于研究活动的实践应用。

3. 组织运作影响涉及的利益相关者

组织的影响涉及的利益相关者主要有学生、员工、政府或资助机构、同行大学、供应商、环境。组织影响主要通过负责任流程来实现，也可以说通过管理活动来实现。

大学如何以关心和负责任的方式与学生、员工、政府或其他资助机构、同行大学、社区、环境和供应商互动，使大学成为一个民主、公平（消除歧视和纠正特权）、透明的社会模范社区，并实现大学环境可持续性（环境保护、再循环、废物处理等）。大学通过干预措施，如对学生的评价流程是透明的、为学生参与社会活动提供支持性的环境等。通过这些干预措施为学生塑造与专业相关的职业道德以及学习公民习惯和价值观。通过制度化的管理为学生、员工、政府或资助机构、同行大学、社区、环境和供应商塑造共同原则和良好习惯的日常实践。

4. 社会的影响涉及的利益相关者

大学的社会影响方面涉及的主要利益相关者比较庞杂，但最核心的是学生与社区相关者。大学对社会的影响主要通过社区参与活动来实现。

对于中国的大学生和研究生群体，大学生群体已经成为我国潜在劳动力的最大规模群体，他们是最具有创造力和生产力的群体。然而他们最为缺乏的就是将理论知识运用于实践的机会。社区参与的目的就是应用知识为社区造福，通过增加学生与社区人群的相互学习促进社会发展。其干预措施，如将社区发展困境和教学研究项目相联系。通过社会项目，大学可以将体制上的边缘化人群联系起来，开通那些与职业培训和大学教育的联系薄弱的弱势群体接收信息的渠道。社会项目、教学和研究之间的这种密切联系肯定会导致学生志愿工作的显著增加，学生也能够增强对弱势群体的同理心，并从基于社会项目的学习中获益。

大学必须正确回应其利益相关者的需求，与他们建立公开和民主的关系，并可靠和诚实地报告相关决策结果。大学必须保证能听取内部利益相关者（如学生、研究人员和行政人员等）和外部利益相关者（如校友、当地社区、供应商、政府、雇主、非政府组织和其他大学等）的意见。

（二）战略实施：依据大学职能承担社会责任

大学社会责任是一个比较抽象的概念，属于理念层次，作为一种理念，它需要实践才能落实。最初的实践是一种个体的自觉[1]，它主要的体现是具有进步思想的学生和教师通过自主、自愿的方式深入思考社会发展的重大问题，并依靠个人自觉主动去化解问题。然而，随着时间的推移，社会已经变得错综复杂，依靠个人的力量已经不足以解决社会性问题，这就需要群体一起解决，这就是组织的社会责任。大学的社会责任回答的是大学应该为社会带来什么？然而理念的落实有赖于大学从事的基本活动，大学通过它所从事的各项活动所发挥的基本作用也就在于大学职能。张棨[2]认为大学职能是指大学作为社会机构，对内对外所具有的职责和功效以及发挥职责和功效的能力的总称。一般来讲，大学职能是一定历史时期国家、社会和人的需求的集中反映。从大学职能的本质来讲，大学职能是大学依据社会发展需要确定大学作为社会机构应该从事的活动，以及大学自身发展逻辑，也就是大学擅长的所共同确定下来的。大学长期的历史发展积淀最终确定下来的大学职能主要包括人才培养职能、科学研究职能、社会服务职能、文化传承与创新职能、国际交流与合作职能。

大学职能是一个实然层面的范畴，反映的是大学从自身逻辑出发，能够做的事情的范畴，是大学作为社会性存在，为了保证系统整体功能正常发挥而应该做的事情。正如陶培之[3]所言，大学职能是社会结构系统出于整体功能而对大学所提出的功能性要求，是先天地被赋予的。大学社会责任是一个应然层面，是社会期望大学应该做的，是大学利益相关者期望大学做的。大学的发展就需要在实然

[1] 康乐．试论现代大学社会责任的实现方式［J］．中国高教研究，2014（8）：25-28.

[2] 张棨．大学职能的历史发展及其规律性［J］．云南行政学院学报，2012，14（5）：150-155.

[3] 陶培之．当代中国大学社会责任研究［M］．苏州：苏州大学出版社，2016：21.

与应然之间找到合理点，这个合理点需要建立在大学职能基础上适度回应社会需求，所以大学社会责任的实施自然需要依赖大学职能的发挥。

大学需要将利益相关者与大学职能融合起来。我们将大学的日常业务领域概念化，即人才培养、科学研究、社会服务、文化传承与创新、国际交流与合作。大学的这五项核心业务反映了大学社会责任可以融入的维度，见表 2.2。

表 2.2 利益相关者与大学业务领域矩阵表

利益相关者	战略利益				
	人才培养	科学研究	社会服务	文化传承与创新	国际交流与合作
学生					
大学雇员					
环境					
政府或其他资助机构					
大学同行					
社区					
供应商					

三、实践层面

组织的实践强调的是组织的活动要与组织程序以及其程序与利益相关者之间的协调。如果一个组织没有意识到对其发展有重要影响的利益相关者，组织在程序上就不会有相应的决策，组织的管理者自然也不会与这些重要的利益相关者发生交易行为，结果自然就出现了令人不满意的状况。

确定了利益相关者与组织之间的依存关系，基于此确定组织与利益相关者之间的合作方式，并在治理机制上加上哪些指标能衡量组织与利益相关者合作得最有效。

利益相关者管理的底线是组织的管理者与利益相关者的一系列交易。这就涉及建立与利益相关者的业务往来，组织的管理者应该如何与利益相关者互动，为此需要明确与利益相关者的最优联系方式是什么，应当划拨出什么资源来与这些群体互动。

在实践层面需要明确大学与利益相关者之间的最优联系方式是什么，大学如何在其日常业务领域内建立与利益相关者的业务往来，这就需要大学根据其办学层次、办学使命、原有特点以及财政来源的基础上，系统考虑其在社会层面上能够投入的资源，将大学社会层面的责任融入大学职能之中。

（一）第四代评估理论：合作最优方式

由于组织不可能完全控制达成自身目标的所有资源，存在着对利益相关者控制的资源的需要，而利益相关者的某些权益主张同样依赖组织才能实现，因此组织与利益相关者之间就存在着合作的可能。

大学与利益相关者之间的合作是指双方对某种特殊资产进行联合投资。这种特殊资产稀缺，或者有价值，能够有利于达成自身目的。如果一个组织发现所承担的环境压力和社会责任愈来愈大，应对社会问题感到越来越乏力，而且运营越来越混乱，并且指责利益相关者的游戏，这就说明这个组织出现了问题。而成功的组织一般都会从“如何为顾客服务”的角度来考虑管理问题，具有较高利益相关者管理能力的组织的管理者会将这个原则扩展到“如何为利益相关者”的角度考虑问题。大多数组织能够存在下去，是因为它们满足了外部环境的某些需求。如果一个组织丧失了其目的和使命，那么它就面临着生存危机。

由于大学与利益相关者的合作方式主要通过大学履行其社会责任的方式实现，所以我们需要回答哪些方式是大学与利益相关者合作最有效的方式，也就是什么指标最能反映大学社会责任表现。

（二）第四代评估理论：合作效率监测

大学与利益相关者的合作能否达到组织发展的目的，这就需要一定的监测指标来衡量大学社会责任成效。相应的评估反馈可以验证或修订之前合作项目的有效性。评估大学社会责任实践对利益相关者群体产生的影响是该分析框架的重点。

特别是评估结果将用来作为后续改进的建议。同时评估结果会使大学的管理层能够审查其与利益相关者合作项目的政策有效性和资源使用效率，以便后续改进。

总之，为了更好地构建大学与利益相关者的最优交易方式，需要构建一套行之有效的指标。第四代评估理论强调评价者要关心服务对象所关注的问题、兴趣和焦点，采用应答性资料收集方法和建构主义方法，以回应服务对象为起点，并以“回应—协商—共识”为主线。一个组织对于其所处社会和环境的影响，已经成为衡量其整体绩效及其持续有效运作能力的关键部分，所以对研究型大学社会责任表现开展效率测量已经成为大学管理不可或缺的手段。为了更好地监测大学社会责任表现，本研究首先通过了解研究型大学利益相关者诉求，其次对国内外大学社会责任的做法进行总结提炼，再次通过德尔菲法与大学利益相关者组成的专家团队协商、达成共识，最后构建了大学社会责任评价指标体系。

四、大学社会责任评价理论分析框架的应用

贯穿本研究有两条主线：一条是理论线；一条是逻辑线。本研究结合这两条线索构建了大学社会责任评价分析框架（图 2.2）。

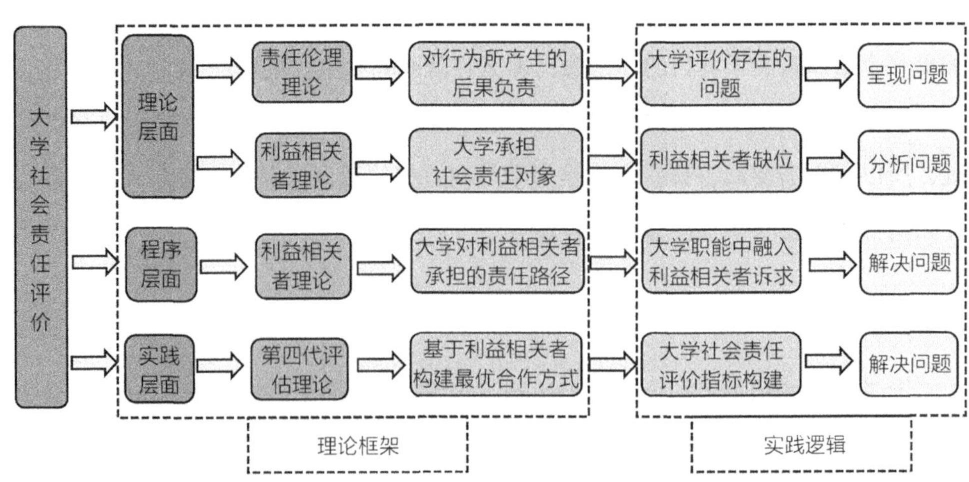

图 2.2 大学社会责任评价理论分析框架

贯穿本研究有三大理论。第一，责任伦理理论作为支撑本研究的逻辑起点。责任伦理理论主要运用在问题呈现部分。具体来讲，教育是一个关联品，大学在评价中的问题自然会引发一些负面问题。而责任伦理理论是要求组织或个人对其行为和后果承担责任的一种理论思维方式。在这种理论思维方式的指导下，高校需要对这些问题进行处理，这也是本研究的逻辑起点。

第二，利益相关者理论主要用在对评价问题归因的分析以及大学社会责任评价指标体系的构建中。前文提到大学评价存在问题，所以我们需要寻找问题产生的原因，在利益相关者理论的指导下，发现大学评价中由于利益相关者的缺位是大学评价问题的原因之一。在大学社会责任评价指标的构建中，本研究将利益相关者考虑在指标构建的过程中，让利益相关者的诉求得到满足。

第三，第四代评估理论主要用于本研究评价指标的构建全过程。大学社会责任评价指标体系的构建是在第四代评估理念指导下完成的。具体来讲，第四代评估理论注重的是大学利益相关者所关注的问题、兴趣和焦点，所以在大学社会责任指标收集过程中，非常重视利益相关者的诉求，从一开始对利益相关者的诉求访谈，再到指标选取过程中与利益相关者的协商，充分将利益相关者问题与需求考虑其中。

贯穿本研究的实践逻辑：一是开篇提出研究问题即“大学如何确保其决策和活动能够增进公众利益”。二是呈现我国大学社会责任评价存在的主要问题。三是对我国大学社会责任评价存在问题的原因进行分析。四是大学社会责任评价体系的重构。

本研究的分析框架：首先从理性层面分析大学为什么要承担社会责任。大学的存在是具有影响的，影响有正面的也有负面的。已有的评价指标由于忽视其社会维度，所以存在负面影响或者说存在问题。责任伦理理论认为大学需要对其行为所产生的后果负责。同时本研究在利益相关者理论指导下还需要从理性层面分析，谁是这些负面影响或者说问题的承受者，即大学的利益相关者受到这些负面影响。这部分主要对应问题的描述章节。

其次从程序层面分析大学如何承担社会责任。如何承担社会责任就涉及大学战略管理和承担大学社会责任的路径。分析大学利益相关者需求，并在大学职能层面增加利益相关者诉求。这部分主要融合在指标构建过程中。

最后从实践层面分析如何监测大学社会责任的表现。这部分融合在大学社会责任评价指标体系的构建中。

第三章　我国大学社会责任评价存在的主要问题及归因

第一节　我国大学社会责任评价存在的主要问题

大学排名指标常常忽视最为根本的要素。正如沃森所言，“世界一流”属于只可意会、无法言传的事情，而且通常充斥着断言而不是证据。各种大学排名总是偏重某些表现形式，反而对同样重要的要素（如教学质量、广泛的社会参与、对社区和其他公共服务部门的贡献等）置之不理。史秋衡也同样认为 21 世纪之前，高等教育质量往往根据学生数量，学生所掌握的知识、能力，毕业率及科研方面的资源、文章发表数量等方面来评判，而忽视了高等教育是否满足人们的受教育需求及高等教育是否积极促进社会发展等更深层次的内容。[1]21 世纪大学必须采取系统的思维来看待其质量，这种质量应该具有社会相关性。

教育是一个关联品，当大学已有的评估指标没有考虑到社会维度和环境，那么这种情况下，无论这个指标有多么完美，大学对社会和环境都会产生负面影响。在本研究中负面影响与存在的问题所指代的内涵是一致的。

据此，本部分主要想了解我国研究型大学在社会责任方面的表现是否如人们所期待的那样——大学是能够积极促进社会公正并发挥着正向影响的公益单位。

[1] 史秋衡，陈蕾．中国特色高等教育质量评估体系的范式研究［M］．广州：广东高等教育出版社，2011：24.

根据之前的研究，本研究将涉及大学社会责任的维度分为：人才培养、科学研究、社会服务、文化传承与创新、国际交流与合作。所以本部分主要围绕这五大维度讨论是否存在问题。

一、人才培养评价

高等教育机构的核心使命是培养人才，但在量化评估的模式下，世界一流大学建设主要面向物的再生产，而忽视了人的社会性建设。当前对人才培养的评价指标，一般有生源质量、培养条件、杰出校友、就业率等指标，却忽视了人才培养的社会维度。当下我国的“刘易斯拐点”已经显现，这意味着人口红利的消失，未来人口比较优势必须从廉价劳动力向高素质的人才转变，这个高素质不仅指的是人的技能，还应该包括人的公共伦理道德。如果受过一流高校教育的人没有关心世界的情怀，只是将获得教育资本转化为自己终身受益的一种手段，那么这个社会绝对是危险的。大学在人才培养方面忽视其社会维度，就可能会出现以下问题：①学生社会责任感有待提升；②人才培养与社会需求匹配度低。

二、科学研究评价

在科学研究方面，衡量大学科学研究的指标主要有科研人力、科研经费、科研项目、占比最重的科研论文等。虽然学术性论文呈现爆炸式增长，但是将研究成果转化为产品的相对较少，即使一些研究员擅长将研究转化为产品，但努力将科学知识转化为解决社会棘手问题的占比较少，而且在目前的科研评价体系里，需求方所占比例太低。若大学科学研究忽视其社会维度、不注重联系社会实际问题，可能会出现以下问题：①科研成果转化率低；②缺乏具有社会影响力的研究；③大学科研与社会需求脱节。

三、社会服务评价

目前对大学社会服务评价指标较少，主要有科技服务、成果转化等指标。很多大学排名还没有重视大学社会服务功能，主要是指标相对难以选取及对大学社会服务的理解错位，所以大学社会服务发展相对滞后。

20 世纪 90 年代之后，一些学者开始认识到复杂综合的社会问题，如贫富差距的持续扩大、新疾病的产生等，依靠线性的单向知识传播模式无法解决这些问题。知识的传播更应从客观理性的视角转向建构主义的范式，即研究者与使用者通过交流与行动，共同寻找解决关乎双方利益问题的办法。[1] 根据文献梳理发现，西方学者普遍把大学社区参与作为大学社会服务的新模式，这个新的模式之所以能代替传统的大学社会服务，主要是因为传统的大学社会服务是单向模式，强调大学单方面地为社会传播知识和义务服务，有时这些服务与学术没有相关性。而大学社会参与更加强调大学与社区的双向互动。大学通过学术活动不能脱离教学和科研而与社区建立联系，且社区比社会更具体。周晨虹认为我国大学社会服务中的“社会”与西方的“社区”具有同等的内涵。[2] 虽然我国目前主要还是采用“社会”这一概念，但是国际社会基本采取了“社区”的概念，所以本书所指的社区与社会可以互换。大学社会服务忽视其社会维度，就可能会产生以下问题：①大学与社会互动性有待提高；②大学对社会关心程度不够；③大学参与社区的制度不完善。

---

[1] DAVID J WEERTS. Building a Two-Way Street：Challenges and Opportunities for Community Engagement at Research Universities［J］. The Review of Higher Education，2008（1）：73-106.

[2] 周晨虹. 美国大学社会服务的“大学社区参与”模式评析［J］. 广州大学学报（社会科学版），2014：59-64.

四、文化传承与创新评价

目前已有的评价指标，基本未提及衡量大学文化传承与创新的指标，关于传统文化的教育和研究在现有的评价体系中基本处于没有“户口”的状态。高等教育学界多年来一直将守望社会良知、引领文化作为大学的第四大职能。但是目前大学陷入激烈的竞争中，在文化传承与创新方面表现出诸多不足。大学忽视文化传承与创新的社会维度，就可能会出现以下问题：①文化育人氛围不浓；②文化创新实践不够深入。

五、国际交流与合作评价

随着全球化的推进，商品、资金、人才等都在世界市场上大规模流动，在这样的大背景下，高等教育就不能将视野局限于单一国家。全球化的趋势需要大学加大在国际化方面的努力，主要指的是频繁的国际交流会议、与国外大学的学者开展合作研究、访问学者、交换生等项目。然而，目前对大学国际交流与合作的评价指标，主要使用的指标有留学生比例、国际师生比例、国际期刊发表的论文数量等。这些指标整体上能推动我国高等教育的国际化进程，但是部分指标脱离了国际社会需求而不能保证国际交流与合作的质量。

国际交流与合作是一个双向的过程，它包括“走出去”和“引进来”。“走出去”指的是我们走出国门向世界展示我国的成就与经验。而“引进来”指的是我们引进国外的成就与经验。大学若在国际交流与合作中忽视其社会维度，就可能会出现以下问题。一是“走出去”困境，国际人才匮乏：①国际人才短缺；②培养国际人才的方式与国际社会需求存在差距。二是“引进来”困境，应对国际化能力不足：①留学生生源质量亟待提升；②管理方式无法满足学生需求。

第二节　我国大学社会责任评价问题的归因

阿什比认为，大学是遗传和变异的产物。[1]当大学所处的外在环境发生变化时，大学就需要作出相应的改变。勒温（Lewin）认为，组织变革中存在着两种对立的力量，一种是正向的驱动力，另一种是反向的抵抗力。[2]若高校的管理者对社会和环境考虑感知不足，将导致大学在履行其职能时忽视其社会维度，不能很好地承担应该承担的社会责任，对社会和环境带来负面影响。本部分主要对可能造成这一问题的原因进行分析。

一、评价脱离社会情境

若衡量一所学校的好坏总是偏重考虑某些表现形式，如论文发表数量、论文被引次数、教学条件、师生国际化比例等，反而没有充分考虑科技成果转化、教育质量、广泛的社会参与、对社区和对其他公共服务部门的贡献等，就容易使得学校办学脱离社会情境。大学是一个学术组织，必须注重人才培养和科学研究。然而，如果人才培养、科学研究等评价指标未涉及其相应社会维度，这样的质量观一定是狭隘的。

（一）过度的量化评价导致的异化

过度量化的评价，可能产生扭曲、转移、取代、分心和阻挠。我们总是觉得判断如果缺乏数据支撑是主观的、自利的，而数据理应可以提供确定而客观的信息，并可以帮助做出正确决策。在很多情况下，标准化的测量的确优于基于个人

---

[1] 阿什比，滕大春，滕大生．科技发达时代的大学教育［M］．北京：人民教育出版社，1983：1–121.

[2] Rerup C，Feldman M S.Routines as a source of change in organizational schemata：The role of trial-and-error learning［J］. Academy of Management Journal，2011，54（3）：577–610.

经验，但是这里暗含了一个问题，如果想要测量不可测量的，量化不可量化的，就会带来极大的风险。

评价给学生带来的异化。若大学只重视学生的知识理论的学习、升学率与就业率，容易忽视学生人格、价值观及对社会责任感的培养。中国重视学生的学习，这与我国的传统文化有着密切关系，自儒家提出“学而优则仕”，仕文化与科举制度的结合在长达两千多年的中国社会占据着的主导地位，这种制度也在形塑着一代又一代中国人的求学观念。考试考什么，学生就学什么。加上当前教育评价模式引导学生将更多注意力放在考试内容上，导致学生缺乏对自己所处社区乃至世界问题的关心。学生唯恐读了与自己的利益或追求关系不大的书而耽误了时间、浪费了金钱或者输掉了与同龄人的“赛跑”的资格。

评价对高校教师带来的异化。现在高校对教师的年度考核一般用工作量来考量，如完成多少课时、发表多少文章、申报多少课题等。这种数字化文化强调项目、发表、出版、获奖等，这种“学术锦标赛”使得很多高校教师在制度的压力之下产生应激反应，不利于学术的长远发展。教职工为了职业晋升容易将教学的资源转移到学术产出上，并导致学界产出一些空洞肤浅的学术成果。这种急功近利的心态，如同一种发泡剂，会加剧大学中的浮躁氛围，导致学术的日益平庸化、泡沫化和学术不端现象，也会导致大学日益失去寻求重大科技创新的动力和科技竞争的后劲。同时也容易导致教师的教学心态失衡，因为无论准备得充分与否、课讲得好与坏，只要能完成课时数就行了，这样不会影响到自己的实质性利益。这就导致教师一般采取的单一教育方法，即灌输式的讲授，缺乏丰富灵活多样的教学模式，如基于项目式的问题学习法。很多教师没有充分发挥以身示范的作用，只是在口头和形式上进行责任教育，没有落实到具体的行动中，忽视了在实践中培养学生素质和能力。教师这种变相的“投机取巧”会对学生的学习产生潜移默化的负面影响。

评价对学生家长带来的异化。我们社会是以“己”为中心，与别人联系所形成的社会关系。如果父母仅仅以分数来评价孩子，这无疑将会挫伤孩子的发展兴趣。正如费孝通在《乡土中国》中用差序格局来表达亲属关系结构，差序格局与我国传统儒家文化的“伦”的概念密切相关，其中儒家用“父子之间有尊卑之序，故应孝”规范父子之间关系。董仲舒在此基础上提出“父为子纲”，所以直到现在，我国父母和孩子大多数都是控制与被控制的关系，鲜少有平等的家庭关系。在这种家庭关系之中，父母一般都会有一种“望子成龙”的心态，并将自己的愿望强加给子女。很多家长把教育孩子的重心放在学习成绩上，认为学习好就是万能的，不注重孩子品德的培养与教育。每天只允许孩子花时间看书学习，学习之外的事情都不让做，只让他们专心考大学，忽视了学生独立发展及培养公民意识，致使孩子生活在象牙塔之内，脱离了社会环境。

对高校管理者带来的异化。我国高等教育的资金来源主要依靠国家财政拨款，高校管理部门以教育法规等方式介入高校管理，形成了以国家利益为核心的教育评价体系。故我国目前对高等教育的评估是以政府行为为主导。由于将评价结果与财政资源分配捆绑在一起，评估的结果将直接关系到大学获得政府资源的多少，所以以大学校长为代表的管理层，会以评估需求为导向进行管理。在大学与大学之间激烈的竞争之下，为了能获得更多的资助，高等教育管理者将注意力从对社会的关注转向狭隘的职业规划，以此获得更好的就业率。对就业率的追求使得高校管理者更倾向于对经济目标的追求，而不是公共事业道德领导力。对于公共利益的追求只会使得那些注重社会公益的高校在新一轮的竞争中处于劣势地位，使得高校管理者也无暇顾及评估指标之外的社会责任。

（二）评价被滥用导致内卷化

评价的目的主要是用于改进，然而现在的趋势是高校的激烈竞争。由于我国高校的排名与财政拨款挂钩，所以大学为了获得更多资源，就需要在各种评估中拔得头筹，提升排名。

在这样一个高度竞争的环境中，每一个理性经纪人都在以投入与产出之间的比例来评价自身的行为，无论是高校的管理者还是学生、教师、学生家长都知道，在竞争上取得一点优势，需要花费大量的资源。如此一来，当同伴之间的竞争处于一种无限的加码状态时，就会引起精力的消耗和浪费。"内卷化"是由美国人类学家吉尔茨提出来的，它强调的是某种生产模式在发展到一种确定的形式后，通过追加投入，却不能得到相应的回报的问题。[1]用内卷化来解释高等教育，就是说个人对教育的追加投入并不能得到同等比例的回报，进而造成精力消耗和浪费。

由于评价更多地用于同行竞争加剧大学同质化竞争倾向，导致了高等学校人才培养层次及专业结构与社会需求结构之间的严重冲突。这种评价指标引导学校在办学规模上片面追求越大越好；在学科结构上，尽力追求综合化，学科越齐全越好；在办学层次上争创一流大学几乎成为普遍的追求目标。这就导致了高等教育重心的过快上移，以致出现人才培养质量下滑、学历贬值、研究生教育质量信誉危机等内卷问题，也钝化了高等学校间的协作精神和分工意识，造成许多专业和实验室不必要的重复设立和重复布点，导致高等教育资源的浪费和高等教育办学效益的降低。以耗散结构理论看，这种倾向使高等教育系统趋于一种均匀、单一的平衡态，也就导致了高等教育系统中熵的不断增加及系统发展活力的日益降低。

大学作为研究高深学问的场所，应该反对市场决定知识的生产和评价，必须反对任何急功近利和功利主义，因为整个社会只有高等教育具有生产知识和培训人员、传承文化、推进科技发展以及促进社会团结的功能。

二、利益相关者缺位

正如前文所述，大学由于对社会产生深远的影响，而利益相关者理论能够巧妙地将大学社会影响具体化为大学的利益相关者。由此大学需要对其利益相关者负责，然而若存在以下原因，可能导致大学利益相关者缺位，进而对社会产生一

[1] Geertz，Clifford. Agricultural Involution［M］. Berkeley，California：University of California Press，1966：1-103.

些负面影响。

（一）大学有限的自主权束缚利益相关者的参与

大学是一种典型的利益相关者组织，而大学章程本应该是大学利益相关者参与大学管理的法律保证，但若大学在法人地位上不能实现独立，就无法与其利益相关者进行平等的协商，没有平等的地位就很难通过协商取得有效成果。

（二）对大学财政拨款方式限制利益相关者的参与

大学从外部环境中获取资源的方式直接关系到大学内部的权力关系和运营规则。若大学办学的资源和经费由政府掌控，大学在向政府索取办学资源的同时，必然要接受政府的监控和管制，就使政府对大学的干预成为一个必然结果。若高校财政来源的方式不是直接来自社会公众，那么很多利益相关者的影响力就会被忽略。

我国教育部高等教育评估中心处长刘振天在接受采访时表示，高等教育是一个高度开放的系统，大学与社会的关联日益紧密，任何一项决策、一项活动都需要考虑多方面的利益和需求。即使由于受限于专业知识信息的不对称，公众或者说利益相关者评价起来有困难，高等教育评估也需要将大学的利益相关者考虑进来。[1]

（三）利益相关者参与大学的监督机制不完善

虽然大学社会责任的担责主体是大学，但是大学社会责任的实践需要多种配套政策和措施一起发力，才能真正推动大学社会责任落实。大学社会责任的发展是一个长期努力的过程，这个过程不能仅依靠政府的政策支持、社会监督，还需要大学管理者制定相应的管理制度，一起共同推进。

---

[1] 朱振国．大学好不好，谁说了算？［N］．光明日报，2012-02-08.

（四）区域经济发展不平衡影响利益相关者的合作

大学是一个开放的组织，是一个与外界不断互动才能得到发展的一个组织。由于高校受地理环境的制约，导致越是发达地区的教育发展得越好，地理位置越优越，高等教育资源越聚集；而贫困地区和需要发展的地区，缺乏与顶尖大学的合作，进一步加剧了区域发展的不平衡。

1. 区域发展不平衡制约研究型大学的分布

大学发展的外部规律，表明大学的发展受到一定社会的经济、政治、文化等制约。首先，我国东部地区以平原为主，土壤肥沃，交通便利，有利于人口发展与繁衍。而西部地区以高原为主，土壤贫瘠，交通不便，环境恶劣，不利于人口发展与繁衍。其次，由于历史原因，东部地区长期作为政治中心，而且东部沿海地区交通便利，长期作为经济贸易中心。最后，受改革开放以及先富带动后富政策的影响，部分资源向东部地区倾斜。最终导致优质的高等教育在东西部地区分布不均衡，在一定程度上制约了大学社会责任的履行。

从大学与区域产业的合作情况来看，大学社会责任的履行与区域经济发展有着一定的关系，大学与区域经济发展相互影响、相互促进。一方面，高校作为区域经济发展的一部分，一流学科的发展依赖当地政府资金、土地等资源投入及当地政府相关政策的支持；另一方面，高校从人才输送、科技支持、文化建设等多方面影响区域经济发展。

由于我国的地区差异相对明显，东部沿海地区的“双一流”高校依托当地的经济，呈现出密集的状态。以本书选取的 42 所研究型大学为例，东部地区有 26 所大学，中部地区有 6 所大学，西部地区有 7 所大学。区域发展不平衡在一定程度上制约了大学社会责任的履行。

2. 区域发展的不平衡制约多主体之间的合作

除了高等教育外部规律之外，螺旋理论也能解释大学在承担社会责任中的困境。三螺旋理论由雷德斯道夫（koet Leydesdorff）和埃茨科瓦茨（Henry

Etzkowitz）在 1995 年提出，经常被用来解释政府、企业和大学三大主体之间的关系，很多学者用三螺旋模型来分析政府、企业和大学之间关系的动力学，政府扮演的政策协调职能，企业扮演的是财富生产，而大学扮演的角色是知识创造。[1]这三大主体具体来讲：一是行政链，主要由各级政府和其机构组成，政府部门包括地方性的、区域性的、国家层面的层次；二是生产链，包括高科技创业公司、大型企业集团和跨国公司等；三是科学链，由大学（本书此处所指的大学是 42 所“双一流”高校）、研究机构和学术制度组成。[2]三螺旋理论认为，大学、政府和企业三方合作是推动知识传播与应用的重要因素。[3]三螺旋理论属于典型的多主体理论，并不凸显某一主体的地位，而是强调服务区域经济发展目标。21 世纪是一个知识化社会和网络社会，知识生产不会孤立地产生，个体独立开展研究工作以解决重大科学问题越来越困难，个人主义的研究文化正在被多学科团队协同解决问题文化所代替。故而需整合研究人员、经费、知识及涉及的利益相关群体等资源和力量，以达到整体的最大价值发挥。[4]

埃兹科维茨认为，每一方螺旋主体在完成自己传统功能的同时，需要承担其他主体的角色。[5]区域发展不平衡致使大学在参与社区发展，履行大学社会责任时受阻。

故以大学为纽带，政府、企业、高校和学生四大主体在推行大学社会责任时，需要将区域发展的不平衡性纳入其中，整合高校、政府和企业资源，实现资

---

[1] 边伟军，罗公利．基于三螺旋模型的官产学合作创新机制与模式［J］．科技管理研究，2009，29（2）：4–6.

[2] 杜一宁．新区域资源发展规划管理——应对经济一体化与区域发展战略整合与创新管理模式典范［M］．北京：中国城市出版社，2007：1346.

[3] 埃兹科维茨．国家创新模式——大学、产业、政府“三螺旋”创新战略［M］．北京：东方出版社，2006：1.

[4] 李志峰，高慧，张忠家．知识生产模式的现代转型与大学科学研究的模式创新［J］．教育研究，2014（3）：55–63.

[5] 亨利·埃茨科威兹，王平聚，李平．创业型大学与创新的三螺旋模型［J］．科学学研究，2009，27（4）：146–149.

源的整体最优配置。

三、评价指标构建忽视了文化中“功利”与人性“自私”因素

大学社会责任评价中之所以出现前文提及的问题，原因之一是评价指标忽视了文化中的“功利”因素。一套指标形成之后，人们会将精力转移到测量对象上，目的是追求可以最大限度地获得既得利益，而大多不会去想其造成的影响和所产生的长远的后果，忘记自己应有的责任。教育属于公共物品，高校的任何一个决策都代表的是一种集体行动，集体行动就一定会存在“搭便车”“薅羊毛”等行为，这与理性经济人假设中“人都是利己的”是一致的，所以评价需要用一定的制度约束人性中的自私，才能真正将大学社会责任落实到位。

（一）传统文化中“功利”思想

中国高等教育评价出现的很多方面的负面影响可以根据功利文化推衍而得。若人们的主要精力集中在“功利”思想与物质层面的竞争上，将教育更多地作为个人获得物质财富的手段，那么竞争的结局必然是生存环境越来越恶劣，求真意识相对缺乏，很难有创新。

功利的心态将测量数据的进步作为实际的进步。由于大学最高管理层应对信息的承载能力是有限的，所以他们更容易选择相信容易获得的、看似相对客观严谨的测量数据，将测量数据的进步作为实际的贡献。如果高校的管理部门没有意识到大学对社会和环境所产生的重要影响，那么资源将不会被投放到大学社会责任相关领域。在大学与大学之间激烈的竞争之下，为了能获得更多的资源，高校管理者将无暇顾评估指标之外的社会责任。

（二）效率困境：行动中的“搭便车”自私行为

评价中虽很少涉及大学社会服务，但是不代表大学提供的社会服务不重要。

大学提供社会服务或提供公共物品不仅需要其自觉，更需要其自知。因为大学是公益组织，它有责任为社会提供公共物品。但是正是因为大学的公共属性，所以很多评价指标设置忽视了集体行动逻辑问题。大学是一种典型的集体组织，它实施的方式是一种集体形式，这就涉及集体行动的逻辑问题。

谈到集体行动逻辑问题，我们就必须提到奥尔森，他推翻了一个延续了很多年的公理——具有共同利益的人们一定会自愿和自动地组织起来，为实现他们的共同利益而采取集体行动。[1]在他之前，公共物品供给中存在集体行动的两大困境：其一是经济学上的著名的"公共地悲剧"理论，也称"公地悲剧"，指的是有限的公共资源无法满足每个个体希望最大限度扩大自身可使用的资源而引发的冲突；其二是集体行动困境，一个群体虽然有着共同的利益，但无法达成这个集体利益的一致行动。

大学社会责任推行最终受益的是每一个人，但是正如奥尔森所言，即使个人是理性的，但是这并不能代表每个人或者每一所大学都会采取行动，即个人理性不是实现集体理性的充分条件。为什么会出现这种状况？奥尔森的解释是，因为公共物品具有即使个人不为公共物品的生产和供应承担任何成本，理性的个人认为如果自己不去行动，当别人去做了之后，也能为自己带来收益的特性，所以他们往往具有"搭便车"的心理倾向。因此奥尔森认为有理性的、寻求自我利益的个人不会采取行动以实现他们的共同的利益。这也就能很好地解释在我国研究型大学中，为什么很多大学管理者没有将大学社会责任纳入学校的战略管理之中。

关于如何解决集体行动"搭便车"困境，奥尔森认为需要采取强制或其他特殊手段以使高校管理者按照他们的共同利益行事。也就是说大学社会责任在我国的推行必须有政府的参与，以及高校管理部门出台相应的政策措施来规避这些行动的漏洞。

---

[1] 奥尔森，陈郁，郭宇峰，李崇．集体行动的逻辑［M］．上海：上海人民出版社，2014：1–41.

第四章　大学社会责任评价体系构建的价值观、原则及依据

我国高等教育发展已经实现从以规模数量为重阶段转向以质量为重的阶段。高质量的教育一定需要检视其社会责任的履行程度。高等教育质量不是一个抽象的概念，它必须适用于特定的环境、制度及其在解决社区面临的问题中的相关作用。如果这些指标未能将服务于国家、造福于人类的价值观融入其中，未对大学履行这些职能对社会带来的益处进行评价，那么就是一种狭隘的质量观。

为了解决这一问题，即如何确保研究型大学在知识生产和传播中增进社会公众的利益，本书认为最行之有效的方法就是建立大学社会责任评价体系。为了避免之前的评价（强调客观工具的测量时代、强调目标达成度的描述时代和强调标准的判断时代）管理主义倾向太重，忽视评价活动中的利益相关者的意见，本书希望通过共同建构的方式构建大学社会责任评价指标。这种建构主义评价观强调评估者和利益相关者应该保持“回应”和“协商”，其中“协商”应该贯穿高等教育评价的全过程。评价参与者通过不断地对话、论辩逐步形成共同的“心理建构”，即达成共识。

本章主要介绍大学社会责任评价体系的构建，主要内容包括评价指标构建的价值导向、指标构建原则、指标构建依据。

第一节 大学社会责任评价的价值导向

大学社会责任研究需要回答的终极价值拷问是大学应该为谁服务，评价应该如何发挥指挥棒的作用。日本学者庆伊富长认为大学评估的最终目的在于促使大学更好地发挥教学和研究机能。[1]美国学者博尔认为评估的使命在于激发学校的教育潜力和活力。[2]在当下，高等教育已经进入由量到质的阶段，更应该发挥评估指标的导向性，而评价必不可少的就是指标选取的价值观导向。

指标选择的价值观导向是一个评估体系的灵魂。高校是精神的圣地，高等教育评价也应该有自己的精神与文化。高等教育在我国的定位是公益二类组织，尤其对于研究型大学来讲，它的资金很大一部分来自社会公众，所以必须考虑其自身的社会公正性。

一、教育评估发展：从认证评估到效率评估

高等教育评价经历了以下四个阶段。第一阶段是基于办学资格的许可制度。第一代评价大学的许可制度产生于高等教育制度萌芽时期的欧洲。最初是由师生（师徒）自发组成的“行会”“工会”，为了生存和发展，必须获得国王或教会的认可。国王或教会则会根据其相应的办学凭证和条件，颁发办学许可证，承认该大学具有办学资格。第二阶段是基于办学条件的院校认证。19 世纪末 20 世纪初，随着资本主义市场的发展，高等教育办学秩序混乱，人们迫切希望有一个统一的标准来鉴定学校的教育质量，规范大学的办学秩序。在这种情况下，出现了资格

---

[1] 吕楠，刘理．论高校教学评估教育价值的含义及构成［J］．湖北师范学院学报（哲学社会科学版），2007（4）：119-122.

[2] Deborah Loewenberg Ball，Francesca M. Forzani. 2007 Wallace Foundation Distinguished Lecture：What Makes Education Research “Educational”？［J］. Educational Researcher，36（9）：529-540.

认证制度，以规范大学入学条件。这种制度有效保证了进入大学学习的学生基本达到大学水准，这在某种程度上也可以说是为了保证大学生达到基本入学要求而开展的一种入学资格筛选制度，旨在建立大学秩序。第三阶段是基于国家利益的政府评价，注重的是效率。但第二次世界大战以后，高等教育被视为国家和社会发展的工具。各国政府都纷纷通过财政拨款、教育法规等方式介入教育领域。这一时期高等教育评价是作为国家管理高等教育工具的形式进行展开，评价的主体是政府，政府开展评估目的是要用最少的资源投入为国家培养更多优质的人才。第四阶段是基于质量保障的中介评估，注重的依然是效率。20 世纪 80 年代以来，随着越来越多国家步入了高等教育大众化阶段和普及化阶段，高校学生人数剧增，高等教育经费供不应求，高等教育培养人才的标准受到了大众怀疑。在该阶段主要侧重于高等教育质量的评价。对于我国来讲，高等教育评估虽起步较晚，开始于 20 世纪 80 年代[1]，但是高等教育质量依然是我国高等教育研究的重点问题。

对于我国来讲，大学评价主要是以政府为主，以效率为价值导向。我国的教育从孔子时期开始，一直与政治有着极其密切的联系，这种文化的基因，使得大众对于政府干预高校很容易接受。有了这些理论及文化的支撑，政府对高校进行各种规划，并制定各种评估指标以求取资源最大化地发挥作用。史秋衡教授[2]认为高校评估主体有政府、企业、高校、社会机构，但是被社会广为熟知的是政府部门（包括教育行政部门及其下属事业单位），这是高等教育评估的主流趋势。政府的评估不仅关心高校录取的学生数量，而且还会关注使其成功需要耗费多少教育资源、优秀毕业生率、生均教育成本、生师比等[3]，其中影响最大的是本科教

---

[1] 王德林 . 我国高等教育评估制度的合法性审视［J］. 高校教育管理，2012，6（4）：44-48.

[2] 史秋衡，陈蕾 . 中国特色高等教育质量评估体系的范式研究［M］. 广州：广东高等教育出版社，2011：35-90.

[3] 胡弼成 . 高等教育质量观的演进［J］. 教育研究，2006（11）：24-28.

学评估。根据史秋衡、陈蕾的研究观点[1]，政府主要以资源效率为评估的价值取向，社会主要以绩效为评估的价值取向（其中社会指的是高等学校外部与其发生直接或间接联系的除政府之外的一切组织和个人），高校主要以学术知识为导向的价值观，学生主要采取的是消费回报的评估价值取向。

然而，以效率为价值导向，过于注重投入与产出之间的效率，忽视了效率背后隐含的价值观。所以，未来需要依据社会公正的视角，将这些被忽视的社会和环境问题考虑进去。

二、未来大学评估的价值导向：社会公正

公正即社会的公平和正义，它是社会主义核心价值观里社会层面的主流价值观。在党的十九大报告中，关于“公平正义”被提及 5 次。何为“公”，公与私是一组相对的概念，历史上有关“公”的最早论述出现在汉代，《礼记》里就有论述“大道之行也，天下为公”。何为“正”，正与偏、斜、歪等是相对的概念，对其论述比较有影响力的是战国时期的思想家申不害“一言正而天下定，一言倚而天下靡”。公正是以理性之心和文明之心来解放人性中的偏心和私心。社会的公正仅仅依靠人性的自觉是难以实现的，每个社会组织都应该为社会公共利益构建一套行为标准，来抑制某些个体的偏心和私心，以此来维护社会大众的公共利益。

从社会经济发展的历史趋势来看，社会公正是社会发展的基本价值取向。社会发展所取得的成果对于社会大众来说应该具有共享性质。如果完全采取市场经济竞争原则，根据“二八原则”，财富将越来越集中在少数人手里。这对于社会的可持续发展是不利的。古今中外大量的事例说明，社会不公正将会导致社会不同群体的冲突和社会暴力。

---

[1] 史秋衡，陈蕾．中国特色高等教育质量评估体系的范式研究［M］．广州：广东高等教育出版社，2011：35-90.

对于高等教育来讲，什么是社会公正？柏拉图在《理想国》中提出了自己的见解，他认为公正包含两个方面：一个方面是教育使每个人独特的潜力都得到发展；另一个方面是个人的能力应该以有益于国家的方式进行开发。[1]约翰·罗尔斯在《正义论》中提出的观点强调了柏拉图提到的公正应该以有益于国家的方式开展[2]，本书较为认可罗尔斯的观点。"双一流"建设高校接受中央财政的拨款，基于权责统一理论，大学应该承担部分社会责任。而且高等教育具有提高民族文化和道德素质、促进社会进步和经济发展的功能，它的发展直接关系到一个民族的兴衰。

大学基于其在社会中享有的资源和地位，应该为社会中的弱势群体做些什么？对于我国高等教育来说，在中华人民共和国成立之后，为了集中力量干大事，使我国在科技上达到与发达国家同类学科的相同水平，国家将资源政策倾向给一些学校，建设了一批重点大学，后来提出"985 工程"和"211 工程"等。这些高校依靠政府优惠政策和资金的倾斜，在各个方面已经与其他高校拉开差距。然而，如何让这些高校产生的知识和人才惠及更多的受教育适龄人群和社会普通大众，是这些顶尖高校需要考虑的问题。因为这些顶尖的高校享有更多的教育资源，所以从社会公正的视角来看，这些顶尖高校对国家发展、对社会发展都应该有着更大的社会责任，应该为社会提供更多的公共服务及公共产品，尤其是西部地区及乡村地区，因为这些社会弱势群体享有优质高等教育的机会更少。

综上所述，我们在设计大学社会责任评价指标时必须将社会公正价值观考虑进去。

第二节 大学社会责任评价指标构建原则

评价是否有效，主要依赖于评价指标的科学性和合理性。合适的评价体系能

[1] 柏拉图，郭斌，张竹明．理想国［M］．北京：商务印书馆，2015：419–445.

[2] 约翰·罗尔斯，何怀宏，何包钢．正义论［M］．北京：中国社会科学出版社，1988：1–155.

够产生正确的导向作用，同时也有助于推动评价对象的健康发展。大学社会责任评价指标体系不是大学社会责任指标的简单堆积和组合，而是要根据某些原则来构建。

一、大学社会责任评价指标体系构建的一般原则

构建大学社会责任评价指标体系是一个系统过程。设计大学社会责任评价指标体系，除了要满足客观性和主观性相统一、稳定性与发展性相统一外，还需要满足可行性原则（具有可操作性）及科学性原则。[1]一般来说，评价的一般原则需要包括目标一致性原则、科学性原则、可比性原则、可行性原则和系统性原则。

（一）目标一致性原则

目标一致性原则强调的是指标体系与评价对象之间的一致性。具体而言，评价最原始的出发点是目标对象，即评价目标对象必须清晰。大学社会责任评价的目的是要引导、帮助大学实现其战略目标及检验其战略目标实现的程度。这就要求我们在设定和选择社会责任评价指标时，应从大学依据其职能所制定的战略目标出发，根据其战略目标来设定和选择社会责任评价指标。

（二）科学性原则

大学社会责任评价指标的设定应该遵循科学性原则，科学性是确保评价结果准确合理的基础，它包含特征性和一致性两方面的要求。其一，大学社会责任评价指标要能反映大学作为一个学术组织的特性；其二，指标本身的概念要一致，即对大学社会责任指标的含义、口径范围、计算方法等方面必须是统一的，不能

---

[1] 程金霞．高等教育评估指标体系设计分析［J］．邯郸职业技术学院学报，2004，17（4）：57-59.

出现同一指标有多种解释的情况。

（三）可比性原则

可比性原则强调运用评价指标体系既可以进行横向比较，又可以进行纵向比较。横向比较指的是在国际层面或某一国家、地区的同一层次的大学可以进行比较，如对处于不同地区的研究型大学可以进行社会责任比较。纵向比较指的是可以用这样的指标对不同历史时期，大学的不同时间段进行比较，如对同一所大学在不同时间段的社会责任表现进行比较。这就要求我们，一方面，在设计大学社会责任指标体系时，保证各指标间具有相互独立性，同一层次上的指标之间不能交叉重叠，否则无法比较；另一方面，大学社会责任指标体系必须反映大学承担的社会责任的共同属性，即保持质的一致性，这样才能比较两个不同大学在承担社会责任方面存在的差异。

（四）可行性原则

可行性原则要求大学社会责任指标的选取需要遵循以下三个规定。

首先，指标体系要具有针对性。大学社会责任评价指标体系应该结合研究型大学发展战略来制定，凸显大学的社会责任特色，标准过高或过低都不行。

其次，评价指标要具有可测性。可测性是指评价指标可以用操作化的语言定义所规定的内容，并运用现行的测量工具或数据可以得出明确的结论。本书在大学社会责任评价指标体系的设计过程中，坚持所选择的指标具有可测量性，或有明显的观测点以及可以获得明确的数据的指标。

最后，大学社会责任评价指标要具有现实可行性。指标的现实可行性也指可获得性，是构建评价体系时需要注意大学公开信息的客观可得性，必要时通过专题调查的形式来获取相关信息。如果获取相关信息的渠道不畅通，不能获取充足的相关信息，那么这样的指标就没有现实意义，本书会选择删去此项指标。

（五）系统性原则

大学社会责任需要对研究型大学机构进行评价测量，需要保证这些指标是成系统的。其一，大学社会责任评价指标必须全面体现所要达到的目标，不能在任何重要方面有所遗漏，一旦有遗漏必然会造成评价中出现偏差。其二，大学社会责任评价指标体系应该采用系统的方法，由大学社会责任一级指标分解成大学社会责任的二级指标，再由大学社会责任二级指标分解成大学社会责任三级指标，并组成系统的指标体系。

二、大学社会责任评价体系构建的特殊原则

大学作为一个学术组织有着其特殊性。因此，大学社会责任指标体系的设计不仅要遵循指标设计的一般原则，还要遵循一定的特殊原则。大学指标设计不仅需要尊重大学发展的内部规律，还要尊重大学发展的外部规律。本书依据大学作为一个学术组织的特点，认为构建大学社会责任评价还需要考虑一些特殊原则：职能依据原则、政策法规依据原则、经济社会发展水平依据原则。

（一）职能依据原则

我国大学属于公益组织，公立大学的资金主要来源于政府的财政拨款，依据权责统一理论，大学需要对社会负责。而且大学作为一个文化机构，其历史使命要求大学要对社会的发展起引领作用。大学职能是大学社会责任评价指标体系构建需要考虑的最主要因素。大学的职能规定了大学应该承担的责任和义务。大学社会责任指标体系就是考察大学在履行职能时对社会造成积极影响的情况。目前大学职能主要有人才培养、科学研究、社会服务、文化传承与创新、国际交流与合作职能五个方面。

（二）政策法规依据原则

我国大学最初的内部组织是模仿行政组织建立起来的，科层化特征比较明显，所以大学权力的来源就属于韦伯提出的法理权力来源。故大学社会责任的制定，需要参考大学管理部门出台的政策。国家中长期教育改革和发展规划纲要工作小组办公室于 2010 年 7 月 29 日发布的《国家中长期教育改革和发展规划纲要（2010—2020 年）》在第七章第二十一条提出："增强社会服务能力。高校要牢固树立主动为社会服务的意识，全方位开展服务。"党的十八届三中全会报告关于"深化科技体制改革"强调"建立主要由市场决定评价成果的机制"。教育部于 2013 年 11 月印发了《关于深化高等学校科技评价改革的意见》，明确提出建立"以质量和贡献为导向"的分类评价标准和开放评价方法相结合的高校科研评价机制。2014 年 2 月教育部印发的《中国特色新型高校智库建设推进计划》指出："实施科学合理的分类评价标准，把解决国家重大需求的实际贡献作为核心标准，完善以贡献和质量为导向的绩效评估办法。"[1]

（三）经济社会发展水平依据原则

大学社会责任是一个具有很强地域性的概念，每个区域的经济发展水平不同，对大学的需求是不一样的，大学社会责任指标也需要有所参考，才能具有现实的可操作性。我国因为地域辽阔，不同地区在经济发展水平、社会结构、文化水平等方面都存在一定的差异性。在设计大学社会责任评价指标体系时，要从实情出发，根据大学所处的地域条件，遵循绩效指标设计的基本规律和要求，进行系统分析和深入的调查研究。

总之，大学社会责任评价体系，不能简单地从一般原则出发来构建，而是应该统筹考虑其特殊性。

---

[1] 教育部．中国特色高校智库建设推进计划（教社科〔2014〕1 号）[Z].2014-02-10.

第三节　大学社会责任评价指标构建依据

大学社会责任评价指标体系并不是“空中楼阁”，其指标构建不能凭空随意捏造，而应该以相应的理论、大学自身特点和内外部对大学的责任期望或要求为依据。

大学社会责任评价指标体系的构建依据可以分为四类：理论依据、标准依据、经验依据和案例依据。

一、理论依据

没有理论指导，大学社会责任就缺少方向。相应地，缺乏深层次的理论研究，就难以构建科学的大学社会责任评价指标体系。大学社会责任评价的理论基础从本质上来说是解决对大学社会责任的认知问题。大学社会责任的价值在于追求对社会负责任的大学行为，最终的目的是实现社会价值最大化。大学社会责任思潮的出现，并日益成为大学管理的具体实践，其背后隐含着一个不言而喻的假设，在社会大众和大学之间已经达成了共识，即满足社会现实需要的价值取向与实现大学理想的价值取向是统一的，这意味着现代大学与社会之间互惠共生的关系更为明显。例如，卡罗尔提出的金字塔模型理论，为大学社会责任测量提供了有力的理论支撑。乌干达采用金字塔模型构建了一套衡量大学社会责任指标：法律责任、经济责任、伦理责任和慈善责任。[1] 此外，利益相关者理论也是大学社会责任发展的重要理论支撑，如大学社会责任联盟提出了 VPI 模型（value-

[1] Ddungu L，Edopu R N. Social responsibility of public and private universities in Uganda [J]. Makerere Journal of Higher Education，2017，8（1）：73-86.

process- impact)[1]，这个模型以利益相关者理论为指导，提出了大学社会责任的维度。

二、标准依据

有关大学社会责任或可持续发展的国内外指南和标准是构建社会责任评价指标体系的重要参考依据，例如：巴塞罗那大学社会责任宣言（2004）；高等教育公民责任的校长宣言（1999）；高等教育公民角色与社会责任的塔鲁尔宣言（2005）；欧盟大学社会责任宣言（2015）；欧盟大学社会责任标准（2015）；USRN大学社会责任联盟大学社会责任宣言（2015）；欧洲大学宪章（1988）；大学可持续发展宪章（1994）；欧洲大学协会格拉茨宣言（2003）从柏林出发：大学的作用；欧盟促进大学致力可持续发展的格拉茨宣言（2005）；国际行动委员会世界人类责任宣言（1997）；人类责任宪章（草案）（2001）；高等教育机构学术自由与学术自治的宣言（1998）；知识自由与社会责任的坎帕拉宣言（1990）；坦桑尼亚关于学术社区学术自由与学术社会责任的宣言（1990）；联合国教科文组织关于学术自由与大学自治的锡纳亚宣言（1992）；国际大学协会学术自由、大学自治与社会责任宣言（1998）；中国香港城市大学社会责任约章（2011）；关于欧洲高等教育伦理价值与原则的布加勒斯特宣言（2004）；负责任管理教育六原则（2007）；高等教育可持续发展名古屋宣言（2014）。

这些指导性文件有的是由国际组织制定的，有的是由大学联盟制定的，有的是由标准化组织制定的，也有由国内外行业协会、大学组织或民间组织制定的，它们从不同领域对大学应如何履行社会责任及应履行哪些社会责任进行了规范，并在实践中逐渐被大学所接受，成为大学社会责任的标准规范。这些标准规范从

---

[1] Lo W H，Pang R X，Egri C P，et al. University Social Responsibility: Conceptualization and an Assessment Framework［M］// University Social Responsibility and Quality of Life. Springer Singapore，2017: 37–59.

内容上对大学履行社会责任的各个领域进行了规范，为社会责任各个维度指标的选择提供了强有力的支撑。

三、经验依据

通过对42所“双一流”高校网站的查阅发现，复旦大学、同济大学、上海交通大学和华东师范大学都发布了大学社会责任报告。天津大学、同济大学、华东师范大学三所大学在校园文化里直接提出了社会责任概念。北京大学和北京师范大学虽然在学校层面未提及大学社会责任，但是北京大学光华管理学院和北京师范大学的心理学部提及了社会责任。此外一些大学虽未明确提及大学社会责任，但是有很多丰富的活动都涉及大学社会责任内涵。本部分主要分析我国大学社会责任制度的建设经验。

由于本书聚焦我国42所“双一流”大学的社会责任的表现，所以衡量的指标必须立足我国大学特色。因此本书以我国42所“双一流”大学网站的机构设置作为大学社会责任的四大维度的指标进行挑选。挑选文本原则：一是可信度，基于制度层面来挑选，也就是根据网站上公布的机构设置，而非新闻报道；二是典型性，典型性指的是依据大学社会责任的内在维度，挑选能够代表大学社会责任某一维度的“双一流”大学。

在人才培养方面，天津大学在制度建设上更加完善。在天津大学第八次党代会上，学校提出要培养具有社会责任感的人才。天津大学培养具有社会责任感的学生的途径有两种：一是志愿服务；二是社会实践。

在科学研究方面，厦门大学比较具有代表性。创造和传播对社会有积极影响的研究是厦门大学追求卓越的标志，学校建立科技成果转化的独立机构才能为研究员与产业建立长效的合作机制。例如，厦门大学资产经营有限公司能够很好地推进厦门大学对科技成果的转化。另外，厦门大学科技成果转化注重社会效益。

在社区服务方面，重庆大学和华南理工大学比较具有代表性。例如，重庆大学“三下乡”活动结合生源地建立了10 000个农户联系库；学校搭建企业实习、实践基地及志愿服务等学生实践平台，类型比较丰富。[1]华南理工大学[2]组织学生利用假期开展“实践炼青春，服务新农村”大型农村社会调研活动，服务“三农”，帮助大学生了解国情、了解基层，增长才干，培养社会责任感。在寒假农村调研活动中，学生自发组成调研小组2035个，走访村庄2120个，访问农户12 330家，调查范围覆盖我国26个省、自治区、直辖市，完成调查报告1100篇，绘制了435幅村庄地形图。农村调研活动既满足了地方建设发展的实际需要，也满足了大学生锻炼成长的需要。

在文化传承与创新方面，南开大学在爱国主义文化教育上具有代表性。在南开大学学校网站上可以找到爱国主义教育基地[3]，里面有百年南开校史展、西南联大纪念碑、校钟、思源堂、周恩来纪念碑、严张纪念园、于方舟像等。通过一个个珍贵历史瞬间的呈现，育才救国、抗日爱国、兴学图强的爱国主义情怀深深印刻在学生的心中，“勿志为达官贵人，而志为爱国志士”成为南开大学的独特精神风貌，这种爱国主义文化在当下则是把小我融入大我，为中华民族伟大复兴作出贡献。此外大连理工大学在节约文化教育上具有代表性。大连理工大学对外开放共享大型仪器设备以及开发无纸化会议[4]系统，该系统平台为学校各单位提供无纸化会议环境，使校内各单位可随时在校园网环境下召开无纸化会议。使用无纸化会议系统召开会议，无须印制资料，可及时对会议资料进行调整，并实现会议资料电子阅读、批注、记录、投票等功能。同时，系统采用多项严密安全防护

---

[1] 共青团重庆大学委员会. 关于开展重庆大学2020年暑期“三下乡”社会实践活动的通知［EB/OL］.（2020-06-22）［2020-11-15］. https：//youth.cqu.edu.cn/info/1011/13329.htm.

[2] 中华人民共和国教育部. 华南理工大学组织大学生开展调研服务“三农”［EB/OL］.（2006-12-21）［2020-05-20］. http：//www.moe.gov.cn/s78/A12/szs_lef/moe_1407/moe_1415/tnull_19061.html.

[3] 南开大学. 南开大学爱国主义教育基地［EB/OL］.（2020-08-05）［2020-11-15］. https：//aiguo.nankai.edu.cn/.htm.

[4] 大连理工大学. 大连理工大学公共服务［EB/OL］.（2020-08-06）［2020-11-15］. https：//www.dlut.edu.cn/.htm.

措施，确保会议及会议资料的安全。无纸化会议系统，使会议召开更加高效、便捷、安全和节约，全面提高会议质量和参会体验。中国海洋大学[1]在透明文化方面比较具有代表性，在信息公开方面做得比较完善。中国海洋大学在 2015 年发布了关于印发《中国海洋大学信息公开实施办法（修订）》的通知。

在国际交流与合作方面，清华大学比较具有代表性。清华大学在其网站，合作交流处设置了国际合作平台[2]，并通过全球战略、全球胜任力、国际学生学者、国际校园、海外科研合作、暑期学校落实国际交流与合作。清华大学不仅在制度上积极推动国际交流与合作，而且在推进全球合作伙伴体系的发展，深化中外人文交流方面取得了显著成效。清华大学不仅成为有代表性的创新人才培养基地，而且也是高水平国际论坛及国际化办学机构。

四、案例依据

大学社会责任联盟纷纷成立。例如，大学社会责任联盟、全球大学社会责任联盟等，鼓励大学社会责任倡议和实践并分享成功经验，鼓励大学重点关注社会和环境问题，致力于化解社会的各类问题，推动人类社会的可持续发展。此外，世界各地的大学也将大学社会责任纳入大学的发展战略之中，如 2015 年成立的大学社会责任联盟（University Social Responsibility Network）成员有北京师范大学（中国）、剑桥大学（英国）、京都大学（日本）、北京大学（中国）、四川大学（中国）、香港理工大学（中国香港）、曼彻斯特大学（英国）、塔夫茨大学（美国）、海法大学（以色列）、新南威尔士大学（澳大利亚）、比勒陀利亚大学（南非）、圣保罗大学（巴西）、圣路易斯华盛顿大学（美国）、延世大学（韩国），纷

[1] 中国海洋大学．中国海洋大学信息公开平台［EB/OL］.［2020-08-05］. http：//dxb.ouc.edu.cn/xxgk/2014/1015/c6360a28425/page.htm.

[2] 清华大学．清华大学国际合作［EB/OL］.［2020-08-05］. https：//www.tsinghua.edu.cn/hzjl/gjhz.htm.

纷就大学社会责任实践进行报告。

此外，我国部分研究型高校已经发布社会责任报告。通过对 42 所“双一流”高校资料的查阅发现，复旦大学、同济大学、华东师范大学发布了大学社会责任报告，截至完稿所能得到最新的资料是 2018 年对外公布的大学社会责任报告，本书选取同济大学 2016—2017 年社会责任报告作为案例进行阐述。首先，选取同济大学的原因是该校大学社会责任报告相对完善，从 2015 年之后定期发布大学社会责任报告。其次，该资料在学校网站就可查到，来源可靠。最后，同济大学社会责任报告具有广泛的代表性。以同济大学精神文明建设委员会在 2018 年 1 月发布的《同济大学 2016—2017 年大学社会责任报告》为例，展示同济大学社会责任的维度和内容（表 5.1）。

表 5.1　2016—2017 年同济大学社会责任报告内容

<table>
<tr><td rowspan="9">1. 队伍建设责任</td><td rowspan="9">1.1 教工教育</td><td rowspan="4">1.1.1 倡导核心价值，加强主题教育</td><td>深入学习贯彻党的十九大、十八届历次全会精神和习近平总书记系列重要讲话精神，深刻领会习近平新时代中国特色社会主义思想</td></tr>
<tr><td>强化主体责任，扎实做好迎接中央巡视和整改工作</td></tr>
<tr><td>加强党的建设，全面开展“两学一做”学习教育</td></tr>
<tr><td>激发爱国情怀，开展“庆祝建党 95 周年”“纪念红军长征胜利 80 周年”系列活动</td></tr>
<tr><td rowspan="2">1.1.2 规范职业道德，推进师德建设</td><td>全面加强师德规范建设</td></tr>
<tr><td>注重典型选塑，加强先进宣传</td></tr>
<tr><td rowspan="3">1.1.3 强化思政教育，提升理论素养</td><td>高度重视，加强校党委中心组学习</td></tr>
<tr><td>加强指导，合理安排教职工理论学习</td></tr>
<tr><td>注重研究，加深中国特色社会主义理论研究</td></tr>
</table>

续表

1. 队伍建设责任	1.2 权益保护	1.2.1 录用程序规范，签订聘用合同	—
		1.2.2 实行疗休制度，定期健康检查	—
		1.2.3 开展教工培训，重视能力提升	—
		1.2.4 维权渠道通畅，确保教工权益	—
	1.3 安全保护	1.3.1 安全管理到位，加强宣传教育	积极开展安全宣传教育，加强师生安全防范意识和能力
			强化工作机制，落实安全管理
		1.3.2 健全应急管理，落实工作预案	—
		1.3.3 完善保障措施，建设平安校园	—
2. 人才培养责任	2.1 教育教学	2.1.1 明晰办学理念，提升办学水平	办学理念清晰，发展目标明确
			办学水平提升，办学特色彰显
			科研水平提升，科研质量提高
			国际交流深化
		2.1.2 围绕育人宗旨，创新方式方法	开展教学服务与管理体系改革
			教育教学改革持续深化
			教材建设不断加强
			质保体系继续完善
		2.1.3 培养综合素质 提升创新能力	建立具有同济特色的通识教育体系
			成立创新创业学院，建立“立体型 - 联动式”创新创业教育体系
			加大“同济创业谷”建设力度
	2.2 思政教育	2.2.1 注重梯队建设，优化思政队伍	—
		2.2.2 加强思政教育，推进实践教学	—
		2.2.3 强化职业教育，引导学生就业	—
3. 文化传承责任	3.1 文化品牌	3.1.1 凝练大学精神，弘扬优秀文化	—
		3.1.2 繁荣校园文化，建设和谐校园	活动多元丰富，校园文化繁荣
			推进重点项目，打造文化品牌
	3.2 文化载体	3.2.1 加强平台建设，拓展文化载体	—
		3.2.2 创新工作手段，丰富网络文化	—

续表

<table>
<tr><td rowspan="14">4. 依法诚信责任</td><td rowspan="10">4.1 守法执法</td><td rowspan="2">4.1.1 实施大学章程，聘用法律顾问</td><td>制定并实施大学章程，规范学校治理结构</td></tr>
<tr><td>建立顾问制度，聘用法律专家</td></tr>
<tr><td rowspan="3">4.1.2 重视道德教育，增强诚信观念</td><td>注重职业道德建设</td></tr>
<tr><td>加强学术道德建设</td></tr>
<tr><td>积极开展诚信教育和学风建设</td></tr>
<tr><td rowspan="3">4.1.3 推进依法办学，加强监督机制</td><td>规范招生程序，实行“阳光工程”</td></tr>
<tr><td>完善采购招投管理，加强全过程监督</td></tr>
<tr><td>加强制度建设，遵守收费管理规定</td></tr>
<tr><td rowspan="2">4.1.4 畅通信访渠道，加大查处力度</td><td>畅通信访投诉渠道，严格按照规定程序受理和处理各类投诉举报</td></tr>
<tr><td>加强对重要举报线索的筛选、研判，加大查办案件工作力度</td></tr>
<tr><td rowspan="4">4.2 社会形象</td><td>4.2.1 公开党务校务，提高管理效能</td><td>—</td></tr>
<tr><td rowspan="2">4.2.2 加强信息发布，完备新闻渠道</td><td>完善新闻发布制度</td></tr>
<tr><td>着力构建立体综合传媒平台</td></tr>
<tr><td>4.2.3 接受社会监督，反馈整改意见</td><td>—</td></tr>
<tr><td rowspan="7">5. 社会服务责任</td><td rowspan="5">5.1 社会贡献</td><td rowspan="3">5.1.1 实施学科支持，推进对口支援</td><td>积极开展对口支援，促进共同发展</td></tr>
<tr><td>对接重大工程，提供科技支撑</td></tr>
<tr><td>加强校地合作，服务社会发展</td></tr>
<tr><td>5.1.2 倡导无偿献血，完善征兵工作</td><td>—</td></tr>
<tr><td>5.1.3 开放学校资源，实现社会共享</td><td>—</td></tr>
<tr><td rowspan="2">5.2 志愿服务</td><td>5.2.1 弘扬雷锋精神，建立长效机制</td><td>—</td></tr>
<tr><td>5.2.2 拓展志愿服务，培育品牌项目</td><td>—</td></tr>
</table>

续表

6. 生态文明责任	6.1 低碳节能	6.1.1 倡导可持续发展理念，培育师生环保意识	—
		6.1.2 建设节约校园，控制污染排放	加强节能管理，落实节能措施
			加强节能科研，实施技术项目
			强化垃圾分类，污染排放达标
		6.1.3 建设绿色校园，创建无烟校园	优化校园环境，建设绿色校园
			开展爱卫活动，创建无烟校园

通过 2016—2017 年同济大学社会责任案例的报告内容，可以看出我国研究型大学在社会相关性背景下构建大学社会责任体系的不足，如忽视了国际交流与合作责任、缺乏对整个社会文化的引导等。

第四节　大学社会责任评价体系构建的指标来源

为了保证构建的大学社会责任指标的完备性，本书主要从以下几个方面进行改善。一是从国内外有关大学社会责任的文件中寻找大学社会责任的共性，通过对文件词频的分析，找到核心的高频词汇，以便划定大学社会责任研究的大致领域，然后对大学联盟及部分大学发布的社会责任评价指标进行验证，保证研究的可靠性。二是从已有的文献中找到大学社会责任相关的指标，尽最大努力对现有的文献进行整理，以求最大限度地掌握关于大学社会责任指标的现有成果。三是对大学社会责任案例进行指标提取。为了保证案例的可靠性，首先，本书选取的是大学社会责任联盟已经发表的大学社会责任案例；其次，国外大学社会责任案例主要选取的是排名靠前的研究型大学，国内大学社会责任案例也同样选择研究型大学中的 42 所“双一流”建设高校；再次，为了保证研究的完备性，在挑选国外研究型大学的时候，充分考虑每个洲的地域性，保证每个洲都有所涉及；最后，对大学利益相关者进行了访谈。笔者对 42 所研究型大学的利益相关者进行了充分的半结构式的访谈，以便能够建构立足我国社会实际需求的大学社会责任指标。

一、政策文件中提及的大学社会责任指标

（一）政策中涉及的大学社会责任高频词汇

政策中涉及的高频词汇，有助于把握大学社会责任的构成要素。关于大学社会责任构成要素，在欧洲专门的项目研究中，欧洲大学社会责任与社区发展参考框架（EU-USR）比较研究项目，依据联合国教科文组织在1998年发布的世界高等教育宣言和ISO26000中提到的组织社会责任7大主题组成的交叉矩阵，从大量的案例中挑选矩阵交叉点，最终从欧盟15个国家选择了40个大学社会责任实践案例。使用软件QSR NVivo10对这些案例进行词频分析，得出了大学社会责任要素（常见词汇，比重由高到低）：发展、教育、社会、社区、方案、研究、合作、质量、欧盟、政策、生态环境的、人权、可持续、人类、项目、培训、创新、环境、结果、活动、重点、主题、管理、影响、评估、保障、参与、工作、可持续发展。

词频分析表明，大学社会责任与发展、教育、社会和社区的相关度高，见表5-2。

表5.2 最常出现的高频词汇及其权重

词汇	次数	加权百分比/%
发展	165	1.13
教育	124	0.85
社会	123	0.84
社区	112	0.77
方案	100	0.69
研究	99	0.68
合作	72	0.49
质量	69	0.47
欧盟	60	0.41
政策	59	0.40

续表

词汇	次数	加权百分比 /%
生态环境的	58	0.40
人权	56	0.38
可持续	56	0.38
人类	53	0.36
项目	53	0.36
培训	53	0.36
创新	53	0.36
环境	53	0.36
结果	52	0.36
活动	52	0.36
重点	50	0.34
主题	50	0.34
管理	50	0.34
影响	49	0.34
评估	49	0.34
保障	48	0.33
参与	48	0.33
工作	47	0.32
可持续发展	46	0.32

（资料来源：EU-USR. WP2 USR GOOD PRACTICE COLLECTION-FINAL REPORT）

本书从联合国教科文组织及众多学者达成一致的国际政策中寻找大学社会责任评价的指标建构，主要依据 5 个涉及大学社会责任的文件：1998 年的第一届世界高等教育大会通过的纲领性文件《二十一世纪世界高等教育宣言：展望与行动》[1]《2009 年世界高等教育大会公报：高等教育与研究在促进社会变革和发展中

[1] World Declaration on Higher Education for the Twenty-First Century：Vision and Action［EB/OL］.（1998-10-09）［2018-03-15］. https：//bice.org/app/uploads/2014/10/unesco_world_declaration_on_higher_education_for_the_twenty_first_century_vision_and_action.pdf.

的新动力》《关于高等教育公民角色和社会责任的塔鲁尔宣言》[1]《教育 2030 行动框架》及 2009 年出版的英文版《社会责任指南》。这五个文件主旨都强调了高等教育机构的存在是为了服务和加强它们所属的社会。高等教育机构不是孤立地存在于社会中，为了社会的利益，高等教育机构必须扩大其范围。大学和高等院校的责任不仅是教育年轻人，为他们提供充分发挥潜力的机会，还在于教育他们如何以最大的社会责任感运用这些能力和才干。

为了解这 5 个文件主要关注的问题，本书通过 NVivo12 对这五个文件进行了词频检索，结果见表 5.3。

表 5.3　大学社会责任相关的政策文件词频

单词	计数	加权百分比 /%
education	2043	2.25
organization	922	1.02
social	848	0.93
development	705	0.78
responsibility	593	0.65
international	589	0.65
rights	471	0.52
institutions	397	0.44
organizations	382	0.42
human	333	0.37
university	314	0.35
countries	302	0.33
unesco	297	0.33
quality	287	0.32
learning	280	0.31

[1] The Talloires Declaration on the Civic Roles and Social Responsibilities of Higher Education [EB/OL] . (2005-09-17) [2017-09-20] .https：//talloiresnetwork.tufts.edu/wp-content/uploads/TalloiresDeclaration2005.pdf.

续表

单词	计数	加权百分比 /%
activities	269	0.30
information	253	0.28
society	253	0.28
world	251	0.28
national	250	0.28
research	244	0.27
regional	243	0.27
economic	218	0.24
labour	207	0.23
practices	206	0.23
community	204	0.22
stakeholders	203	0.22
students	202	0.22
conference	198	0.22
sustainable	198	0.22

为了使其更加形象，词频云通过字体的大小来显示这些词的权重（图 5.1）。

由图 5.1 可以看出，教育、组织治理、大学质量、社区参与发展、人权与劳工实践、利益相关者、环境的可持续发展是焦点词汇。2015 年 6 月 2 日，原国家质检总局和国家标准委联合发布了社会责任系列国家标准，其主题为组织治理、人权、劳工实践、环境、公平运营实践、消费者问题、社区参与和发展的相关的做法。词频分析进一步揭示了发展、教育、社会和社区是描述中最常用的术语。因此可以看出，大学社会责任主要与发展、教育和社区有关。

图 5.1　词频云

（二）政策中提及的大学社会责任指标

本书依据大学社会责任的五大维度，结合欧盟大学社会责任标准[1]和中国香港城市大学社会责任约章[2]提炼大学社会责任的指标，见表 5.4。

表 5.4　依据欧盟大学社会责任标准和中国香港城市大学社会责任约章提炼大学社会责任的指标

文件	指标维度	指标内容
欧盟大学社会责任标准	人才培养	1. 保证其员工和学生的学术自由；2. 在致力于终身学习的同时，扩大和多元化获得教育的机会；3. 以透明和公平的方式管理学生入学，使用明确的标准来形成选择决策，向申请不成功的候选人提供正式的反馈；4. 确保为支持教学和学费而提供的公共资金用于提供教学的目的；5. 要求其课程包括社会责任、伦理研究；6. 采用以学习者为中心的教学方法和学生支持，确保评估和反馈用于促进学习；7. 促进超越课堂和进入社区的协作和独立学习
	科学研究	促进研究界、公众和决策者之间的对话，将研究与真实世界的问题联系起来
	社会服务	通过公开获取研究成果和公众参与活动，提升对社会的贡献
	文化传承与创新	执行研究、教学和相关活动的伦理协议

[1] 张维红．大学社会责任探究［D］．厦门：厦门大学，2018：144–146.

[2] City University of Hong Kong（CityU）. University Charter of Social Responsibility.［EB/OL］.（2018–05–19）［2020–08–05］.http：//www.cityu.edu.hk/cityu/about/responsibility/university–charter. htm.

续表

文件	指标维度	指标内容
中国香港城市大学社会责任约章	国际交流与合作	实现国际合作，支持学生和员工的跨国流动
	人才培养	1. 为学生提供激励上进的学习环境；2. 帮助学生实现最大潜力；3. 把社会责任纳入大学教育的一部分，使学生理解其重要性和性质，如理解保护环境的必要性，并关注关心需要帮助的；4. 培养学生，使其毕业后能为社区作出积极的贡献
	科学研究	促进知识向社会转移
	社会服务	1. 与当地组织和居民就大学长期发展进行沟通，确保所有人受益；2. 酌情考虑提供大学设施，以支持社区的发展；3. 把促进知识转移作为有助于社区技术、社会和其他发展的核心方式
	文化传承与创新	确保大学的发展是可持续的，不会对环境产生不利影响
	国际交流与合作	—

二、文献中涉及的大学社会责任指标

对大学社会责任相关的政策文件进行词频分析，可以有效保证大学社会责任的研究重点，但是真正想要扎实地做好大学社会责任研究还需要大量的相关文献。本部分依据大学社会责任的五大维度对测量大学社会责任的文献进行指标提炼，本书主要参考的文献指标见附录 A。

（一）人才培养责任

通过表 5.5 可以发现一个趋势，大学对学生的培养不再仅仅局限于对学生知识的传播，而是注重在更广阔的背景下指导学生并进行培训，从而为大学生创造一个新的形象，这样的大学生是关心周围不公正现象并愿意采取具体行动的学生，能够在大学的志愿活动中发展自己的能力，将其专业知识与解决社会的关键问题联系起来的学生，能够倾听、交流和相互同情的学生，倡导民主和参与的学生。所以，从本质上来讲，在人才培养方面都有以下共同点。

第一，注重学生的社会责任教育。大学具体的课程计划、学科专业（从本科到研究生）涉及社会责任教育，目的是确保学生在能力、价值观、技能和具有高度社会价值的知识方面得到专门训练。在课程上，一是大学所提供的课程应顾及社会需要。课程方案的设计应基于与利益相关者的对话。例如，在课程上设置培养学生社会企业家精神的课程。社会企业家是相对于企业家，社会企业相对企业而言的一组概念。社会企业跟传统企业相似的是，它采取企业运营的思维，即直接为市场生产产品或提供商业服务。社会企业与传统企业不同的地方有两点，其一是社会企业有明确的社会和环境目标，其获得的利润用于投资社会和环境相关的领域。一般来说，社会企业家对那些能够产生变革性惠益的价值理念感兴趣[1]，主要是帮助被忽视的弱势群体发声。其二是社会企业的治理结构一般是建立在利益相关者参与的基础上。社会企业就是在慈善运转缺乏后劲的情况下，结合企业逐利的特性被提出来的，其目的是能够以新的商业运转模式实现公平贸易、社会包容、社区振兴，为社会弱势群体提供就业机会，促进人类社会的可持续发展。另外，大学的教学层面应该注重情境性。增强大学讲课的社会性，可以考虑的做法包括提供与可持续性和跨文化主义等主题有关的教育，融入道德价值观，以及发展和理解多样性工作。

第二，注重学生的社会价值，即注重学生有效学习及学生所生产和转移的知识的社会价值。目的是确保他们成为负责任的、有创造性的、卓有成效、具有参与精神与容忍精神的公民。

[1] 保罗·C. 莱特. 探求社会企业家精神［M］. 北京：社会科学文献出版社，2011：1–8.

表 5.5　依据人才培养责任维度提炼指标

指标维度	指标内容	文献来源
人才培养责任	1. 与大多数学生的收入背景相比，大学的收费结构是公平的；2. 提供的学术课程使学生能够按照他们的期望发展其才能；3. 提供的学术课程使学生能够发展就业市场所需的技能；4. 这所大学的教师专业地指导学生的研究；5. 大学向学生传授道德上可以接受的行为；6. 大学鼓励学生开展活动，使学生能够与外部社区互动	乌干达大学
	1. 专门研究道德和相关问题的学位或课程；2. 普通项目中与道德、社会责任和可持续性相关的必修科目的存在和水平；3. 高校非必修伦理学课程的存在与水平及相关问题；4. 邀请专家和领导作为嘉宾就道德、责任和可持续性等主题发言；5. 将社会和环境主题融入课程；6. 为学生提供与企业责任 / 可持续性相关的实习机会；7. 增加以社会和环境为主题的选修课（非必修科目）的数量	大学社会责任三维模型
	1. 教师与学生比；2. 重点学科的数量；3. 硕士、博士学位授权点的数量；4. 创新人才培养的基地建设	大学业务领域四维评价指标
	1. 有些科目涉及社会责任主题；2. 有一个教师培训方案；3. 课程中有一些科目涉及环境问题	厄瓜多尔大学社会责任评价指标
	1. 每个责任教育计划参与行动、事件或活动的学生人数 / 学生总数；2. 每学期分配给教师发展责任教育课题的时数；3. 责任教育课程相关的科目和（或）课程数量 / 课程的科目总数；4. 使用基于社会项目的学习方法的科目和（或）课程数量；5. 参与采用社会专题研习方法的科目及（或）课程的学生人数 / 学生总数；6. 与感兴趣的外部行动者（毕业生、生产部门、公共部门、民间社会等）一起制定课程设计的政策、指导方针或标准；7. 与感兴趣的外部行为体（毕业生、生产部门、公共部门、民间社会等）一起对课程设计进行验证和（或）修订；8. 每个项目的教师知识领域数 / 每个项目的教师总数；9. 每个项目来自不同城市的学生人数 / 每个项目的学生总数；10. 有学生参与的倡议、项目和计划的数量 / 倡议、项目和（或）计划总数	联合国“责任管理教育原则”开发的大学社会责任指标
	1. 毕业生进入社会和劳动力市场的质量；2. 大学提供的教育是否关注学生的道德品质和社会责任；3. 课程对社会需求和变化的灵活性和适切性；4. 教师和科研人员的资格和质量；5. 教学和科研得以顺利开展的物质和基础设施；6. 对学生的支持和服务体系是否完善	全球大学创新联盟：大学社会责任指标

续表

指标维度	指标内容	文献来源
人才培养责任	1. 明晰办学理念，立足国家和上海经济发展，提升办学水平，彰显办学特色；2. 管理制度及教学方法符合立德树人的需求；3. 重视对学生综合素质和创新（创业）能力的培养；4. 思政课教师队伍建设、辅导员队伍建设要有规划、有制度保障，各项配备比例符合规定；5. 加强大学生思想道德教育，促进社会主义核心价值观进教材、进课堂、进课外、进网络、进教师队伍建设、进评价体系；6. 加强大学生职业生涯发展教育，引导毕业生到重点行业、艰苦地区就业	上海市文明办大学社会责任评价指标
	1. 让外部组织或社区的专业人员参与教学过程；2. 有学生和（或）学生活动获得外部组织的道德奖励；3. 开展 USR 项目 / 活动，允许学生和其他利益相关者（如校友或社区）参与；4. 鼓励建立大学与其他机构之间的网络	泰国大学社会责任评价指标体系
	增加可持续发展课程、学位项目及其他学习机会	STARS 评价体系
	1. 在发展其教育组合时，管理层考虑到其社会责任的目标；2. 组织鼓励学习计划将社会责任的相关方面整合到学习计划的内容中	ARISE 评价体系
	1. 毕业生党员人数 / 全部总人数；2. 毕业生读研人数 / 全部总人数；3. 毕业生中通过英语四级和计算机二级的人数 / 全部总人数；4. 该校当年毕业生的平均收入；5. 对就业满意的人数 / 毕业生就业总人数；6. 获资助赴国外学习的学生数 / 学生申请数；7. 图书总量 / 学生总数；8. 校舍建筑面积 / 学生总数；9. 机房电脑总量 / 学生总数；10. 年奖学金及助学金获得人数 / 该年申请总人数；11. 仪器设备总额 / 学生总数；12. 每年接受就业咨询的总人次；13. 人力资本投入水平：每年招聘、培训等费用 / 总经费	基于利益相关者框架的大学社会评价指标（沈映春）
	1. 大学鼓励参与有助于发展知识、技能和态度的活动；2. 大学为所有成员提供平等的机会；3. 这所大学采取了许多措施来提高校园生活质量；4. 大学确保学生和教职员工的工作得到充分的支持，为他们提供一个良好的工作环境；5. 学校尊重学生 / 教职员的权利和尊严，公平、不歧视地对待每一个人；6. 当需要时，大学向其员工 / 学生提供完整、准确和所有必需的信息；7. 对学生 / 教师进行专业领域的社会责任教育；8. 大学安排与业界的联系，以培养学生所需的技能	基于利益相关者的 7 维社会责任评价指标（Khawaja Fawad Latif）

续表

指标维度	指标内容	文献来源
人才培养责任	1. 学生反馈；2.USR 相关工作的就业率；3. 参加 USR 相关课程的学生百分比；4. 参加 USR 相关活动的学生百分比；5. 学生获得 USR 奖；6. 入学多样性统计（种族 / 少数民族群体百分比）；7. 未解决学生投诉—学生投诉统计及趋势；8. 参与 USR 相关交换项目 / 实地考察的学生人数 / 百分比；9. 以 USR 为重点的教育项目数量 / 百分比；10. 辍学率 / 毕业率（标准化）；11. 员工满意度（高 / 中等水平百分比）；12. 与员工相关的奖励（数量）；13. 参加 USR 相关志愿活动的员工百分比；14. 员工流动率（标准化）；15. 担任管理 / 高级职位的女性比例；16. 担任管理 / 高级职位的种族 / 少数民族群体百分比（相对于当地情况）；17. 每位员工每年平均培训 / 教育时数；18. 与 USR 相关的会议出席人数——每位教学 / 学术 / 行政人员的平均人数；19. 残疾员工人数 / 百分比；20. 与职工协会就 USR 问题举行的会议次数；21. 工伤率；22. 参与 USR 重点培训和发展的员工人数 / 百分比；23.USR 研究项目 / 论文数量 / 百分比；24. 关于 USR 问题 / 主题的经验分享；25. 出席关于 USR 的联合会议 / 研讨会；26. 参加 USR 课题的联合课程；27. 以 USR 为重点的交换项目的入学率；28. 参加 USR 联合教育项目；29. 与 USR 相关的联合倡议数量；30. 与 USR 相关的联合教育项目的招生；31. 参加联合社会项目；32. 关于社会和环境主题的合著出版物数量；33. 联合项目奖励数量（教育、研究）	大学社会责任联盟提出了 VPI 模型
	1. 学生对责任的理解；2. 利益相关者的价值意识和对他们所在社会的理解；3. 就业政策；4. 教职工培训；5. 工作与生活间的平衡；6. 工作场所的平等机会	SCOPE 框架
	1. 毕业生中担当国家院士的比例：30%；2. 毕业生担任世界前 1000 家公司领导的人数：40%；3. 毕业生担任政界要职的情况：30%	“双一流”大学社会贡献的指标体系

（二）科学研究责任

通过对科学研究责任的文献指标研究，可以发现以下趋势（见表 5.6）。

第一，注重合作研究即注重大学基础研究与其他领域的关系。大学的基础研究与教学及其他应用领域之间的关系应该被评估。基础研究虽然不以任何特定的使用为目的，但它是人类发展的基石。评估的目的就是确保公共利益不被商业利益取代。

第二，注重大学科研对社会发展的贡献。大学在新知识的生产和转移方面的贡献应该被评估。因为当前知识的价值成为撬动经济发展的有力杠杆。大学为经济增长、社区福利、贫困人口或者弱势群体提供发展方案或解决方案有助于社会发展。

表 5.6 依据科学研究责任维度提炼指标

指标维度	指标内容	文献来源
科学研究责任	1. 与大型研究机构的合作；2. 研究教育与培训；3. 向学生提供研究信息	大学社会责任三维模型
	1. 科学研究人员数；2. 国家级科研成果奖励数；3. 专利数；4. 新产品数；5. 纵向课题数；6. 博士后在站人数；7. 科研经费总量	大学业务领域四维评价指标
	1. 研究方向符合社会需要；2. 实施的研究项目涉及发展问题（国家美好生活计划、千年发展目标）	厄瓜多尔大学社会责任评价指标
	1. 由感兴趣的外部行为体（毕业生、生产部门、公共部门、民间社会等）验证的研究数量 / 调查总数；2. 实证研究数量 / 调查总数；3. 社会责任和（或）可持续性研究项目的数量 / 研究项目总数；4. 研究与合作协议数量；5. 联合调查或合著 / 全部调查的次数；6. 使用参与式方法（包括感兴趣的外部参与者）的研究数量 / 调查总数	联合国“责任管理教育原则”开发的大学社会责任指标
	1. 大学的科研活动是否与和平、可持续发展、贫困和文化多样性这些全球性问题联系起来；2. 是否对国家发展的关键领域的知识生产作出贡献	全球大学创新联盟：大学社会责任指标
	鼓励开展有益于社会的研究并向社会宣传	泰国大学社会责任评价指标体系
	基于社区的研究	QS 大学排行榜：大学社会责任评价指标
	从事可持续发展理论和实践的科学研究	STARS 评价体系
	1. 在开发研究组合时，管理层考虑到其社会责任目标；2. 组织鼓励研究实体将社会责任问题纳入其研究性计划和活动中	ARISE 评价体系

续表

指标维度	指标内容	文献来源
科学研究责任	1. 科研合同完成率［(1– 合同违约数量）/ 合同总数量 ×100%］；2. 产学研合作项目数；3. SCI 论文数；4. 专利授予量	基于利益相关者框架的大学社会评价指标（沈映春）
	大学鼓励和授权进行能够产生社会和经济影响的研究，并与公众接触，表达其对公众参与的战略承诺	基于利益相关者的 7 维社会责任评价指标（Khawaja Fawad Latif）
	1. 国家研究经费数量 20%；2. 非国家研究经费数量 10%；3. 获得各种学术荣誉的人次 20%；4. 发明专利的数量 20%；5. 教师在国际学科学术组织中担任领导职务的人数 10%；6. 教师在重要国际学术期刊担任编委的人数 10%；7. 教师中的国家院士比例 10%	“双一流”大学社会贡献的指标体系

（三）社会服务责任

通过对社会服务责任（见表 5.7）相关指标研究发现，在社会服务责任方面注重以下三点。

第一，提供的社会服务基于学术性和互惠性原则，并充分考虑社会需求与学校专业的切合度。

第二，大学社会服务注重实践。正如弗莱雷（Freire）所说，真正的教育是实践，是人类对世界的反思和改变世界的行动。它支持自我发现和学习的过程，促进个人发展，帮助人们认识自己在社会中的作用，以及加强社区和促进社会进步。

第三，注重大学在社会和政治方面的作用。大学在培养公民责任方面的知识及对生产中技能的贡献应该被重视。重视社会和政治的目的是确保学生参与社会方方面面的积极性，以及推进社会的可持续发展。

表 5.7　依据社会服务责任维度提炼指标

指标维度	指标内容	文献来源
社会服务责任	1. 大学赞助社区研讨会，分享研究成果和创新成果；2. 大学向其他有需要的机构捐款；3. 大学允许周边社区免费使用其娱乐场所；4. 大学对中小学生免费参观和鼓舞人心的旅行开放；5. 让学生向社会分享积极的经验；6. 大学允许周围社区的成员与教职工和学生进行交易；7. 大学有一些项目向遭受灾难的人们提供人道主义援助；8. 大学鼓励学生创办为穷人捐款的俱乐部	乌干达大学
	知识向社会转移	大学社会责任三维模型
	1. 成果数；2. 应用成果数；3. 学生就业率；4. 校办企业数	大学业务领域四维评价指标
	1. 举办出版物、研讨会和其他活动，以传播所进行的研究；2. 有与社会需求相适应的联系项目	厄瓜多尔大学社会责任评价指标
	1. 每个项目每年与可持续发展目标相关的行动、事件或活动的数量；2. 免费提供的版本数 / 调查总数；3. 针对弱势社区和（或）少数群体的倡议、项目和（或）方案的数量 / 执行的倡议、项目和（或）方案的总数；4. 由社区承担领导责任的倡议、项目和（或）项目的数量；5. 促进社会责任和（或）可持续性的倡议、项目和 /（或）计划数量 / 实施的倡议、项目和（或）计划总数	联合国“责任管理教育原则”开发的大学社会责任指标
	是否有能力促进这些知识的转化为社会进步和服务当地作出贡献	全球大学创新联盟：大学社会责任指标
	1. 积极开展对口支援、科研服务、校地共建等各类社会服务活动；2. 献血工作落实良好，征兵工作有成效；3. 学校资源向社会开放；4. 推进“学雷锋”活动常态化，形成志愿服务长效机制；5. 以社会志愿服务为载体，培育志愿服务的品牌项目	上海市文明办大学社会责任评价指标
	1. 学术服务活动与教与学的结合；2. 与其他组织合作提供学术服务；3. 向社会宣传学术知识	泰国大学社会责任评价指标体系
	1. 灾难救援；2. 社会工作；3. 慈善；4. 捐赠；5. 远程教育；6. 短期课程	QS 大学排行榜：大学社会责任评价指标
	1. 促进学生和教职工参与可持续发展；2. 参与、解决社会可持续发展面临的问题与挑战	STARS 评价体系
	1. 在发展其服务时，组织从社会责任的角度出发；2. 组织与其客户 / 合作伙伴就社会责任进行了积极的对话	ARISE 评价体系

续表

指标维度	指标内容	文献来源
社会服务责任	1. 该校基础设施社会使用人次 / 设施正常可使用人次；2. 设施使用满意人次 / 总社会参与人次 ×100%；3. 服务满意人次 / 享受服务总人次 ×100%；4. 社区慈善公益捐助金额 / 总收入 ×100%；5. 每年职业培训毕业人数 / 每年参加职业培训人数 ×100%；6. 该校继续教育从业教职工 / 学校全体教职工 ×100%；7. 该校继续教育从业教职工初级、中级、高级职称各自所占比例；8. 每年科研效益 / 每年科研投入 ×100%；9. 高校科研技术服务平台总数量；10. 每年高校实现技术成果转化的项目总数；11. 高校技术转移合作平台数量；12. 高校实现企业孵化总数；13. 科技园区与创新中心企业年产值	基于利益相关者框架的大学社会评价指标（沈映春）
	1. 大学促进学生志愿服务（和相关的筹款活动）的机会，以支持社区项目，从而扩大学生的经验；2. 大学与社区团体合作，包括支持与完成大学使命相关的社会活动；3. 大学促进大学生在当地社区内的就业机会；4. 大学承担由地方和地区社区提出或与之相关的研究项目；5. 大学理解和尊重社会的需要，并努力在适当的时候提供咨询；6. 大学正在努力减少废物的产生，并正在努力再利用和循环使用；7. 大学以可持续的方式管理发展工作，并尽可能与当地社区协商；8. 大学参与提高社区“生活质量”的项目；9. 大学通过知识转化和活动，让公众参与并传播学术研究的成果	基于利益相关者的 7 维社会责任评价指标（Khawaja Fawad Latif）
	1. 捐赠数量（如实物等）；2. 支持的正在进行的社区项目数量（3 年或 3 年以上）；3. 与非政府组织联合举办的社区项目数量；4. 获资助的社区项目数；5. 与企业联合组织的社区项目数量；6. 参加社区服务的工作人员百分比；7. 工作人员参与社区服务的累积时数；8. 获得社区 USR 奖项的数量；9. 大学社区 USR 活动的媒体报道数量；10. 社区对 USR 的投诉数量；11. 关于共享和促进 USR 的商务信息会议 / 会谈次数；12. 涉及 USR 向企业界转移知识的项目数量；13. 来自商业界与 USR 相关的捐赠数量（如研究 / 教育项目、教职员工、奖学金等）；14. 收到的 USR 奖项数量；15. 有政府 / 资助机构出席的 USR 会议次数；16. 大学管理层向政府 / 资助机构提交的 USR 报告数量；17. 政府 / 资助机构支持的 USR 计划数量；18. 与政府 / 资助机构就 USR 问题举行的会议次数；19. 向政府 / 资助机构提出的 USR 政策倡议数量；20.USR 奖项数量	大学社会责任联盟提出了 VPI 模型
	1. 大学志愿服务；2. 大学慈善	SCOPE 框架
	1. 科研成果创造的产值 50%；2. 与世界前 1000 大公司合作情况 30%；3. 政府要员因公务到大学的次数 20%	“双一流”大学社会贡献的指标体系

（四）文化传承与创新责任

通过对文化传承与创新相关指标（见表 5.8）研究发现，在文化传承与创新责任方面有以下趋势。

第一，注重大学在文化传承、传播方面的作用。大学在文化发展中的贡献应该被重视，因为大学作为知识的过滤器，通过对生活中经验的提炼、逻辑推理或实验的验证，进而形成指导社会的知识。

第二，注重大学在文化创新、引领方面的贡献。大学应该倡导有助于实现社会和文化融合的政策，并为社会转型时期人文基础的建设作出贡献。

表 5.8　依据文化传承与创新责任维度提炼指标

指标维度	指标内容	文献来源
文化传承与创新责任	大学赞助社区敏感论坛，以促进尊重人权	乌干达大学
	1. 有一个规约考虑到人权、两性平等和不歧视；2. 目前正在为学术机构进行民主选举	厄瓜多尔大学社会责任评价指标
	1. 制定政策、指导方针或标准以保证工人的多样性和平等机会；2. 存在促进就业和吸纳少数民族劳动力的机制；3. 存在尊重学生、教师、行政人员、客户和（或）使用者的机密信息的隐私的机制；4. 存在确保在不助长歧视和刻板印象的情况下，通过宣传和营销活动向社会传播建设性价值观	联合国“责任管理教育原则”开发的大学社会责任指标
	1. 凝练、培育大学精神，结合学生特点，系统构建社会主义核心价值观和传承中华优秀传统文化的教育体系；2. 繁荣校园文化，建设富有特色的校园文化品牌；3. 加强文化育人阵地建设，拓宽文化育人的渠道和空间；4. 加强网络文化建设，有效利用新媒体，积极推进班级建设和发展，形成文明健康的网络文化	上海市文明办大学社会责任评价指标
	1. 把艺术和文化的保护融入教学和学生活动中；2. 宣传文化艺术保护活动	泰国大学社会责任评价指标体系
	支持文化遗产和艺术	QS 大学排行榜：大学社会责任评价指标

续表

指标维度	指标内容	文献来源
文化传承与创新责任	1. 学术声誉：知名学者、专家、校长和企业家声誉调查结果；2. 当年学校社科类出版物的数量；3. 当年被 CSSCI 收录的论文数量；4. 文化设施使用率：该校文化基础设施社会使用人次 / 设施正常可使用人次 ×100%；5. 文化设施使用满意度：设施使用满意人次 / 总社会参与人次 ×100%；6. 社会文化活动参与率：社会参与高校文化活动人次 / 高校社会文化活动正常可承受参与人次 ×100%；7. 社会文化活动满意度：活动参与满意人次 / 总社会参与人次 ×100%	基于利益相关者框架的大学社会评价指标（沈映春）
	1. 大学致力于将平等和多样性融入到所有的行动中；2. 大学促进言论自由；它鼓励辩论和讨论，并支持那些不危及他人健康和安全的抗议活动；3. 这所大学的运作方式能防止不公平的行为；4. 大学致力消除任何形式的非法歧视及促进平等机会；5. 大学确保并鼓励劳动力多样化（年龄、性别或种族）；6. 大学会定期检讨其程序及政策，以确保符合现行法例；7. 大学在其所有活动和与他人的关系中都以诚实、透明和公正的态度行事	基于利益相关者的 7 维社会责任评价指标（Khawaja Fawad Latif）
	1. 管理伦理；2. 工作文化；3. 道德规范；4. 知识产权保护；5. 版权保护	SCOPE 框架

（五）国际交流与合作责任

通过对国际交流与合作相关指标（见表 5.9）的研究发现，大学在国际交流与合作责任方面强调与世界各地的大学和学术机构的合作。它们的共同趋势是通过融合国外优质教育资源到教学科研全过程，开展人才联合培养和科学联合攻关。

表 5.9　依据国际交流与合作责任维度提炼指标

指标维度	指标内容	文献来源
国际交流与合作	国际合作研究项目	大学社会责任三维模型
	中外合作办学项目	大学业务领域四维评价指标

续表

指标维度	指标内容	文献来源
国际交流与合作	1. 政策、指南或交换标准的存在和（或）学术课程的国际化； 2. 每个项目中来自其他国家的学生人数 / 每个项目的学生总数； 3. 每个项目来自其他国家的教师人数 / 每个项目的教师总数	联合国“责任管理教育原则”开发的大学社会责任指标
	组织对其国际化活动有明确的社会责任政策	ARISE 评价体系

三、利益相关者提出的大学社会责任指标

（一）研究方法

扎根理论研究方法是一种强调从资料中（这里的资料涵盖范围比较广，但在本书中主要指访谈资料）建立理论的方法论。该方法强调基于材料的不断思考、编码、归类、提炼及关联，进而发展出扎根社会实际的理论。一般来讲它主要包括三级编码：第一级为开放性编码，第二级为主轴性编码，第三级为选择性编码。它们存在着逐级递进的关系，体现的是一种从经验、实际情况、社会事实中逐步抽离出的新概念、新类属，最后建构新的理论。

（二）资料收集

扎根理论研究方法所使用的数据来源非常广泛，包括访谈、音频资料、视频资料、新闻、日记、观察、档案等一切可用的一手资料或二手资料。本书主要使用的是访谈资料。之所以使用访谈资料，是为了使大学社会责任指标能够体现大学利益相关者的诉求，进而从利益相关者视角出发建构大学社会责任指标。

本书的访谈对象及访谈实施过程已经在前文论述过，在这里就不再重复。本部分涉及的半结构式访谈提纲如下。

从大学职能的角度，您认为有哪些措施可以改进现存问题？大学在人才培养

方面应该采取哪些措施确保大学对社会和环境负责？大学在科学研究方面应该采取哪些措施确保大学对社会和环境负责任？大学在社会服务方面应该采取哪些措施确保大学对社会和环境负责任？大学在文化传承与创新方面应该采取哪些措施确保大学对社会和环境负责任？大学在国际交流与合作方面应该采取哪些措施确保大学对社会和环境负责任？

这次访谈转录文字共计 5 万字左右，由于采用的是半结构式访谈，且很多人对于大学社会责任不熟悉，所以有很大一部分与主题无关，对此部分进行了处理，最终留下 1 万字左右的访谈资料，这些资料对于后面的编码具有重要意义。

（三）资料分析

对访谈资料的深入分析、归类、提炼、关联和建构是扎根理论研究方法的核心。本书运用 NVivo12 中文版质性资料分析软件和人工编码两种方式对访谈资料进行处理。

1. 开放性编码

开放性编码是将原始资料进行最初分析。一开始需要将访谈资料打散，采用被访谈者原话对每一个句子进行一个概念的提炼。在对这些句子进行一次完整的概念编码之后，再进行归类，也可以理解为合并同类项。具体来说，本书通过对 40 份访谈资料进行逐句概念编码，初次形成了 628 个概念标签，然后对这些原始概念标签进行剔除、归类、提炼，共形成了 15 个次类属，如图 5.2 所示。

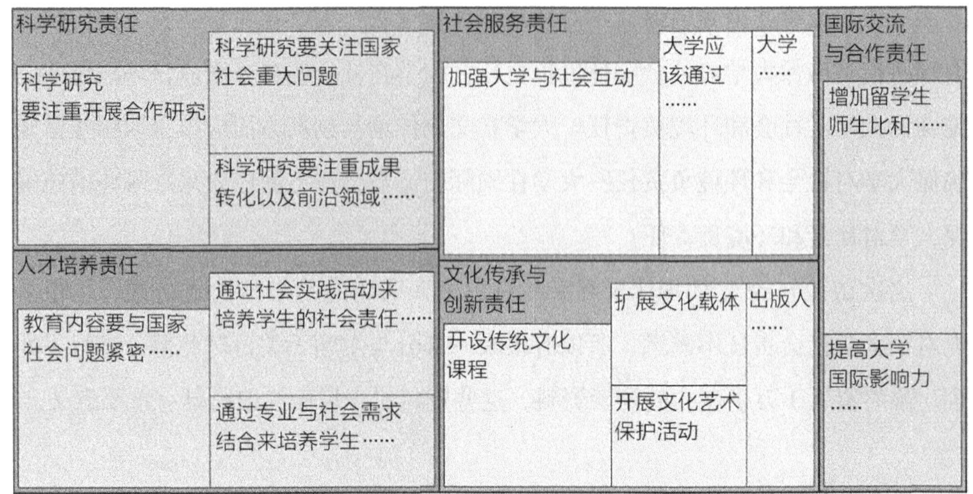

图 5.2 开放性编码提炼结果

这 15 个次类属分别为：教育内容要与国家社会问题紧密联系、通过社会实践活动来培养学生的社会责任感、通过专业与社会需求结合培养学生的社会责任感、科学研究要关注国家社会重大问题、科学研究要注重成果转化及前沿领域的专利数量、科学研究要注重开展合作研究、大学要为国家发展提供建议、加强大学与社会互动、大学应该提供学术性的志愿服务、开设传统文化课程、出版人文社科类书籍、开展文化艺术保护活动、扩展文化载体、提高大学国际影响力与号召力、增加留学生师生比和开展中外合作项目。

2. 主轴性编码

主轴性编码是基于开放性编码结果之上的更高一级的编码。它的主要任务是找到类属之间的联系。本质上说它是为了将次类属概念再一次进行合并，进而呈现各个类属之间的有机关联。归类的依据主要是逻辑次序或因果关系。本书主要依据类属之间潜在的逻辑次序进行主轴性编码。通过将开放性编码获得的 15 个此类属再次按照潜在的逻辑次序进行归类，最终形成了 5 个类属，如图 5.3 所示。

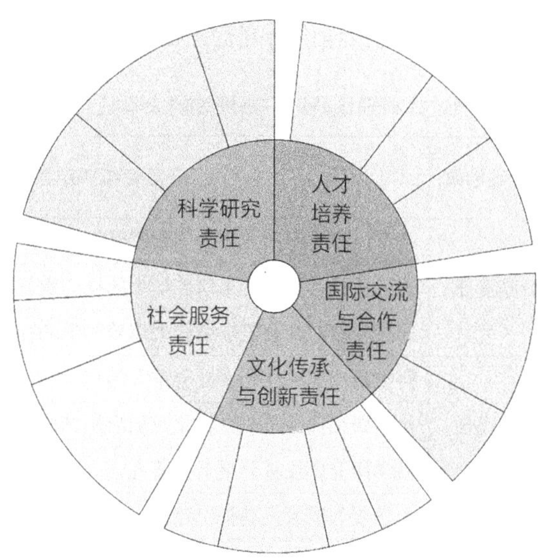

图 5.3 主轴性编码提炼结果

这五个类属分别为：人才培养责任、科学研究责任、社会服务责任、文化传承与创新责任和国际交流与合作责任。

3. 选择性编码

选择性编码是基于主轴性编码基础之上的更高一级编码。它的主要目的是从类属中提炼核心类属，进而构建初步理论，在本书中指的是指标的构建。最终在对主轴性编码提炼、概括的基础上，形成了本次研究指标的核心类属，即大学社会责任。

扎根理论的方法运用，需要对已经形成的类属不断分析和对比，直到不会出现新的类属，才能说明其达到饱和状态。在本研究中，将 40 份访谈材料进行编码，自第 35 份之后发现，不会出现新的类属，且类属都能归纳到之前的类属之中，这就说明本研究的饱和度较高。

（四）研究结果

本研究采用扎根理论研究方法的目的不在于理论建构，而是通过编码的形式提炼大学社会责任指标。通过扎根理论研究得出的研究结果见表 5.10。

表 5.10 通过扎根理论研究方法提炼的大学社会责任指标

选择性编码结果	主轴性编码结果	开放性编码结果
大学社会责任	人才培养责任	教育内容要与国家社会问题紧密联系
		通过社会实践活动来培养学生的社会责任感
		通过专业与社会需求结合来培养学生的社会责任感
	科学研究责任	科学研究要关注国家社会重大问题
		科学研究要注重成果转化及前沿领域的专利数量
		科学研究要注重开展合作研究
	社会服务责任	大学要为国家发展提供建议
		加强大学与社会的互动
		大学应该提供学术性的志愿服务
	文化传承与创新责任	开设传统文化课程
		出版人文社科类书籍
		开展文化艺术保护活动
		扩展文化载体
	国际交流与合作责任	提高大学国际影响力与号召力
		增加留学生师生比和开展中外合作项目

四、大学社会责任案例指标

案例作为指标来源的方式之一，不仅可以起到完善大学社会责任指标的作用，而且可以生动详细地呈现大学社会责任实施的全貌。大学社会责任案例选择标准如下：首先，这些案例中的大学都是研究型大学；其次，研究型大学选择要有区域的代表性；最后，这些案例是相对成熟的。大学社会责任案例可以分为两种类型，即国内大学社会责任案例和国外大学社会责任案例。

（一）我国大学社会责任案例指标

中国研究型大学虽然承担了很多社会责任，但是大都处于隐性的状态，也就是未通过可靠的文字报告向社会呈现出来；而且大学对社会责任未达成共识，很多案例都未成体系，所以本书的案例来源需要一定的标准，以增强其可靠性。

本书案例是从我国“双一流”建设高校选取的。选取的标准：一是从大学社会责任联盟认可的案例中挑选。本书选取的案例来自2015年大学社会责任联盟中，中国大陆的大学在大会中分享的案例，可信度较高。二是选取的大学属于研究型大学，其经验在研究型大学中具有一定的推广意义。

本书依据大学社会责任的五大维度，对大学社会责任联盟分享的案例进行指标的归纳与提炼。

1. 北京大学社会责任案例

依据表5.11，对北京大学社会责任案例进行分析，可以看出北京大学将大学功能作为大学承担社会责任的渠道，并通过大学职能履行社会责任。这与本书的路径不谋而合，但从该案例中还是能看出一些问题：一是大学生的社会活动与学校整合程度不高，社会活动主要由学生事务管理部门安排，而学校参与相对有限。二是活动采取调查、走访、志愿等方式进行，活动选择与学生专业衔接不充分。三是大学生的社会活动往往以社会服务为中心，但在学科相关领域的成长和获得的技能却非常有限。四是大学社会责任的实践与科学研究、文化传承与创新及国际交流与合作融合不够充分。

表5.11 北京大学社会责任案例提炼指标

案例	指标维度	指标内容
北京大学	人才培养	1. 培养学生的社会责任感：通过北大历史讲座、参观北大历史博物馆，以及在毕业生方面实施“家国战略”，教育学生“为家乡发展贡献力量”“到祖国最需要的地方去”；2. 通过实践教育学生主动承担社会责任：实践课程、学术研究和创新、社会活动、志愿服务、志愿教学、就业和创业及海外活动等

续表

案例	指标维度	指标内容
北京大学	科学研究	—
	社会服务	1. 扶贫——基于整合组织的模式的社会责任实践；2. 促进大学与社会的合作，如1999年北大成立国内合作委员会；3. 通过战略规划和政策咨询履行社会责任，如北大国际战略研究所、国家发展研究所、人口研究所等智库和研究机构为国家战略服务；4. 通过促进科技发展与转型来履行社会责任；5. 通过教育和培训履行社会责任
	文化传承与创新	—
	国际交流与创新	—

2. 北京师范大学社会责任案例

依据表5.12，对北京师范大学社会责任案例进行分析，可以看出北京师范大学非常重视培养大学生社会责任感。该校积极通过参与学术实践、参与专业实践和参与公共服务来落实大学社会责任。大学生是否有社会责任感或这种责任感的强弱将直接影响现代化事业的成功与否。但是学校仅仅将大学社会责任聚焦于有社会责任感的毕业生显然是不够的。同时还可以看出，学校在文化传承与创新及国际交流与合作方面同大学社会责任理念未能充分融合。

表5.12 北京师范大学社会责任案例提炼指标

案例	指标维度	指标内容
北京师范大学	人才培养	培养大学生社会责任感的专业途径：改革专业实践教学与创新教育模式，让专业实践成为一门学分课程，以鼓励学生将所学应用到实践中并建立校外实习基地
	科学研究	培养大学生社会责任感的学术途径：整合课程与资助科研项目
	社会服务	培养大学生社会责任感的公共服务途径：建立白鸽青年志愿者协会等公共服务组织
	文化传承与创新	—
	国际交流与合作	—

3. 四川大学社会责任案例

依据表 5.13，对四川大学社会责任进行分析，可以看出学校虽然在结合自身地域特色积极履行社会责任，但忽视了大学在文化传承与创新及国际交流与合作的责任方面融入大学社会责任理念。

表 5.13　四川大学社会责任案例提炼指标

案例	指标维度	指标内容
四川大学	人才培养	1. 四川大学在重视知识和技能学习的同时，努力帮助学生形成人文道德，提供大约 100 门普通课程，这些课程涵盖社会责任、道德和修养、诚实和礼貌；2. 倡导互助的理念，鼓励学生社团、实习和社会实践
	科学研究	成立灾害管理与重建研究所
	社会服务	1. 搭建防灾救灾平台，履行对社会的责任；2. 帮助农村地区妇女提升能力；3. 为老年人开发医疗保健服务模式的项目；4. 改善农村社区留守儿童健康、活跃的生存状态；5. 通过远程医学教育为西藏培养医学人才；6. 为西藏大学医学院培养医学教师；7. 开设解决问题促进健康项目，旨在建立一个全国性的健康问题解决网络，以实现更好的健康；8. 建立中国出生缺陷谱系数据库和基因库；9. 创建无烟医院和校园
	文化传承与创新	—
	国际交流与合作	—

总之，由以上三个案例可以看出，我国大学在实践社会责任方面存在以下问题。

第一，大学所开展的社会责任活动与学校整合程度不高，社会责任活动主要由学生事务管理部门安排，而未将社会责任融入学校战略层面。

第二，社会责任活动的开展更多的是采取调查、走访、志愿等方式进行，活动选择与学生专业衔接不充分，未能将学生专业知识与社会问题紧密挂钩。

第三，社会责任活动大部分聚焦于人才培养及社会服务方面，忽视了大学科学研究、文化传承与创新及国际交流与合作方面同大学社会责任理念的融合。

（二）国外大学社会责任案例指标

大学社会责任的建立虽然需要立足于我国的国情，但是国外也有很多大学关于社会责任的做法具有借鉴意义。

对国外大学社会责任的案例选取主要依据以下标准：①要考虑到地域性，也就是要在每个洲找到大学社会责任案例，以求取大学社会责任的共性，保证指标来源的完备性。②大学社会责任案例的选取需要选择顶尖的研究型的高校，本书主要选取 US news、QS 排名前 300 的大学，特别梳理国外先进大学对于社会责任关注的重点领域、大学社会责任的特色指标等。③这些大学的社会责任活动已经向社会公布。

本书依据大学社会责任的五大维度，对不同地域内的大学社会责任案例进行指标提炼。

1. 塔夫茨大学社会责任案例

塔夫茨大学是美国的一所以学生为中心的研究型大学，塔夫茨大学愿景是教育所有学科的学生，使他们不仅能够胜任自己选择的领域和职业道路，而且能够成为变革的有效领导者——将公民领导的价值观和技能融入不同的职业角色和个人生活的人。

塔夫茨大学社会责任案例的特色是公民教育。而它提出公民教育的原因是，在美国学生志愿服务急剧扩大的同时，学生参与政治选举的水平受到了限制或下降。成群结队的学生自愿保护环境、消除贫困和改善公共卫生，但他们不愿参加政治活动。

在这样的背景下，20 世纪 90 年代末，塔夫茨大学开始了一项主要的公民教育，原因有三。第一，解决社会对领导者的迫切需求，这些领导者将更有效地应对紧迫的社会挑战。第二，回应日益增长的学生需求所需的技能，以改变他们的生活。第三，更好地利用该机构已经具有的明显战略优势。

依据表 5.14 可以发现，塔夫茨大学社会责任案例主要围绕教育—知识共享、研究—知识创造、实践—知识应用三大支柱开展工作，超越传统的象牙塔模式的高等教育，并证明“参与式大学”可以成为一条通向更高质量和更高影响力的教学和研究的道路。

表 5.14　塔夫茨大学社会责任案例提炼指标

地域分布	案例	指标维度	指标内容
北美洲	塔夫茨大学	人才培养	1. 在整个课程和合作课程中注入积极的公民意识；2. 在设计和实施公民参与活动时，有高水平的集体领导参与，由校长、教授、学生、校友、社区合作伙伴和其他合作伙伴一起领导完成；3. 横向组织结构——一所大学范围内的学院；4. 学生领导力发展，实施“1+4”计划，该计划支持即将入学的本科生在入学前做一年的全日制社区服务；5. 教员能力建设，每年从所有学校挑选并支持教授承担课程开发和研究项目
		科学研究	塔夫茨大学的研究活动开发了有关年轻人如何发展公民政治价值观和技能的新知识，并积极应用这些知识
		社会服务	塔夫茨大学在加强与社区组织、政府机构等伙伴关系方面投入了大量资金，学校与 80 多个当地社区组织、公立学校和当地城市机构合作
		文化传承与创新	虽然公民教育和研究与其企业社会责任之间没有明确的联系，但自 2000 年以来，两个企业社会责任的例子脱颖而出：一个是大学捐赠的社会责任导向；另一个是在机构的服务和设施管理中对环境和可持续性发展的承诺
		国际交流与合作	参与并促进象牙塔之外的全球高等教育运动。2005 年，塔夫茨大学发起了大学联盟，起草并共同签署了《关于高等教育的公民角色和社会责任的塔洛尔宣言》，并发起了塔洛尔联盟

2. 圣保罗大学社会责任案例

依据表 5.15，从圣保罗大学社会责任案例可以看出：圣保罗大学的使命是让学生和学术界都意识到，大学有能力将研究和教学与社会相关主题和问题协调起来。圣保罗大学期望通过研究、反思和辩论来重新思考大学的文化领域，进而推动社会向更好的方向发展。

表 5.15 圣保罗大学社会责任案例提炼指标

地域分布	案例	指标维度	指标内容
南美洲	圣保罗大学	人才培养	1. 圣保罗大学合唱团向整个社区开放，包括 12 个小组和“03 合唱团工作坊”。它旨在提高歌手的表现，为他们提供适当的教学定位程序、声乐技巧和音乐结构。2. 圣保罗大学交响乐团的管弦乐队推出了针对研究生和专业音乐家的学院项目。3. 纳森特项目旨在鼓励艺术创作，激发对艺术和文化的思考，将整个大学社区聚集在一起。这是一项旨在通过竞赛形式向本科生和圣保罗大学毕业生展示天赋的举措
		科学研究	1. 圣保罗大学的大众合作社的技术孵化器鼓励和支持在圣保罗郊区的社区建立企业，组成团体在各种经济活动中实践自我及其在市场中的地位。2. 科学之旅：通过开展数百项活动，包括讲习班、实验、表演、游戏、讲座、电影和天文馆会议让科学和技术更接近社会
		社会服务	1. 权利中心，该中心旨在鼓励和支持大学社区的行动。2. “接近行动项目”的目标是成为圣保罗大学的行动和项目之间对话的特权空间，通过在不同知识领域的行动，协调圣保罗的布塔塔校园内的需求和社区需求，进而支持培训活动。3. 开放大学，它的目的是使长者加深对感兴趣领域的知识。4. 圣保罗大学法律部。在巴西，有很大一部分人直接或间接地涉及残疾问题。法律部的任务提高残疾人的生活质量和公民身份，为大学和社会之间的反思和互动提供空间。5. 艺术文化周，每年举行一次，通过艺术和摄影展览、合唱团、戏剧团体、管弦乐队、音乐会和舞蹈，履行与社会融合的角色。6. “圣保罗大学与职业生涯”是每年举办两次为期三天的大型活动，主要面向高中生和高考预科生，大学教师团队、监督员（本科生和研究生）和员工，向访问学生小组说明教学单位及其基础设施、提供的课程、高考、学术、纪律、教学大纲和专业
		文化传承与创新	1. 文化保护中心旨在制定与圣保罗大学文化财产相关的大学遗产清单保存指南，从而促进和发展以文献记录为重点的恢复计划，并协助恢复过程、干预、开发以及项目商业化。2. 圣保罗大学将巴西图书馆和约塞·明德林图书馆收藏了八十多年的藏书进行整理。3. 国家纪念碑遗址“恩格霍·若热·多斯伊拉斯谟”（Engenho Jorge dos Erasmos）是圣保罗大学的先进研究基地，有考古遗址和自然公园，可供参观和科学研究。有全面的教育计划，针对不同的观众提供免费导游，并为所有年龄段的人提供免费教育和文化活动。4. 圣保罗大学电影院是为学术界和社会组织提供电影放映、辩论、预演和其他活动的电影院。5. 圣保罗大学剧院旨在传播表演艺术的各种表现形式，激发人们对在巴西表演戏剧的讨论和思考。6. 科学技术公园是一个让民众探索科学技术如何在生活中存在的地方，其使命是通过社会、文化、科学和技术之间的关系，促进对圣保罗大学科学文化遗产的认识、欣赏和保护，确保可接触和环境可持续性。7. 吉罗文化方案旨在挖掘圣保罗大学的建筑、艺术和科学遗产。8. 圣保罗大学多样性。为了鼓励团结、促进和尊重人权的行动

续表

地域分布	案例	指标维度	指标内容
南美洲	圣保罗大学	国际交流与合作	圣保罗大学各研究单位及合作机构与玛丽亚·安东尼娅大学中心每月提供与人文和艺术领域相关的短期课程，并与来自巴西各地和国外的专家举办讲座、辩论和研讨会

3. 曼彻斯特大学社会责任案例

依据表 5.16 中曼彻斯特大学社会责任案例可以发现，曼彻斯特大学通过调研发现了大学对社会所产生的巨大影响力。所以，2012 年曼彻斯特大学制定了“曼彻斯特 2020 战略”，提出三个核心的战略目标：一是“世界一流的研究”；二是“卓越的教学与学生经历”；三是“社会责任”[1]。曼彻斯特大学认为大学社会责任通过教学活动、研究活动、社区参与和学校管理为社区或更广阔的社会福祉作出贡献。[2] 曼彻斯特大学案例相对比较成熟，指标制定也比较具有可操作性，对构建大学社会责任评价体系具有很大的启发。

表 5.16　曼彻斯特大学社会责任案例提炼指标

地域分布	案例	指标维度	指标内容
欧洲	曼彻斯特大学	人才培养	1. 支持无边界学习。通过跨学科学习、研究型学习和综合海外学习和实习项目，为学生提供了扩宽教育视野的机会，为他们提供学科以外的、具有深远社会和科学重要性的教育经验。2. 了解重要问题。通过道德大挑战计划，所有学生都有机会在道德、社会和政治上了解可持续性、社会公正和工作场所的道德挑战。3. 做出改变。所有学生都有机会参与曼彻斯特、英国和海外慈善机构和非营利组织组织的志愿活动、外联活动和慈善项目。4. 发声。学生可以在选举产生的学生代表、学生社团、居民协会和体育等领域发挥领导作用；参与自己的未来。所有的学生从他们来到曼彻斯特大学的那一刻起就被支持去探索他们对未来的愿景

[1] The University of Manchester. Manchester 2020 the university of Manchester's strategic plan［EB/OL］.（2019-05-20）［2020-03-19］. http：//documents.manchester.ac.uk/display. aspx?DocID=25548.htm.

[2] Buffel T，Phillipson C，Skyrme J. Connecting Research with Social Responsibility：Developing 'Age-Friendly' Communities in Manchester，UK［M］. Singapore：Springer, 2017：101.

续表

地域分布	案例	指标维度	指标内容
欧洲	曼彻斯特大学	科学研究	1. 解决全球的不平等。老龄化、种族、妇女健康、人道主义、冲突应对和全球发展中的重大不平等问题。2. 癌症研究。致力于减少癌症对患者的影响。确保出色的临床工作能够带来创新的技术和个性化的治疗。3. 能源。有超过6000名科学家正在寻求能够解决我们面临的最大的能源挑战的方法。4. 工业生物技术。工业生物技术提供了替代传统石油和天然气技术的办法，利用生物资源将知识转化为农业、制药和医药等领域的应用。5. 先进的材料。曼彻斯特大学与工业伙伴合作开发，改善和改造产品
		社会服务	1. 公众参与和激励社区。2. 开放大学文化空间和旅游景点。3. 向公众开放曼彻斯特大学的一些场地。4. 举办公共活动和节目。举办活动、节日、讲座、展览、表演、音乐会和家庭日，并与市民和机构合作，分享知识和资源，为各类电视及电台节目作出贡献。5. 与中小学校和大学合作，以增加公平的教育机会、发展教师和进行教育研究。6. 曼彻斯特大学的入学计划。为目前在高等教育中代表性不足的、有才华的学生提供支持。7. 科学与工程教育研究与创新中心，致力于培养在职教师，以激励、引导和改进科学教学和学习。8. 社会参与中心为生物、医学及健康学系的研究员、教习人员、研究生提供一站式的资讯、意见、网络及参与机会。9. 曼彻斯特大学的研究机构和网络范围广泛，对特定事件和活动进行公众和社区参与。10. 曼彻斯特大学让员工直接从薪酬中向他们选择的慈善机构提供免税的定期捐款
		文化传承与创新	1. 平等和多样性。曼大承诺超越在平等立法下的义务，支持为残疾人、女同性恋、男同性恋、双性恋、变性者、黑人、亚洲人和少数族裔、国际人士、妇女或具有特定宗教和（或）信仰的工作人员提供专家论坛。2. 曼彻斯特大学的道德框架是一套指南，涉及范畴包括：利益宣言、外部工作、礼物监管、透明度、言论自由、促进工作中的平等和尊严、教学和学习、公平录取、学术素质和进步、学生代表、合作条款、科研诚信与知识产权、社会责任投资、采购、学术自由与研究伦理
		国际交流与合作	学生志愿服务。学生志愿服务和拓展项目遍及曼彻斯特、英国和外海，为数百个社区组织提供支持

4. 新南威尔士大学社会责任案例

依据表5.17中新南威尔士大学社会责任案例可以看出：新南威尔士大学对社会责任的重视体现在2025年的两个主要战略优先事项中。第一个就是社会参与；第二个才是大学的全球影响。在这些优先事项中，有两个关键主题，即“公正社会”和“我们对弱势和边缘化社区的贡献”。第一个主题旨在将新南威尔士大学定位为公平、多样性和包容性方面的国际典范，而第二个主题支持与边缘化和弱势社区合作的坚定承诺。这两个主题为未来十年新南威尔士大学社会责任的焦点提供了一个强有力的框架。新南威尔士大学采用了与众不同的方法来培养对社会负责的学生。但是通过这个案例也可以发现其在大学科学研究及国际交流与合作方面未能融入大学社会责任理念。

表 5.17　新南威尔士大学社会责任案例提炼指标

地域分布	案例	指标维度	指标内容
大洋洲	新南威尔士大学	人才培养	1. 侧重于通过研讨会进行学习。课程的教学部分侧重于一系列的工作坊，这些工作坊有助于学生获得知识和技能。这些讲习班大部分是由大学的专业人员而不是学术人员讲授的，这些人员具备的各种专业技能被用来举办有价值的研讨会。2. 通过有意义的社区参与来培养参与者的社会责任感。学生们需要建立他们自己的志愿者服务场所，并鼓励学生找出他们关心的社会原因或问题。3. 反省实践。在项目开始的时候，学生们反思他们对领导力的理解和他们认为的领导者。在项目的最后，他们有机会回顾自己在项目中的经历
		科学研究	—
		社会服务	与新南威尔士州社区内的许多在社会经济方面处于不利地位的学校合作，以便提高这些社区的大学升学率
		文化传承与创新	让学生作为志愿者参与一个大学项目，其任务是解决社会不公正和努力建设一个公正的社会
		国际交流与合作	—

5. 京都大学社会责任案例

根据表 5.18 中京都大学社会责任案例可以发现：京都大学在四个方面确定了以自由与和谐为基础的基本政策：①研究：通过符合高度道德标准的研究活动，创造基于自由和自主的全球杰出智力（知识和智慧）；基础研究与应用研究、人文与科学研究等的多元化发展与整合，以及其他作为大学可以达到的。②教育：在多元和谐的教育体系下，促进对话式自主学习，传承卓越智慧，培养创新思维；培养优秀的研究人员和具有优秀专业知识的个人，他们受过高等教育，富有人性和强烈的责任感，能够为全球社会的和谐共处作出贡献。③与社会的关系：加强与日本和当地社会的合作关系；作为一所向公众开放的大学，在自由与和谐的基础上向社会传播智慧；作为一所向世界开放的大学，为深化国际交流和实现全球社会和谐共处作出贡献。④管理：促进尊重教育和研究机构的自主权及整个大学的和谐，以促进学术研究的自由发展；尊重环境和人权的大学管理；对社会责任的可靠回应并将其作为整个大学的目标。

加强教育内容与社会接轨是日本教育的重要战略。京都大学期望通过大学为社会解决诸多问题，促进全球社会的和谐共处，同时保持和发展其自成立以来在大学里营造的自由氛围。京都大学推行大学社会责任非常注重细节，很多措施值得借鉴学习。

表 5.18　京都大学社会责任案例提炼指标

地域分布	案例	指标维度	指标内容
亚洲	京都大学	人才培养	1. 培养全球领导者已成为当务之急，为了实现这一目标，学校将“实地实习”作为课程的一个特色。来自不同专业的学生组成一个团队，他们在日本和国外的大学在某一领域待在一起几个星期，寻求问题的解决方案，他们通过解决方案体验问题的发现。2. 通过人文与科学、跨学科研究以及在社会上思考和实践所获得的专业知识的能力来发展知识。3. “基于项目的研究”的课程，要求学生为自己的项目制订计划，并在日本企业和政府机构的参与下实施。4. 培养拥有当地社区的历史、文化和传统知识的全球领导人。5. 培养学生五种素质：强烈的责任感、从宏观角度看问题的能力、创造力、一线能力和协作能力。6. 开展研讨会，学生们与当地公司和非营利性组织的代表进行讨论，邀请他们作为演讲嘉宾。客座演讲者就其组织开展的活动和目前存在的问题进行演讲，然后与学生讨论解决这些问题的方法。在讨论结束时，如果学生能提出一个可行的解决方案，同时客人想要资助它，他们会为该解决方案启动一个项目

续表

地域分布	案例	指标维度	指标内容
亚洲	京都大学	科学研究	1. 通过发展能源保护和能源创造技术，就循环型社会提出建议。2. 研究与森林、村庄和海洋共生的生态模式。3. 在面临交通问题以及人口老化和人口下降的地区，就公共汽车系统的有效运行进行研究并提出建议。4. 开发、推广和提供新的京都蔬菜种植指导。5. 促进与当地种植者的沟通，对当地农业推广措施进行多元化研究。6. 研究和传播防止动物（如鹿、野猪，特别是猴子）造成损害的措施。7. 安排科学交流，根据高校乌托邦划定区的申请，审查撤销管制的项目。8. 促进本地营销，创建京都品牌并传播其效果。9. 为衰落的地方产业制定技术和管理支持系统
		社会服务	1. 通过“京都大学联盟”为京都地区的大学生开设京都大学讲座；通过举办京都大学论坛、未来论坛、京都大学公共讲座“Sunju Kogi”、开放京都大学博物馆展览等，扩大当地居民的终身教育机会，并将其作为与当地社区合作的基地。2. 通过组织初级校园活动，与超级科学高中合作开展项目；通过参观讲座进一步促进与中学的合作；支持教师培训；为纠正地区之间的教育差距提供支持，扩大当地居民的终身教育机会。3. 通过增加终身学习机会，实验性地促进人口减少地区的发展。4. 通过与当地社区合作开展教育活动振兴区域发展，特别是通过建立区域合作一站式联络处和提供共同性教育方案。5. 利用当地寺庙和圣地作为学习空间，为儿童提供学习支持，为成年人提供终身学习的机会
		文化传承与创新	1. 协调地方文化资产的保护和展示。2. 研究文化资产作为旅游景点与区域发展的关系。3. 整理校内研究成果，获取知识产权，推广应用
		国际交流与合作	1. 京都大学的教职员工为来自世界各地申请阿诗纳加（Ashinaga）实习的学生讲授京都的特色。京都大学的学生也参加了这个项目，作为外国学生实习生的指导者，参加讲座，并在当地环境中体验全球交流。2. 由学生计划、提议、发起京都天才桌是外国客人和京都居民之间的午餐会，进行智力交流的机会给京都市带来更多的价值，而且有助于增加外国游客的数量

通过对国外的案例的总结，可以得到以下两点启示：其一，通过对比我国研究型大学社会责任案例，可以发现国外研究型大学与社会联系更为紧密，它们联系的中介更多依靠的是大学所具有的专业知识。其二，除了大洋洲的新南威尔士

大学在科学研究和国际交流与合作方面未融入大学社会责任理念外，其余研究型大学在大学五大职能方面都能很好地融入大学社会责任理念。

总的来看，为了推进大学社会责任，大学会面临两个问题：一是需要制定更为细化的评价指标，对学生的能力和对社会带来的益处进行评价。过去我们对学生学习成绩的评定主要通过考试成绩来评估，然而通过大学社会责任培养出来的能力无法与传统的课程相比较，这需要开发更为细致的评价指标。二是在时间和金钱方面的实际费用应该谁来承担的问题。与传统课程相比，大学社会责任更加注重提供实地工作或其他实践培训的课程，这需要学生花费更多的费用和更长的时间，所以金钱成本是其面临的巨大问题。

第五章　大学社会责任评价指标体系构建及应用

在构建研究型大学社会责任评价指标体系时，我们需要将大学的社会维度作为指标选择的标准。在一个信息化社会里，大学需要培养那些敢质疑什么是“更好的社会”的组成部分是谁定义的，是为了谁的利益的人。因为大学与其环境之间有相关性，这反映出高等教育目标与社会期望之间具有一致性。有一种趋势认为，“相关性”的概念只涉及高等教育满足经济和生产部门需求的需要。显然，高等教育必须满足这些要求，但高等教育也必须从更广泛的角度分析其相关性。考虑到整个社会所面临的挑战，高等教育机构要在更广泛、更复杂的环境中履行其职能。高等教育机构必须重新配置其与社会其他部门联系的结构与职能。因此，提高高等教育质量必须包括对其相关性的评价，必须考虑高等教育机构的原始特征、多样性、使命和目标。质量不能是一个抽象的概念，它必须适用于特定的背景，并与一个机构的相关性及其在解决一个社区面临的问题中的作用有关。相关性是评价和检验高等教育质量的关键标准。在指标体系建构时，需要充分考虑大学利益相关者的诉求，在此基础上加强高等教育机构的社会责任。故本部分主要研究的是大学社会责任指标体系的构建和应用。

第一节　基于德尔菲法的大学社会责任评价指标体系

一、大学社会责任评价初拟指标

（一）大学社会责任评价基本要素

大学社会责任评价的一级指标是用于衡量大学的社会责任表现的基本要素，这组要素必须从整体上反映一所学校的社会责任的基本情况。本书认为研究型大学区别于其他类型高校的特点有两个方面，一是研究型大学是知识创新的中心，也就意味着研究型大学必须承担基础理论创新责任；二是研究型大学是一种精英教育，主要培养各类高层次人才，所以承担着知识应用的传播者的责任。基于此，本书在充分考量研究型大学的特点的基础上，从大学职能视角确定了研究型大学社会责任评价的一级指标，即人才培养责任、科学研究责任、社会服务责任、文化传承与创新责任、国际交流与合作责任。这五大责任要素能系统呈现一所大学的社会责任表现。

1. 反映人才培养责任的基本要素

大学最核心的使命就是人才培养，培养什么样的人，用什么方法培养，培养的人才为谁服务，这些都是人才培养必须探讨的问题。对于培养什么样的人，联合国教科文组织在《学会生存》中提出[1]人才培养的方向是使其不断完善，使其作为一个人能够承担他作为一个家庭成员和社会成员的各种不同的责任。党的十八大报告和《国家中长期教育改革和发展规划纲要（2010—2020 年）》（以下简称《纲要》）文件精神均传达了立德树人，着力提高大学生社会责任感的重要使命。

---

[1] 联合国教科文组织国际教育发展委员会．学会生存：教育世界的今天和明天［M］．北京：教育科学出版社，1996：2.

《纲要》指出高校要培养知识丰富、品德优良、本领过硬的高素质专门人才和拔尖创新人才。首先，知识丰富要求学校要提升学生质量。其次，品德优良的培养涉及学生的社会责任感培养。正如弗莱雷（Freire）所说，真正的教育是实践，是人类对世界的反思和改变世界的行动。教育应鼓励个人积极地参与实践，使他们能够在真实的环境中构建解决问题的新方法。学生的社会责任感培养需要贯穿整个教育过程，所以本书选取了社会责任教育过程作为二级指标。最后，本领过硬要求学生的价值需要得到社会认可，所以二级指标选择学生的社会价值作为一个重要指标维度。

2. 反映科学研究责任的基本要素

《纲要》指出高校有责任在知识创新、技术创新、国防科技创新和区域创新中作出贡献。大学科学研究想要实现这些目标，首先，要在基础研究上有所作为。其次，由于社会越来越复杂，靠单一科学很难解决复杂难题，而且也不能全面了解社会问题，所以在当下社会尤其需要做好合作研究。最后，还需要挖掘科学研究的社会价值，证明大学对社会发展所起的作用。

3. 反映社会服务责任的基本要素

《纲要》指出提高大学社会服务能力，强调大学要在科学知识普及方面，提高公众的科学文化素质和人文素质；在经济发展方面，应该积极推进产学研用结合；在国家发展中应该积极参与决策咨询，发挥智囊团作用。所以本书选取了为社区提供科学知识服务、为经济发展提供科技服务、为国家政策发展提供建议这三个二级指标。

4. 反映文化传承与创新责任的基本要素

《纲要》指出大学需要积极推进文化传播，积极弘扬优秀的传统文化，并发展先进文化。为了更好地推动社会主义先进文化建设，加强社会主义核心价值体系建设，高校需要对文化成果进行整理，取其精华去其糟粕。同时为了增强我国文化软实力和中华文化国际影响力，高校需要不断地做好文化创新，所以本书选取了文化传承与传播责任和文化创新与引领责任这两个二级指标。

5. 反映国际交流与合作责任的基本要素

1995 年通过、2021 年修正的《中华人民共和国教育法》和 1998 年通过、2018 年修正的《中华人民共和国高等教育法》，两部法律都对高等教育事业的国际交流与合作提供了法律依据。国际交流与合作在学术上的责任主要在以下两个方面有所体现：一方面要加强学生在国际上的联合培养和科研合作上的联合攻关；另一方面参与国际教育规则制定，增强我国的国际影响力。所以本书参考大学排行榜指标，选取了国际化程度和国际影响力与号召力两个二级指标来衡量大学国际交流与合作责任。

（二）大学社会责任评价初始指标的确定

大学社会责任指标体系应该反映不同利益主体对大学社会责任的价值识别、选择和认同，打破以往专业评价中的“管理主义倾向”，所以在本次专家团队成员的选择上，不仅包括大学社会责任领域的专家、高等教育评价专家和高等教育管理专家，而且还包括来自研究型大学的利益相关者，这些人员共同组成了专家团队。在整个指标筛选过程中，学生、教师、政府或资助机构人员、社区居民共同参与。

由于采取协商的方式构建指标，所以第一次指标的形成过程相对复杂。第一步，选定研究型大学的利益相关者。按照之前研究得出研究型大学的 7 类利益相关者（“同行大学”和“环境”这两类利益相关者没有对应的代表，而大学的运营管理责任本研究暂时不予以考虑，所以“供应商”也暂时不考虑）选取专家。故按照同等比例选取 32 名代表，教师和学生必须选取研究型大学成员，而社区成员和政府或资助机构主要按照学历和行业资历以及对大学社会责任有一定了解的人员中选取。

第二步，将大学社会责任相关资料通过微信或邮箱的形式发给他们，材料包括大学社会责任文献资料、研究型大学所发布的大学社会责任章程、国内研究型大学社会责任案例、国外研究型大学案例及对大学利益相关者的访谈资料、教育部评估中心已有成果、世界主流的大学排行榜和我国大学社会责任推行的一些有可行性的措施及有关大学社会责任相关的学位论文等。

第三步，通过微信、邮件的方式，按照一对一的单线方式讨论出大学社会责任的指标体系需要涵盖的要素。正是由于以往评估指标的构建很容易把焦点放在容易测量的指标上，而非那些最重要的元素，所以这次的指标构建将注意力集中在什么样的指标最能衡量研究型大学社会责任要素上。这次讨论也是后面实施德尔菲法半开放式问卷的基础（见附录 F）。

二、大学社会责任指标的研究过程与基本结论

（一）专家组的确定

德尔菲法专家组人数的构成，虽没有严格的规定，但是为了保证研究的信度，通常应至少有 10 名专家。当然也不是说专家人数越多信度就越大。通过对以往德尔菲法的研究资料发现，专家组可接受的人数通常为 10 ~ 30 人 。考虑到中途可能有专家因故不能全程参与，一般会相应增加人数。

本书涉及的利益相关者有学生、教师、政府或资助机构人员、同行大学、社区、环境、供应商；由于部分利益相关者如同行大学、环境等没有直接代表人，所以只能选取能够直接反映其问题与需求的利益群体。

为了降低德尔菲法研究中的主观性，本书通过以下方式进行规避。

一是挑选在大学社会责任研究领域有一定的权威性和代表性的专家。专家的选取是否得当直接影响德尔菲法的成败，要求选取的专家不仅要具备较高的从业经验，还要熟悉大学社会责任及评价。故为了使专家团队具有较高的信度，在选择教师专家团队时提出以下条件：首先，身份是已经取得博士学位大学教师，且从事教育工作 2 年以上；其次，这些教师必须在大学社会责任方面或高等教育管理领域或大学评价方面有一定的威望或者发表过较高水平的文章；最后，这些教师要来自所选取的研究型大学。学生的选择也有以下条件：其一，这些学生相对

熟悉高等教育；其二，这些学生要来自所选取的研究型大学。政府或资助机构人员和社区人员主要通过分析其知识结构进行选择，最低要求本科以上学历，且对大学社会责任及评价有一定的了解。总的来看，这些专家组成员主要来自南开大学、大连理工大学、清华大学、中国海洋大学、电子科技大学、郑州大学、天津大学、上海交通大学、中国人民大学、北京师范大学等。

二是进行统计分析时，对不同利益相关者组成的专家团队的人数按照权威性给予一定的区分而非一概而论。考虑到专家组对大学社会责任及其评价的了解程度及专家组成员与大学利益关系的密切程度，根据本研究需要，专家团队选取27名专家，构成如下：教师专家组选取12名、学生专家组选取9名、政府或资助机构人员专家组选取3名、社区居民专家组选取3名（见表6.1）。选择这样的比例，主要是考虑到专家组人员对大学社会责任的认知和专业性，而选择教师团体以外的专家主要是要考虑利益相关者的诉求。

三是在问卷调研过程中，为专家提供充分的相关信息，以便他们做出判断。

四是对评价指标体系进行信度和效度检验。信度指的是可靠性，即用同样的方法对同一对象重复测量时所得结果的一致性程度。信度系数越大，表明评价指标体系的可信程度越大。效度指的是有效性，即评价指标能够准确反映真实情况的程度。由于大学社会责任研究还处于探索阶段，所以本书选择从内容效度入手，验证指标体系在内容上的有效性。

表 6.1 德尔菲法参与研究信息表

利益相关者类别	编号	大学社会责任及评价熟悉程度	学校 / 工作地点	研究方向 / 所属部门
教师	USR–T1	非常熟悉	大连理工大学	大学社会责任、高等教育管理
	USR–T2	非常熟悉	南开大学	高校管理、公共政策
	USR–T3	熟悉	大连理工大学	大学社会责任、教育管理
	USR–T4	熟悉	北京师范大学	教育社会学
	USR–T5	非常熟悉	中国海洋大学	教育管理、社会学

续表

利益相关者类别	编号	大学社会责任及评价熟悉程度	学校 / 工作地点	研究方向 / 所属部门
教师	USR-T6	非常熟悉	郑州大学	公共管理
	USR-T7	熟悉	南开大学	高等教育管理
	USR-T8	熟悉	电子科技大学	高等教育管理
	USR-T9	熟悉	清华大学	高等教育管理
	USR-T10	非常熟悉	南开大学	高等教育
	USR-T11	熟悉	上海交通大学	学科建设与管理
	USR-T12	非常熟悉	南开大学	高等教育
学生	USR-S1	熟悉	上海交通大学	博士生教育
	USR-S2	熟悉	天津大学	职业技术教育学
	USR-S3	非常熟悉	北京师范大学	养老服务
	USR-S4	非常熟悉	中国人民大学	公共行政理论
	USR-S5	非常熟悉	南开大学	社会学
	USR-S6	熟悉	复旦大学	物理学
	USR-S7	熟悉	南开大学	国际金融
	USR-S8	熟悉	中国海洋大学	社会政策
	USR-S9	非常熟悉	南开大学	高等教育管理
政府 / 资助机构人员	USR-F1	非常熟悉	北京	中央财政部
	USR-F2	熟悉	福建（福州）	福州市人民政府
	USR-F3	非常熟悉	河北（廊坊）	廊坊市教育局
社区人员	USR-C1	熟悉	江苏（昆山）	建滔千灯裕花园
	USR-C2	熟悉	北京	邮电大学小区
	USR-C3	熟悉	深圳	龙岗区

（二）第一轮指标维度构建统计分析

第一轮德尔菲法问卷我们采用半开放式问卷，即客观题和主观题相结合。客观题采取五点评价量表形式，邀请专家对初始指标同意程度打分。本书采用李克特量表形式进行计分，从“非常不同意”到“非常同意”，依次赋值为 1 到 5

分，得分越高表明对大学社会责任评价指标体系越认同。客观题在前，主观题在最后。之所以将主观题放在最后，一是便于专家了解研究目的及任务，找到作答方向；二是可以让专家在了解整个指标体系之后，对评价体系维度做出修改和补充。

问卷从 2021 年 8 月 16 日开始通过邮箱和微信向符合条件的专家发放，发出 27 份问卷，8 月 25 日收回 25 份，回收率为 92.59%。本研究利用 SPSS 22.0 对回收的问卷进行统计分析。德尔菲法研究中经常使用的公式有：众数、平均值、标准差、变异系数（标准差或平均值）等。众数、平均值用来表示专家对某一维度的意见的集中程度，用以证明评价维度是否达成共识。众数是 5 或者平均值大于 3.66，就可认为专家对某一维度达成共识。而标准差、变异系数用来表示指标是否存在分歧，指标波动范围。标准差、变异系数数值越小，则表明专家对评价维度分歧较小，对指标认同趋于稳定。

通过对表 6.2 进行内容效度分析可以看出，一级维度的众数为 5，说明专家对一级指标维度达成共识。这五个一级指标的平均值均大于 3.66，证明不同利益主体的专家团队对此达成一致，表明该一级指标体系具有良好的内容效度。同样还可以看出人才培养责任、科学研究责任、社会服务责任、文化传承与创新责任的平均值都超过 4.5。

表 6.2 大学社会责任评价一级维度指标统计结果

一级维度	众数	平均值	标准差	变异系数
U1 人才培养责任	5	5.00	0.00	0.00
U2 科学研究责任	5	4.92	0.27	0.06
U3 社会服务责任	5	4.80	0.49	0.10
U4 文化传承与创新责任	5	4.76	0.43	0.09
U5 国际交流与合作责任	5	4.32	0.73	0.17

通过对表 6.3 进行内容效度分析发现，部分二级指标需要进行修改。学生的社会价值、基础研究质量、合作研究、科学研究的社会价值、为国家政策发展提

供的建议、文化传承与传播、文化创新与引领的平均值都超过了4.5，说明专家对这些指标认同度比较高。而社会责任教育过程和国际化程度的平均值低于3.66分，证明专家对这两个指标认同度较低，需要进行删除。通过专家的建议，对二级指标体系进行修改，保证该指标体系具有较好的内容效度。

表6.3　大学社会责任评价二级维度指标统计结果

一级维度	二级维度	众数	平均值	标准差	变异系数
U1 人才培养责任	U1 在校生质量	5	3.68	1.62	0.44
	U1 社会责任教育过程	5	3.36	1.72	0.51
	U1 学生的社会价值	5	4.80	0.49	0.10
U2 科学研究责任	U2 基础研究质量	5	4.88	0.32	0.07
	U2 合作研究	5	4.72	0.45	0.10
	U2 科学研究的社会价值	5	4.80	0.49	0.10
U3 社会服务责任	U3 为社区提供的知识服务	5	4.12	0.82	0.20
	U3 为经济发展提供的科技服务	5	4.28	0.78	0.18
	U3 为国家政策发展提供的建议	5	4.76	0.51	0.11
U4 文化传承与创新	U4 文化传承与传播	5	4.68	0.61	0.13
	U4 文化创新与引领	5	4.68	0.61	0.13
U5 国际交流与合作	U5 国际化程度	5	3.60	1.50	0.42
	U5 国际影响力与号召力	5	4.36	0.93	0.21

通过对表6.4进行内容效度分析发现，三级指标平均值超过4.5的有：前沿知识领域的专利数量；实施的研究项目涉及提高人民生活质量；关注社会重大问题，提供解决方案数量；在校生利用专业知识为社会提供服务的人数/总的在校生人数；学生提供的针对帮扶弱势社区或弱势群体的倡议、项目或方案总数；智库建设数量；为先进文化搭建平台数量；获得国际权威的奖项数量；承担和组织国际会议的次数。说明专家对上述指标认同度比较高。

平均值低于3.66的指标有：生源质量、使用基于项目的教学方法的课程数量、大学参与校外机构或群体合作研究项目数量、大学内部跨专业合作研究项目数量、企业投入的科研经费、成果转化收入、对外文化交流开展的次数。专家对这些三级指标认同度较低，需要删除。根据专家的建议，对三级指标体系进行修改，确保该指标体系具有较好的内容效度。

表 6.4　大学社会责任评价三级维度指标统计结果

一级维度	二级维度	三级维度	众数	平均值	标准差	变异系数
U1 人才培养责任	U1 在校生质量	生源质量	1	3.00	1.62	0.54
		学位论文质量	5	4.40	0.94	0.21
	U1 社会责任教育过程	社会责任相关的课程数量占课程总数的数量	4	3.92	0.89	0.23
		外部组织或社区的专业人员参与教学过程次数	4	3.80	1.17	0.31
		使用基于项目的教学方法的课程数量	1	2.76	1.58	0.57
	U1 学生的社会价值	就业率	5	4.40	0.75	0.17
		雇主对毕业生的满意度	5	4.48	0.75	0.17
		杰出的校友数	5	4.40	0.80	0.18
U2 科学研究责任	U2 基础研究质量	在自然科学一流期刊上发表的文章数量	5	4.48	0.70	0.16
		前沿知识领域的专利数量	5	4.52	0.75	0.17
	U2 合作研究	大学参与校外机构或群体合作研究项目数量	4	3.32	1.46	0.44
		大学内部跨专业合作研究项目数量	5	3.24	1.58	0.49
	U2 科学研究的社会价值	实施的研究项目涉及提高人民生活质量	5	4.68	0.55	0.12
		关注社会重大问题，提供解决方案数量	5	4.52	0.85	0.19
		科研成果创造的产值	5	4.36	0.79	0.18
U3 社会服务责任	U3 为社区提供的知识服务	在校生利用专业知识为社会提供服务的人数 / 总的在校生人数	5	4.60	0.63	0.14
		师生向社会宣传学术知识的次数	5	4.44	0.70	0.16
		学校提供的远程教育	5	4.36	0.74	0.17

续表

一级维度	二级维度	三级维度	众数	平均值	标准差	变异系数
U3 社会服务责任	U3 为社区提供的知识服务	学生提供的针对帮扶弱势社区或弱势群体的倡议、项目或方案总数	5	4.60	0.63	0.14
	U3 为经济发展提供的科技服务	企业投入的科研经费	4	3.20	1.52	0.48
		成果转化收入	4	3.32	1.59	0.48
	U3 为国家政策发展提供的建议	智库建设数量	5	4.60	0.57	0.12
		对公务人员提供专业服务次数	4	4.04	0.72	0.18
U4 文化传承与创新	U4 文化传承与传播	人文社科的出版数	5	4.40	0.75	0.17
		传统文化课程的开设数量	5	4.48	0.75	0.17
		学生参与宣传文化艺术保护活动的次数	5	4.36	0.84	0.19
	U4 文化创新与引领	对外文化交流开展的次数	1	3.08	1.57	0.51
		为先进文化搭建平台数量	5	4.56	0.70	0.15
U5 国际交流与合作	U5 国际化程度	留学生比例	5	4.08	1.02	0.25
		与世界顶尖高校的交换生数量	4	4.16	0.78	0.19
		中外合作研究项目	5	4.32	0.68	0.16
	U5 国际影响力与号召力	获得国际权威的奖项数量	5	4.60	0.57	0.12
		承担和组织国际会议的次数	5	4.52	0.70	0.15

根据表 6.5，USR–T1 认为一级指标应该增加大学自身的社会责任，从实践的逻辑来看，大学自身的社会责任非常重要，也是大学应该考虑的。但考虑到大学自身的社会责任与从大学职能出发的大学社会责任无法作为一级指标并列，所以这个一级指标暂时不动。该意见非常重要，值得进一步研究。USR–T7 认为需要对不同类型承担的社会责任在国际、地区、国家、区域和社区进行细分，毕竟不同层次的大学所承担的社会责任是不一样的。这个问题在本研究中已经回

应，本书选取的是研究型大学，如何将研究型大学社会责任在不同层级的责任互相区别开来，是另一个需要深思的问题。本书还处于探索阶段，所以这个问题可以作为未来研究的一个重点。USR–T6 建议二级指标社会责任教育过程改为具有社会责任感的学生。本研究原来指标的设计思路是“投入—产出”的模式，即生源质量到社会责任教育过程再到具有社会价值的学生，但是专家认为应该根据大学社会责任相关内容，按照严密的逻辑进行推理才可形成指标，所以本书在认真思考后接受了该条建议。USR–S9 认为科学研究要有超前性，这个指标其实在基础研究里已经涉及，因为只有基础研究做得好，社会才能从容应对社会危机。他还提到对公共突发事件的处理，这在大学社会服务中有所涉及。USR–T10 建议增加国家和民族自我认知度，这是非常重要的指标，但是本书更愿意将其纳入文化传承中，我们通过开设传统文化课程，弘扬民族文化，提高民族自我认知度。USR–T5 认为大学与校外技术合作平台、联合研究、对国家关键领域的贡献需要有所体现，本书也非常认可他的观点，经过查阅相关资料，发现他的意见可以直接用于本书研究之中。USR–T2 认为指标表述存在问题，既然提到责任，那么每个层级的指标都应该加上“责任”二字，本书认为这个意见非常重要，在指标初步形成之后，小组讨论过于重视指标内容的选取及自身利益的诉求，忽视了逻辑上的问题，已经在下一轮指标中进行了完善。USR–F3 认为大学参与校外机构或群体合作，建议改为产学研项目数。这个建议比较具体，而且综合相关大学社会责任指标，发现这个建议比之前的更好，所以本书直接采用了。USR–C3 建议将企业科研投入改为向企业界转移知识的项目数，这个建议相较之前的指标更好，而且有相应的指标做支撑，所以采取了该意见。

表 6.5　主观题原始回答

编号	原始回答
USR-T1	对一级指标的设置体现基于大学的社会职能的责任履行，本人也十分认同，这体现了大学对社会承担的责任，大学也有组织自身的社会责任（如公平运营、校园环境、师生权益等），社会责任履行与大学自身组织治理的水平有密切关系，是否考虑在一级指标中增加考量
USR-T7	不同类型大学有不同使命与责任，社会责任应该有所分层，可以分为国际、地区、国家、所在区域及社区等层次
USR-T6	建议二级指标社会责任教育过程改为培养具有社会责任感的学生
USR-S9	科学研究对公共突发事件的处理。如新型冠状病毒感染，郑州地铁事件的处理：疫苗的研制，城市基础设施的设计要有超前性
USR-T10	建议增加国家和民族自我认知度
USR-T5	大学与校外技术合作平台、联合研究、对国家关键领域的贡献需要有所体现
USR-T2	建议你的一级、二级、三级指标改为是 ×× 责任
USR-F3	大学参与校外机构或群体合作，建议改为产学研项目数
USR-C3	建议将企业科研投入改为向企业界转移知识的项目数

最后，结合不同利益群体专家的意见，对各级指标体系进行内容效度分析，确保各级指标体系具有良好的内容效度，同时从已有文献、政策、访谈、案例中找到依据和来源，经过分析归纳出，最终形成大学社会责任评价指标体系，并以此作为第二轮专家问卷（附录 G）。

（三）第二轮指标维度构建统计分析

2021 年 8 月 31 日，向各位专家通过微信和邮箱发送第二轮德尔菲法调查问卷，9 月 9 日收回问卷。共发出 26 份（其中 25 份发给了第一轮参与的专家，一份发给了一位研究型大学校长，因为该校长对大学社会责任有比较深的研究，鉴于该意见较为重要，所以第二轮增加了一份问卷），收回 25 份，回收率为 96.15%。根据第一轮专家问卷统计结果，第二次专家问卷的卷首语进行了修改，客观题和主观题设置及打分方式延续了第一轮的方式，目的是想检验是否还存在需要改进和删除的指标。

一级指标维度的众数为 5 或平均值大于 3.66，说明专家对这些指标基本达成共识。根据表 6.6，专家对前四个一级指标认可度相对较高，也达成一致。这一轮专家对国家交流与合作打分发生了变化，但是平均值高于 3.66，所以也将其保留。总的来说，一级指标基本得到专家一致认可。同时使用 SPSS 22.0 中分析（A）– 度量（A）– 可靠性分析（R）功能，得到一级指标维度信度系数 α 为 0.872，该值＞ 0.8，表明一级指标维度数据信度高。

表 6.6 一级指标维度分析

一级维度	众数	平均值	标准差	变异系数	维度 Cronbach α 系数
人才培养责任	5	4.64	0.69	0.15	0.872
科学研究责任	5	4.60	0.69	0.15	
社会服务责任	5	4.60	0.63	0.14	
文化传承与创新责任	5	4.36	0.89	0.20	
国际交流与合作责任	4	3.80	0.80	0.21	

根据表 6.7 二级指标维度数据分析，平均值低于 4.5 的有：科学联合攻关责任、向社区普及科学知识的责任、文化传承与传播责任、文化创新与引领责任、提高国际竞争力的责任、提高国际影响力的责任。其中提高国际竞争力的责任和提高国际影响力的责任的标准差达到 1.00 和 1.02，说明这两个指标的数据波动较大，也就意味着专家打分波动比较大，证明这两个指标还有待进一步完善。总的来说，只要二级指标维度的众数为 5 或平均值大于 3.66，就可以说明专家对这些指标基本达成共识。采用 SPSS 22.0 中分析（A）– 度量（A）– 可靠性分析（R）功能，对各一级指标维度下的二级指标进行信度分析，各二级指标维度信度系数 α 均大于 0.7，表明各二级指标信度较高。

表 6.7 二级指标维度分析

一级维度	二级维度	众数	平均值	标准差	变异系数	维度 Cronbach α 系数
U1 人才培养责任	U1 培养高质量人才的责任	5	4.56	0.70	0.15	0.744
	U1 培养具有社会责任感的学生的责任	5	4.76	0.51	0.11	
	U1 培养具有社会价值的学生的责任	5	4.52	0.81	0.18	
U2 科学研究责任	U2 提高基础研究质量的责任	5	4.56	0.75	0.17	0.793
	U2 科学联合攻关责任	4	4.36	0.56	0.13	
	U2 提升科学研究社会价值的责任	5	4.60	0.75	0.16	
U3 社会服务责任	U3 向社区普及科学知识的责任	5	4.00	1.10	0.27	0.914
	U3 通过科技成果转化促进经济发展的责任	5	4.52	0.81	0.18	
	U3 为国家发展建言献策的责任	5	4.56	0.80	0.18	
U4 文化传承与创新	U4 文化传承与传播责任	5	4.24	0.86	0.20	0.856
	U4 文化创新与引领责任	5	4.36	0.79	0.18	
U5 国际交流与合作	U5 提高国际竞争力的责任	4	4.04	1.00	0.25	0.926
	U5 提高国际影响力的责任	5	4.08	1.02	0.25	

根据表 6.8 三级指标维度数据分析，平均值高于 4.5 的指标有：把社会责任纳入大学教育的一部分，并开设社会责任相关课程的责任；提高前沿知识领域专利数量的责任；实施的研究项目涉及提高人民生活质量的责任；关注社会重大问题，提供解决方案的责任；提高科研成果对国家发展关键领域作出贡献的责任；向企业转移科研成果，提升企业孵化数量的责任；为先进文化传播搭建平台的责任。平均值最低的指标是对公务人员提供专业培训的责任，而且标准差为 0.66，

说明专家们对这个指标看法比较相近，也就说明这个指标设置有很大的改进空间，但由于其平均值高于3.66，所以选择保留该项指标。总之，通过此次专家问卷，可以说明专家对该套指标体系达成共识。同时使用SPSS 22.0中分析（A）-度量（A）-可靠性分析（R）功能，对各二级指标下的三级指标进行信度分析，除U3为国家发展建言献策的责任和U5提高国际影响力的责任两项信度值 α 大于0.7，其余指标的信度 α 值均 >0.8，表明其余指标的信度高。

表6.8　三级指标维度分析

一级维度	二级维度	三级维度	众数	平均值	标准差	变异系数	维度Cronbach α 系数
U1人才培养责任	U1培养高质量人才的责任	提供的课程使学生能够发展就业市场所需技能的责任	5	4.40	0.80	0.18	0.828
		确保学位论文质量合格的责任（学位论文抽检成绩）	5	4.20	0.85	0.20	
	U1培养具有社会责任感的学生的责任	把社会责任纳入大学教育的一部分，并开设社会责任相关课程的责任	5	4.52	0.81	0.18	0.858
		教学注重研讨会的方式，加强外部组织或社区的专业人员参与教学过程的责任	4	4.12	0.71	0.17	
		鼓励学生参与社区的责任	5	4.44	0.85	0.19	
	U1培养具有社会价值的学生的责任	提高学生就业率的责任	5	4.16	0.83	0.20	0.907
		提高雇主对毕业生满意度的责任	5	4.32	0.73	0.17	
		提高杰出校友数量的责任	5	4.20	0.85	0.20	
U2科学研究责任	U2提高基础研究质量的责任	在自然科学一流期刊上发表论文的责任	5	4.36	0.74	0.17	0.867
		提高前沿知识领域专利数量的责任	5	4.64	0.56	0.12	

续表

一级维度	二级维度	三级维度	众数	平均值	标准差	变异系数	维度 Cronbach α 系数
U2 科学研究责任	U2 科学联合攻关责任	提高产学研合作项目数的责任	5	4.44	0.90	0.20	0.869
		提高联合研究或联合著作数量的责任	5	4.36	0.74	0.17	
	U2 提升科学研究社会价值的责任	实施的研究项目涉及提高人民生活质量的责任	5	4.56	0.80	0.18	0.942
		关注社会重大问题，提供解决方案的责任	5	4.60	0.75	0.16	
		提高科研成果对国家发展关键领域作出贡献的责任	5	4.52	0.75	0.17	
U3 社会服务责任	U3 向社区普及科学知识的责任	鼓励在校生利用专业知识为社会提供服务的责任	5	4.36	0.93	0.21	0.922
		通过出版物、研讨会和其他活动，向社会宣传科学知识的责任	5	4.36	0.84	0.19	
		提供远程教育的责任	5	3.92	1.13	0.29	
		有针对帮扶弱势群体的倡议、项目或方案的责任	5	4.12	0.91	0.22	
	U3 通过科技成果转化促进经济发展的责任	向企业转移科研成果，提升企业孵化数量的责任	5	4.56	0.75	0.17	0.895
		提高技术转移合作平台数量的责任	5	4.16	0.83	0.20	
	U3 为国家发展建言献策的责任	建设智库的责任	5	4.48	0.81	0.18	0.738
		对公务人员提供专业培训的责任	4	3.72	0.66	0.18	

续表

一级维度	二级维度	三级维度	众数	平均值	标准差	变异系数	维度 Cronbach α 系数
U4 文化传承与创新	U4 文化传承与传播责任	发表一定数量社科专著的责任	5	4.16	0.83	0.20	0.865
		开设一定数量的传统文化课程的责任	5	4.40	0.75	0.17	
		鼓励学生参与宣传保护文化艺术的责任	5	4.16	0.83	0.20	
	U4 文化创新与引领责任	在不助长歧视和刻板印象的情况下，向社会传播核心价值观的责任	5	4.40	0.89	0.20	0.962
		为先进文化传播搭建平台的责任	5	4.52	0.81	0.18	
U5 国际交流与合作	U5 提高国际竞争力的责任	获得一定数量的国际权威奖项的责任	4	3.96	0.77	0.20	0.892
		提高中外合作办学项目的责任	4	4.00	0.80	0.20	
		提高中外合作研究项目的责任	4	3.84	0.97	0.25	
	U5 提高国际影响力的责任	招收一定比例留学生的责任	5	3.88	1.03	0.27	0.781
		承担和组织国际会议的责任	5	3.96	0.96	0.24	

根据表 6.9 主观题分析，USR–T7 建议要注意社会责任的多层次与多维度，以及这些层次与纬度的重叠与互进。根据这条建议，本书认真反思了指标的层次与维度，所以对二级指标和三级指标来源进行了限定，但是也可以看出本轮指标还不够细致，未来还有很大的改进空间。USR–T5 认为社会责任的内涵与外延要界定清楚。社会责任的内涵如何界定主要取决于看问题的角度，本书从大学社会职能的视角来界定大学的社会责任，这就将一个模糊的概念变成一个可操作的概念。而社会责任的外延，本书将“社会”定义为人类与非人类的各种异质性要素相互联结与重组的过程，所以社会责任的外延主要取决于大学的类型。如何将大

学社会责任承担的社会责任在国际层面、地区层面、国家层面和社区层面加以区别，这是未来进一步研究的一个方向。

表 6.9　主观题原始回答

编号	原始回答
USR–T1	从大学的职能出发分析社会责任，该体系基本全部覆盖
USR–T7	注意社会责任的多层次与多维度，以及这些层次与维度的重叠与互进
USR–T5	社会责任的内涵与外延要界定清楚，国家、社会责任？

（四）指标选择研究结果

结合大学社会责任已有研究指标，并通过与利益相关者组成的专家团队进行两轮问卷调查，最终通过德尔菲法构建了评价大学社会责任的指标维度，评价大学社会责任的 5 个一级维度、13 个二级指标、33 个三级指标维度达成共识，见表 6.10。

大学社会责任评价，一方面需要借鉴已有指标；另一方面也要体现利益相关者的诉求，增加一些具有个性化指标，以凸显研究型大学的社会责任。本书从大学中心论出发，依据大学职能提出了大学承担社会责任的五大维度，即人才培养责任、科学研究责任、社会服务责任、文化传承与创新责任和国际交流与合作责任作为基本的观测点；二级指标的选取主要依据《纲要》；三级指标主要来源于已有大学社会责任指标（表 6.10）。

表 6.10　大学社会责任指标研究结果

一级指标	二级指标	三级指标	指标来源（见附录 A 和附录 B）
人才培养责任	培养高质量人才的责任	1. 提供的课程使学生能够发展就业市场所需技能的责任	京都大学案例； 乌干达大学提出的指标
		2. 确保学位论文质量合格的责任（学位论文抽检成绩）	教育部评第五轮学科评估指标

续表

一级指标	二级指标	三级指标	指标来源（见附录 A 和附录 B）
人才培养责任	培养具有社会责任感的学生的责任	1. 把社会责任纳入大学教育的一部分，并开设社会责任相关课程的责任	中国香港城市大学社会责任约章；访谈（SB3GSA）
		2. 教学注重研讨会的方式，加强外部组织或社区的专业人员参与教学过程的责任	泰国质量评估中涉及的大学社会责任评估指标；京都大学案例
		3. 鼓励学生参与社区的责任	新南威尔士大学案例
	培养具有社会价值的学生的责任	1. 提高学生就业率的责任	2020 软科中国大学排名评价体系
		2. 提高雇主对毕业生满意度的责任	泰晤士高等教育世界大学排名（THE）
		3. 提高杰出校友数量的责任	2020 软科中国大学排名评价体系
科学研究责任	提高基础研究质量的责任	1. 在自然科学一流期刊上发表论文的责任	ESI 排名
		2. 提高前沿知识领域专利数量的责任	曼彻斯特大学案例；访谈（SS2YSW）
	科学联合攻关责任	1. 提高产学研合作项目数的责任	基于利益相关者框架的大学社会评价指标（沈映春）
		2. 提高联合研究或联合著作数量的责任	联合国“责任管理教育原则”开发的大学社会责任指标
	提升科学研究社会价值的责任	1. 实施的研究项目涉及提高人民生活质量的责任	美洲厄瓜多尔开发的大学社会责任指标
		2. 关注社会重大问题，提供解决方案的责任	京都大学案例；访谈（SS2WM）
		3. 提高科研成果对国家发展关键领域作出贡献的责任	全球大学创新联盟：大学社会责任指标
社会服务责任	向社区普及科学知识的责任	1. 鼓励在校生利用专业知识为社会提供服务的责任	泰国质量评估中涉及的大学社会责任评估指标
		2. 通过出版物、研讨会和其他活动，向社会宣传科学知识的责任	厄瓜多尔大学社会责任评价指标；曼彻斯特大学案例
		3. 提供远程教育的责任	QS 大学排行榜

续表

一级指标	二级指标	三级指标	指标来源（见附录 A 和附录 B）
社会服务责任	向社区普及科学知识的责任	4. 有针对帮扶弱势群体的倡议、项目或方案的责任	联合国“责任管理教育原则”开发的大学社会责任指标
	通过科技成果转化促进经济发展的责任	1. 向企业转移科研成果，提升企业孵化数量的责任	大学社会责任联盟提出了 VPI 模型；基于利益相关者框架的大学社会评价指标（沈映春）
		2. 提高技术转移合作平台数量的责任	基于利益相关者框架的大学社会评价指标（沈映春）
	为国家发展建言献策的责任	1. 建设智库的责任	北京大学案例
		2. 对公务人员提供专业培训的责任	陈星博在构建一流大学社会贡献中提出的指标
文化传承与创新责任	文化传承与传播责任	1. 发表一定数量社科专著的责任	基于利益相关者框架的大学社会评价指标（沈映春）
		2. 开设一定数量的传统文化课程的责任	泰国大学社会责任评价指标体系；京都大学案例
		3. 鼓励学生参与宣传保护文化艺术的责任	泰国质量评估中涉及的大学社会责任评估指标
	文化创新与引领责任	1. 在不助长歧视和刻板印象的情况下，向社会传播核心价值观的责任	联合国“责任管理教育原则”开发的大学社会责任指标
		2. 为先进文化传播搭建平台的责任	乌干达大学提出的指标
国际交流与合作责任	提高国际竞争力的责任	1. 获得一定数量的国际权威奖项的责任	2020 软科中国大学排名评价体系； 访谈（SJSYYT）
		2. 提高中外合作办学项目的责任	大学业务领域四维评价指标
		3. 提高中外合作研究项目的责任	大学业务领域四维评价指标
	提高国际影响力的责任	1. 招收一定比例留学生的责任	2020 软科中国大学排名评价体系
		2. 承担和组织国际会议的责任	塔夫茨大学案例

（五）第三轮指标权重分析

通过第一轮和第二轮问卷最终确定指标后，如何确定各级指标权重成为下一步研究重点。为此，2021 年 9 月 13 日向各位（参与前两轮的）专家发送第三轮指标权重打分表 25 份，第三轮调查问卷由引言部分和填表说明两部分构成。引言部分主要说明填表要保证各维度之和为 100 分（附录 H）。2021 年 9 月 18 日回收第三轮问卷，回收第三轮问卷 25 分，回收率达 100%，但其中两份专家打分总分不符合总分之和为 100 分，所以将其作为无效问卷剔除。

德尔菲法确定指标权重一般采用简单平均法或加权平均法。通常使用的是加权平均法，计算公式为

$$\bar{x}=\frac{\sum X_i f_i}{\sum f_i} \quad (6.1)$$

其中，$\bar{x}$指某项指标的权重系数，X_i 对应各专家所取的权重数即打分数，f_i 指出现 X_i 权重数的系数。对于某项指标的权重系数$\bar{x}$，对应该指标下某个分数 X_i，共有 f_i 位专家打出此分数，f_i 越大，表明该分数 X_i 对平均数的影响越大，将该分数乘以 f_i，再分别相加求和，最终除以打分专家的人数，即可得到对应指标的权重系数。

标准差的计算公式为

$$\sigma=\sqrt{\frac{\sum_{i=1}^{N}\left(X_i-\bar{x}\right)^2}{N}} \quad (6.2)$$

其中，σ 指标准差，X_i 对应各专家所取的权重数即打分数，$\bar{x}$为某指标的平均值，N 为对应某指标打分的数量。

变异系数的计算公式为：标准差 / 平均值。

最后对回收的问卷进行统计分析。统计分析结果见表 6.11。

从表 6.11 的数据可以看出，大学社会责任一级指标权重（从高到低）分别为：人才培养责任（33.04）、科学研究责任（24.13）、社会服务责任（18.26）、文化传承与创新责任（13.37）、国际交流与合作责任（11.20）。其中人才培养责任的标准差数值比较大，说明专家们对该指标打分的波动性较大，其余四项一级指

标相对较平稳。

表 6.11　一级指标权重分统计表

一级指标	权重分	标准差	变异系数
U1 人才培养责任	33.04	12.83	0.39
U2 科学研究责任	24.13	5.03	0.21
U3 社会服务责任	18.26	5.24	0.29
U4 文化传承与创新责任	13.37	5.97	0.45
U5 国际交流与合作责任	11.20	5.31	0.47

根据表 6.12 数据，人才培养责任下的培养高质量人才的责任（14.37）得分最高，同时通过标准差和变异系数可以发现，专家们对此项指标打分存在较大波动。科学研究责任下的提高基础研究质量的责任（9.74）得分较高，也说明专家们认为提高基础研究质量已经成为科学研究最为重要的选项。社会服务责任下的通过科技成果转化促进经济发展的责任（7.27）得分较高，说明专家们认为大学社会服务需要注重成果转化。文化传承与创新责任下的文化传承与传播责任（6.80）得分相对较高，说明专家们认为需要在文化传承方面加大力度。国际交流与合作责任下的提高国际竞争力的责任（5.67）得分相对较高，说明专家们认为夯实本国的实力，才能更好担负起国际交流与合作的责任。

表 6.12　二级指标权重分统计表

一级维度	二级维度	权重分	标准差	变异系数
U1 人才培养责任	U1 培养高质量人才的责任	14.37	10.00	0.70
	U1 培养具有社会责任感的学生的责任	10.84	3.78	0.35
	U1 培养具有社会价值的学生的责任	7.83	2.54	0.32
U2 科学研究责任	U2 提高基础研究质量的责任	9.74	3.12	0.32
	U2 科学联合攻关责任	6.54	3.00	0.46
	U2 提升科学研究社会价值的责任	7.85	2.43	0.31

续表

一级维度	二级维度	权重分	标准差	变异系数
U3 社会服务责任	U3 向社区普及科学知识的责任	4.60	2.35	0.51
	U3 通过科技成果转化促进经济发展的责任	7.27	2.01	0.28
	U3 为国家发展建言献策的责任	6.39	2.33	0.36
U4 文化传承与创新	U4 文化传承与传播责任	6.80	3.12	0.46
	U4 文化创新与引领责任	6.57	3.16	0.48
U5 国际交流与合作	U5 提高国际竞争力的责任	5.67	2.67	0.47
	U5 提高国际影响力的责任	5.53	2.82	0.51

根据表 6.13 数据，三级指标权重得分较高（4 分以上）的有：提供的课程使学生能够发展就业市场所需技能的责任（7.59）；确保学位论文质量合格的责任（6.78）；把社会责任纳入大学教育的一部分，并开设社会责任相关课程的责任（4.77）；在自然科学一流期刊上发表论文的责任（4.88）；提高前沿知识领域专利数量的责任（4.86）；建设智库的责任（4.29）。说明这些指标相对重要。三级指标权重得分最低的指标是提供远程教育的责任（0.83），说明这个指标相对不那么重要，还有改进的空间。

表 6.13 三级指标权重分统计

一级维度	二级维度	三级维度	权重分	标准差	变异系数
U1 人才培养责任	U1 培养高质量人才的责任	提供的课程使学生能够发展就业市场所需技能的责任	7.59	4.63	0.61
		确保学位论文质量合格的责任（学位论文抽检成绩）	6.78	6.23	0.92

续表

一级维度	二级维度	三级维度	权重分	标准差	变异系数
U1 人才培养责任	U1 培养具有社会责任感的学生的责任	把社会责任纳入大学教育的一部分，并开设社会责任相关课程的责任	4.77	2.78	0.58
		教学注重研讨会的方式，加强外部组织或社区的专业人员参与教学过程的责任	3.08	1.26	0.41
		鼓励学生参与社区的责任	2.99	0.99	0.33
	U1 培养具有社会价值的学生的责任	提高学生就业率的责任	2.74	1.41	0.51
		提高雇主对毕业生满意度的责任	2.38	0.93	0.39
		提高杰出校友数量的责任	2.71	1.14	0.42
U2 科学研究责任	U2 提高基础研究质量的责任	在自然科学一流期刊上发表论文的责任	4.88	1.89	0.39
		提高前沿知识领域专利数量的责任	4.86	2.21	0.44
	U2 科学联合攻关责任	提高产学研合作项目数的责任	3.80	1.95	0.52
		提高联合研究或联合著作数量的责任	2.75	1.27	0.46
	U2 提升科学研究社会价值的责任	实施的研究项目涉及提高人民生活质量的责任	2.64	1.29	0.49
		关注社会重大问题，提供解决方案的责任	2.77	1.22	0.44
		提高科研成果对国家发展关键领域作出贡献的责任	2.44	1.07	0.44
U3 社会服务责任	U3 向社区普及科学知识的责任	鼓励在校生利用专业知识为社会提供服务的责任	1.38	0.76	0.55
		通过出版物、研讨会和其他活动，向社会宣传科学知识的责任	1.28	0.70	0.55
		提供远程教育的责任	0.83	0.63	0.76
		有针对帮扶弱势群体的倡议、项目或方案的责任	1.10	0.75	0.68

续表

一级维度	二级维度	三级维度	权重分	标准差	变异系数
U3 社会服务责任	U3 通过科技成果转化促进经济发展的责任	向企业转移科研成果，提升企业孵化数量的责任	3.96	1.63	0.41
		提高技术转移合作平台数量的责任	3.31	0.86	0.26
	U3 为国家发展建言献策的责任	建设智库的责任	4.29	2.04	0.48
		对公务人员提供专业培训的责任	2.10	0.78	0.37
U4 文化传承与创新	U4 文化传承与传播责任	发表一定数量社科专著的责任	2.34	1.29	0.55
		开设一定数量的传统文化课程的责任	2.45	1.19	0.48
		鼓励学生参与宣传保护文化艺术的责任	2.01	1.05	0.52
	U4 文化创新与引领责任	在不助长歧视和刻板印象的情况下，向社会传播核心价值观的责任	3.46	1.65	0.48
		为先进文化传播搭建平台的责任	3.10	1.65	0.53
U5 国际交流与合作	U5 提高国际竞争力的责任	获得一定数量的国际权威奖项的责任	2.23	1.08	0.48
		提高中外合作办学项目的责任	1.73	0.92	0.53
		提高中外合作研究项目的责任	1.70	0.91	0.53
	U5 提高国际影响力的责任	招收一定比例留学生的责任	2.68	1.55	0.58
		承担和组织国际会议的责任	2.85	1.51	0.53

（六）指标权重研究结论

通过第一轮和第二轮的问卷调查，最终通过德尔菲法构建了评价大学社会责任的指标维度，通过第三轮问卷调查确定了大学社会责任评价的指标体系权重分数（表 6.14）。

表 6.14　大学社会责任评价的指标体系权重分数

一级指标	二级指标	三级指标
人才培养责任（33.04）	培养高质量人才的责任（14.37）	1. 提供的课程使学生能够发展就业市场所需技能的责任（7.59）
		2. 确保学位论文质量合格的责任（学位论文抽检成绩）（6.78）
	培养具有社会责任感的学生的责任（10.84）	1. 把社会责任纳入大学教育的一部分，并开设社会责任相关课程的责任（4.77）
		2. 教学注重研讨会的方式，加强外部组织或社区的专业人员参与教学过程的责任（3.08）
		3. 鼓励学生参与社区的责任（2.99）
	培养具有社会价值的学生的责任（7.83）	1. 提高学生就业率的责任（2.74）
		2. 提高雇主对毕业生满意度的责任（2.38）
		3. 提高杰出校友数量的责任（2.71）
科学研究责任（24.13）	提高基础研究质量的责任（9.74）	1. 在自然科学一流期刊上发表论文的责任（4.88）
		2. 提高前沿知识领域专利数量的责任（4.86）
	科学联合攻关责任（6.54）	1. 提高产学研合作项目数的责任（3.80）
		2. 提高联合研究或联合著作数量的责任（2.75）
	提升科学研究社会价值的责任（7.85）	1. 实施的研究项目涉及提高人民生活质量的责任（2.64）
		2. 关注社会重大问题，提供解决方案的责任（2.77）
		3. 提高科研成果对国家发展关键领域作出贡献的责任（2.44）
社会服务责任（18.26）	向社区普及科学知识的责任（4.60）	1. 鼓励在校生利用专业知识为社会提供服务的责任（1.38）
		2. 通过出版物、研讨会和其他活动，向社会宣传科学知识的责任（1.28）
		3. 提供远程教育的责任（0.83）
		4. 有针对帮扶弱势群体的倡议、项目或方案的责任（1.10）
	通过科技成果转化促进经济发展的责任（7.27）	1. 向企业转移科研成果，提升企业孵化数量的责任（3.96）
		2. 提高技术转移合作平台数量的责任（3.31）
	为国家发展建言献策的责任（6.39）	1. 建设智库的责任（4.29）
		2. 对公务人员提供专业培训的责任（2.10）

续表

一级指标	二级指标	三级指标
文化传承与创新责任（13.37）	文化传承与传播责任（6.80）	1. 发表一定数量社科专著的责任（2.34）
		2. 开设一定数量的传统文化课程的责任（2.45）
		3. 鼓励学生参与宣传保护文化艺术的责任（2.01）
	文化创新与引领责任（6.57）	1. 在不助长歧视和刻板印象的情况下，向社会传播核心价值观的责任（3.46）
		2. 为先进文化传播搭建平台的责任（3.10）
国际交流与合作责任（11.20）	提高国际竞争力的责任（5.67）	1. 获得一定数量的国际权威奖项的责任（2.23）
		2. 提高中外合作办学项目的责任（1.73）
		3. 提高中外合作研究项目的责任（1.70）
	提高国际影响力的责任（5.53）	1. 招收一定比例留学生的责任（2.68）
		2. 承担和组织国际会议的责任（2.85）

第二节　大学社会责任评价体系的应用及反思

为了验证大学社会责任评价指标体系是否能够用来衡量研究型大学机构履行社会责任的绩效，需要通过案例进行验证。

由于大学社会责任属于大学管理领域，所以对它的评价不能看单个案例，需要从大学战略层面看大学社会责任的融入程度。通过使用该套指标体系，一方面有助于发现研究型大学在承担社会责任方面的表现；另一方面有助于在实践中完善大学社会责任评价指标体系。

一、大学社会责任评价指标的应用

本书以 N 大学的“十二五”发展规划纲要为例。[1]本部分主要目的在于运用

[1] 南开大学战略发展部．南开大学发展规划［EB/OL］．（2016-05-12）［2021-05-28］.https：//sd.nankai.edu.cn/4675/list.htm.

大学社会责任指标体系对其履行社会责任的绩效进行判断。

由于大学社会责任目前还处于探索阶段，所以该套大学社会责任评价体系主要用于高校针对自身开展的 5 年战略规划进行评估。然而由于资料公开相对有限而且时间比较滞后，所以只是作为参考。未来随着资料公开，高校的管理部门可以将其作为对研究型大学进行社会责任评价的指标体系。

考虑到大学社会责任评价指标体系可以直接量化的指标较少，故在赋值时需要注意以下规则（表 6.15）。

表 6.15　大学社会责任评价指标赋值规则

指标表现	赋值范围
战略规划中没有提及指标观测点	0 分
战略规划中提及的内容与指标观测点有一些相关性	0 ~ 25 分
战略规划中提及的内容与指标观测点相关性比较强，有一定的可操作性	25 ~ 50 分
战略规划中提及的内容与指标观测点一致，可操作性强	50 ~ 75 分
战略规划中提及的内容与指标观测点一致，可操作性强，且执行情况良好	75 ~ 100 分

下面以 N 大学“‘十二五’发展战略规划纲要”为例，展示运用大学社会责任指标体系如何实施。首先，收集数据。本书主要收集研究型大学为期 5 年的战略发展规划纲要数据，如 N 大学已经公布的“‘十二五’发展战略规划纲要”。其次，对数据进行分析。依据大学社会责任评价指标体系中的三级指标作为观测点，以相应的数据为基础。最后，参考大学社会责任评价指标赋值规则，对数据中提及的指标进行赋值（表 6.16）。

表 6.16　大学社会责任评价指标的应用

一级指标	二级指标	三级指标	评价依据	赋分/分	实际得分（赋分 × 权重分 %）/ 分
人才培养责任（33.04）	培养高质量人才的责任（14.37）	1. 提供的课程使学生能够发展就业市场所需技能的责任（7.59）	全面设计和强化“学习、实践、协作”能力训练，特别是在长度、广度和深度上加强实践训练，使“实际动手解决问题”成为每个学生的必修环节和社会认可的“强项”，适度增加能力训练专项经费；继续探索跨学科、与海内外高校、研究机构和企业联合培养人才的新模式	90	6.83
		2. 确保学位论文质量合格的责任（学位论文抽检成绩）（6.78）	—	0	0
	培养具有社会责任感的学生的责任（10.84）	1. 把社会责任纳入大学教育的一部分，并开设社会责任相关课程的责任（4.77）	全面改进和加强德育，完善以“见实效”为核心的全方位德育工作体系，探索多样化德育方式	80	3.81
		2. 教学注重研讨会的方式，加强外部组织或社区的专业人员参与教学过程的责任（3.08）	研究生要以学术或应用“项目”作为学业的核心，以“项目”为重要培养载体，以“项目”经费为资助主要来源，以“项目”成果为主要衡量指标。创造条件积极鼓励研究生参与对外交流合作	90	2.77
		3. 鼓励学生参与社区的责任（2.99）	注重学习（开展干部带头、全校参与的教育理论学习活动）、大胆试验（所有项目建立干部教师学生等参加的工作机制）	80	2.39

续表

一级指标	二级指标	三级指标	评价依据	赋分/分	实际得分（赋分 × 权重分 %）/ 分
人才培养责任（33.04）	培养具有社会价值的学生的责任（7.83）	1. 提高学生就业率的责任（2.74）	—	0	0
		2. 提高雇主对毕业生满意度的责任（2.38）	—	0	0
		3. 提高杰出校友数量的责任（2.71）	—	0	0
科学研究责任（24.13）	提高基础研究质量的责任（9.74）	1. 在自然科学一流期刊上发表论文的责任（4.88）	要面向国家战略需求和世界学术前沿，立足创新，积极承担有重大意义的课题与项目，创造更多具有国内外重要影响的成果（如国家级奖励）	50	2.44
		2. 提高前沿知识领域专利数量的责任（4.86）	建立以需求和前沿为导向的科研体制；组建参与国家重点发展领域或国际重大科技前沿研究的优秀创新团队	70	3.40
	科学联合攻关责任（6.54）	1. 提高产学研合作项目数的责任（3.80）	有重点地推进与天津大学和其他高校的协同创新、与天津生物医药联合研究院等科研院所的协同创新、与战略合作企业的协同创新、与海外重点合作伙伴的协同创新，并促进带动校内不同学科的协同创新，建立协同创新战略联盟	100	3.80
		2. 提高联合研究或联合著作数量的责任（2.75）	联合承担并开展重大科研项目攻关	90	2.48

续表

一级指标	二级指标	三级指标	评价依据	赋分/分	实际得分（赋分 × 权重分%）/分
科学研究责任（24.13）	提升科学研究社会价值的责任（7.85）	1. 实施的研究项目涉及提高人民生活质量的责任（2.64）	要抓住改善民生、加强社会管理和创新公共服务的重大问题	90	2.37
		2. 关注社会重大问题，提供解决方案的责任（2.77）	主动适应国家重大需求，瞄准世界学术前沿，加强科研的战略性、前瞻性，增强研究解决社会重大问题的能力	90	2.49
		3. 提高科研成果对国家发展关键领域作出贡献的责任（2.44）	研究制定产学研用相结合的规划和政策，促进科研成果的转化，以及向课程教材、社会普及、政府决策、文化产品的转化，提高科研成果的经济、社会和学术效益	90	2.20
社会服务责任（18.26）	向社区普及科学知识的责任（4.60）	1. 鼓励在校生利用专业知识为社会提供服务的责任（1.38）	发展继续教育，开展科学普及和政策研究咨询服务	80	1.10
		2. 通过出版物、研讨会和其他活动，向社会宣传科学知识的责任（1.28）	—	0	0
		3. 提供远程教育的责任（0.83）	提供形式多样的教育服务	80	0.66
		4. 有针对帮扶弱势群体的倡议、项目或方案的责任（1.10）	积极推进对延边大学、喀什师范学院的对口支援工作，做好新疆伊犁师院支教和研究生支教团等工作	100	1.10

续表

一级指标	二级指标	三级指标	评价依据	赋分/分	实际得分（赋分 × 权重分 %）/ 分
社会服务责任（18.26）	通过科技成果转化促进经济发展的责任（7.27）	1. 向企业转移科研成果，提升企业孵化数量的责任（3.96）	要重视促进科研成果的应用和转化，规范教师与科研人员创办公司从事科技开发成果转化	90	3.56
		2. 提高技术转移合作平台数量的责任（3.31）	主动参与推动战略性新兴产业的发展，构建与科研院所、行业企业相互开放、紧密合作的格局	90	2.98
	为国家发展建言献策的责任（6.39）	1. 建设智库的责任（4.29）	—	0	0
		2. 对公务人员提供专业培训的责任（2.10）	根据中央文件精神，面向国家和区域经济社会发展的重大战略需要与实际，认真研究制定全国干部教育培训基地建设的目标、任务和措施	100	2.10
文化传承与创新责任（13.37）	文化传承与传播责任（6.80）	1. 发表一定数量社科专著的责任（2.34）	推进文化传承创新，参与文化产业的创新发展	90	2.11
		2. 开设一定数量的传统文化课程的责任（2.45）	弘扬优秀传统文化	70	1.72
		3. 鼓励学生参与宣传保护文化艺术的责任（2.01）	—	0	0
	文化创新与引领责任（6.57）	1. 在不助长歧视和刻板印象的情况下，向社会传播核心价值观的责任（3.46）	凝练具有 ×× 特色的大学文化精神，加强学校文化建设，积极发挥大学的文化辐射作用	100	3.46
		2. 为先进文化传播搭建平台的责任（3.10）	担当起文化传承与创新的历史使命与职责	80	2.48

续表

一级指标	二级指标	三级指标	评价依据	赋分/分	实际得分（赋分 × 权重分 %）/ 分
国际交流与合作责任（11.20）	提高国际竞争力的责任（5.67）	1. 获得一定数量的国际权威奖项的责任（2.23）	—	0	0
		2. 提高中外合作办学项目的责任（1.73）	—	0	0
		3. 提高中外合作研究项目的责任（1.70）	积极推动国际合作研究，培育新的科研增长点。	80	1.36
	提高国际影响力的责任（5.53）	1. 招收一定比例留学生的责任（2.68）	拓展留学生来源，逐步建设开放的国际化课程体系（选择若干有条件的专业试点实施全程英语授课），扩大留学生教育的专业覆盖面，提高留学生培养层次和学历生的比例，提高留学生比重	100	2.68
		2. 承担和组织国际会议的责任（2.85）	—	0	0
大学社会责任	—			总分	60.29

通过对大学社会责任指标体系的应用可以得出以下结论。

N 大学在人才培养责任方面，比较注重人才培养的质量，也注重学生的社会责任感的培养，但是也存在忽视人才培养的社会价值。大学培养的学生最终是要走向社会，所以大学的质量观不应等同于学校教学质量，更应将学生走向社会，被社会认可的价值指标纳入人才培养环节。

N 大学在科学研究责任方面表现优秀。无论是基础研究、联合研究，还是科学研究的社会价值均有涉及，能较好履行大学科学研究责任。

N 大学在社会服务责任方面表现尚可。无论是向社区普及科学知识、通过科技成果转化促进经济发展，还是为国家发展积极建言献策，N 大学都积极参与其中；但也可以看出，形式过于单一，对社会服务的理解还存在一定偏差。大学社会服务不应是大学自我牺牲式的慈善式的救助，更应该是大学立足专业特色，输出“知识”方面的服务。

N 大学在文化传承与创新方面表现较好。N 大学已经形成其自身特色文化，能积极传播先进文化，并发挥价值引领作用。后面需要对文化传承与创新落实措施做得更加细化。

N 大学在国际交流与合作责任方面表现一般。对于如何牵头国际会议、获得国际权威奖项、加强中外合作办学方面显得底气不足。研究型大学需要有“拯救世界、改变世界”的格局才能更好地承担它应有的责任。

二、研究的不足与反思

首先，大学社会责任指标体系的构建主要是在第四代评估理念即建构主义评价观的指导下完成的，由于大学社会责任在我国还处于探索阶段，所以主要运用的是德尔菲法来完成指标的建构。但是德尔菲法有其自身研究的局限性，即主观性比较强。本研究在使用该研究方法之时，已经尽可能地规避专家打分的主观性。研究过程中也出现了不少新情况需要再次说明，如有专家中途退出，有打分过程中出现不符合答题标准的等，但其中有 25 名专家参与了整个研究过程。

其次，由于时间和精力的限制，该套指标体系较为粗糙，需要进一步细化。指标维度之间的递进关系及如何测量大学融入社会责任之后对利益相关者的影响都需要进一步研究。

再次，由于高校实施的战略发展规划尚未完全公开，只能选择高校发展战略规划纲要作为案例，这对研究的正确使用带来一些问题。如时间滞后性问题，“十二五”战略规划中未提及的智库，在该校“十三五”规划中，该大学已经在智库方面取得了可喜的成果。

最后，通过使用该套指标体系可以发现，目前的指标建构只考虑了内容的完整度，忽视了一些指标放在大学战略层面是否适当，如确保学位论文质量合格的责任（学位论文抽检成绩）、提高雇主对毕业生满意度的责任等相关指标。

第六章　结论与展望

本书所采取的研究视角为重新审视高等教育提供了有益启示。大学社会责任研究对高等教育管理和未来大学发展方向都提供了重要的借鉴意义，研究结论对我国研究型大学如何实施大学社会责任及如何衡量大学社会责任绩效提供了切实可行的路径。

一、结论

总体而言，本书通过研究得出了研究型大学社会责任评价指标体系及各指标权重。一级指标权重分别为：人才培养责任权重分 33.04、科学研究责任权重分 24.13、社会服务责任权重分 18.26、文化传承与创新责任权重分 13.37、国际交流与合作责任权重分 11.20。该套大学社会责任评价指标体系有助于推动研究型大学社会责任落实，也有助于衡量研究型大学社会责任绩效，进而提升高等教育质量和人类生活质量。具体结论如下。

一是大学政策和活动对社会和环境不一定都是积极正面的影响，如果大学不能将社会相关性考虑进决策和活动中，可能会产生负面影响。大学社会责任不仅强调大学要规避对社会和环境产生负面影响，还在很大程度上提醒那些未将社会责任融入人才培养、科学研究、社会服务、文化传承与创新、国际交流与合作职能之中的大学管理者。

二是承担社会责任是大学获得社会合法性的基础。ISO26000 及我国出台的社会责任指南都在强调任何组织都需要承担社会责任。这些文件都将大学社会责任定义为组织因其对社会和环境的影响而应该承担的责任。大学的影响是真实的，所以承担社会责任是大学获得社会合法性的一个基础。

三是可以将大学社会责任作为一种管理理念或作为一种营销策略，如此一来，才能在激烈的竞争中获得相对优势。大学社会责任活动有利于个人、学校和社区，也有利于提高大学在社区中的品牌认知和可信度，以及对其专业知识的认知，这可以提高大学在未来学生心中的地位和影响力。

四是大学社会责任内涵是随着大学职能发展而不断发展的一个历史范畴。在大学建立之初，大学几乎只有人才培养的职能，此时大学只需要对社会承担人才培养的责任；而随着大学与社会关系越来越密切，大学职能不断发展，所以大学承担的社会责任也随之增多。

五是大学社会责任范式是一种很好的武器，可以对抗高等教育数字化和商业化的新趋势。世界上最负盛名的大学（麻省理工学院、斯坦福大学、哈佛大学等）在在线课程（MOOC）模式下，开发了免费或收取很少费用的在线课程，如 Coursera，Udacity，edX……这些课程的出现，一方面，可以使我们每个人都可以免费获得知识，是知识民主化的趋势；另一方面，它也提醒着我们，这种教育模式不再是固定在某个地方进行的个性化面对面培训，必然会忽视教学与学习之间的人文性。而且它还暗藏着一种新的危机，那就是教育开始了新一轮的竞赛。教育的商品化将会使主流的文化再次加强其对世界的统治，而发展中国家只能越来越落后于发达国家。根据马太效应，发展中国家的顶尖人才不可避免地会更快流向这些发达国家。最终这些主流的标准化知识将会使那些弱势文化不复存在，其语言标准会被全球化的英语所取代。而大学社会责任能为大学提供一种能够将科学与人文主义文化和参与式民主联系起来的思想免疫系统，从而促进公平和可持续发展的文化。

六是大学社会责任有助于社会团结。大学社会责任能将团结社会的项目置于教育过程的核心，如服务学习、基于社会项目的教学方法、基于社会问题的教学方法等，这些方法可以使得学生获得学习的乐趣，重新平衡大学与政府之间的关系，同时重新平衡大学与社会的关系。

二、展望

本书本质上回应的是大学的存在对社会有什么益处。研究的目的是为学术界提供关于如何提高等教育质量和人类生活质量的新路径。预期的研究结果是能为大学管理者提供一套能够衡量大学社会责任表现的指标体系。但是由于大学社会责任还处于探讨阶段，专攻大学社会责任研究领域的人并不多，整个研究过程不是很容易把握，所以这套指标体系也需要在实践中不断调整和发展。大学社会责任未来需要进一步研究的地方如下。

首先，大学社会责任的实现受制于社会制度，这就需要高校管理部门的推动。高等教育管理部门可以将大学社会责任纳入高校考核指标，如教育部可以规定，只有那些将大学社会责任融入大学发展战略规划的大学才可以申请某些项目，或许可以推动大学社会责任的实践。

其次，对于大学社会责任评价指标体系的设计不够精细，对指标之间的递进关系处理过于粗糙。

再次，大学社会责任具有弥散性和长期性，这就需要对大学利益相关者的满意度进行评价，进而不断优化指标。大学利益相关者对大学社会责任实践之后是否满意，这是问题的关键，所以后面需要进行调研和评估，以求改进大学社会责任指标体系。

最后，我们需要制定更为细化的评价指标，对大学战略层面融入大学社会责任理念之后给社会带来的益处进行评价。

参考文献

一、中文著作

［1］程斯辉，肖全民．蔡元培画传［M］．山东：山东教育出版社，2015：93.

［2］蔡洪滨．社会责任、价值共享与治理之道［M］．北京：北京大学出版社，2013：8.

［3］夏征农．辞海［M］．上海：上海辞书出版社，1989：1317.

［4］陈万灵，郑春生．高等教育蓝皮书：中国高等教育发展报告（2019）［M］．北京：社会科学文献出版社，2020：16–18.

［5］陈谟开．高等教育评价概论［M］．长春：吉林教育出版社，1988：28–50.

［6］杜涛．框中世界：媒介框架理论的起源、争议与发展［M］．北京：知识产权出版社，2014：1.

［7］杜一宁．新区域资源发展规划管理——应对经济一体化与区域发展战略整合与创新管理模式典范［M］．北京：中国城市出版社，2007：1346.

［8］德里克•博克．走出象牙塔：现代大学的社会责任［M］．浙江：浙江教育出版社，2001：231.

［9］范文曜，马陆亭．国际视角下的高等教育质量评估与财政拨款［M］．北京：教育科学出版社，2004：2.

［10］甘绍平．应用伦理学前沿问题研究［M］．南昌：江西人民出版社，2002：112.

［11］侯西安．中国晚近政治思维演进［M］．吉林：延边人民出版社，2002：231.

［12］江若玫，靳云汇．企业利益相关者理论与应用研究［M］．北京：北京大学出版社，2009：23.

［13］康乐．大学社会责任的组织融入与治理［M］．北京：科学出版社，2020：11–12.

［14］蓝晓霞．美国产学研协同创新机制研究［M］．北京：北京交通大学出版社，2014：19.

［15］马和民，高旭平．教育社会学研究［M］．上海：上海教育出版社，1998：31–40.

［16］马和民．新编教育社会学［M］．上海：华东师范大学出版社，2002：279.

［17］马哲伟．高校科研评估［M］．大连：东北财经大学出版社，2007：1–8.

［18］李工真．德意志大学与德意志现代化．中国大学人文启示录［M］．武汉：华中科技大学出版社，2005：51.

［19］李进才，邓传德，朱现平．高等教育教学评估词语释义［M］．武汉：武汉大学出版社，2016：2.

［20］李化树．建设高等教育强国——美国实证研究［M］．成都：西南交通大学出版社，2012：193.

［21］李廉水．科技经济融合生长论［M］．南京：东南大学出版社，1993：389.

［22］潘懋元．大学的沉思［M］．北京：商务印书馆，2017：111–116.

［23］潘懋元．高等教育学讲座［M］．北京：人民教育出版社，1993：52.

［24］潘懋元．高等教育研究的社会责任［M］．北京：教育科学出版社，2011：3–6.

［25］潘爱珍．高等教育评估中的政府行为研究［M］．北京：中国水利水电出版社，2010：60–66.

［26］钱民辉．教育社会学研究：学科·学理·学术［M］．北京：社会科学文献出版社，2014：57.

［27］钱民辉．教育社会学概论［M］．北京：北京大学出版社，2010：75.

［28］清华大学校史研究室．清华大学九十年［M］．北京：清华大学出版社，2001：3.

［29］饶征，孙波．以KPI为核心的绩效管理［M］．北京：中国人民大学出版社，2003：40.

［30］上海社会科学院政府绩效评估中心．公共政策绩效评估理论与实践［M］．上海：上海社会科学院出版社，2017：12–13.

［31］沈映春．高校的社会责任［M］．太原：山西人民出版社，2015：197–199.

［32］史秋衡，陈蕾．中国特色高等教育质量评估体系的范式研究［M］．广州：广东高等教育出版社，2011：35–90.

［33］史秋衡，余舰．高等教育评估［M］．贵阳：贵州教育出版社，2004：1–335.

［34］舒也．中西文化与审美价值诠释［M］．上海：上海三联书店，2008：1–99.

［35］谭光鼎．教育社会学［M］．台北：学富文化事业有限公司，2010：48–52.

［36］田恩舜．高等教育质量保证模式研究［M］．青岛：中国海洋大学出版社，2007：56.

［37］涂又光．中国高等教育史论［M］．武汉：湖北教育出版社，1997：6–263.

［38］陶培之．当代中国大学社会责任研究［M］．苏州：苏州大学出版社，2017：19.

［39］陶培之．当代中国大学社会责任研究［M］．江苏：苏州大学出版社，2016：21.

［40］王处辉．高等教育社会学［M］．北京：高等教育出版社，2009：14.

［41］王处辉．思想者言：中国大学管理问题［M］．北京：知识产权出版社，2012：208.

［42］王晓阳．大学社会功能比较研究［M］．北京：高等教育出版社，2003：55.

［43］王英杰．美国高等教育的发展与改革［M］．北京：人民教育出版社，1992：7–8.

［44］王爱国．强化企业社会责任问题的会计研究［M］．济南：山东人民出版社，2011：43–44.

［45］汪利兵．2007年世界高等教育报告［M］．杭州：浙江大学出版社，2009：41–47.

［46］魏娜．公共管理的方法与技术［M］．北京：中国人民大学出版社，2004：244–246.

［47］吴丕，刘镇杰．北大精神［M］．北京：现代出版社，2015：21.

［48］夏基松．现代西方哲学［M］．上海：上海人民出版社，2009：550–586.

［49］阎光才．识读大学——组织文化的视角［M］．北京：教育科学出版社，2002：64.

［50］伊继东．高等教育评估理论与实践［M］．北京：科学出版社，2009：1–150.

［51］杨焕勤，张蕴华．柏林洪堡大学［M］．长沙：湖南教育出版社，1986：10–14.

［52］赵中建．全球教育发展的研究热点——90年代来自联合国教科文组织的报告［M］．北京：教育科学出版社，1999：155.

［53］周镇宏，何翔周．政府成本论［M］．北京：人民出版社，2001：67.

［54］周雪光．组织社会学十讲［M］．北京：社会科学文献出版社，2003.

［55］张振助．高等教育与区域互动发展论［M］．桂林：广西师范大学出版社，2004：38–46.

［56］张凌云．传承与创新——德美两国博士生培养模式研究［M］．武汉：武汉理工大学出版社，2016：89–95.

［57］张文显．法理学［M］．北京：法律出版社，1997：143.

［58］张德才，陈虹岩．比较与借鉴：中外高等教育评估体系研究［M］．哈尔滨：哈尔滨工程大学出版社，2008：1–142.

［59］张维迎．大学的逻辑［M］．北京：北京大学出版社，2005：19–216.

［60］中国标准化研究院．社会责任指南：GB/T3600—2015［S］．北京：中国标准出版社，2015：3.

二、中文译作

［1］爱德华•弗里曼．战略管理——利益相关者方法［M］．王彦华，梁豪，译．上海：上海世纪出版股份有限公司，2006：2.

［2］阿马蒂亚•森．以自由看待发展［M］．任赜，于真，译．北京：中国人民大学出版社，2012：1–17.

［3］阿比吉特•班纳吉，埃斯特•迪弗洛．贫穷的本质［M］．景芳，译．北京：中信出版社，2013.

［4］阿什比．科技发达时代的大学教育［M］．滕大春，滕大生，译．北京：人民教育出版社，1983：1–121.

［5］爱德华•弗里曼．利益相关者理论现状与展望［M］．盛亚等，译．北京：知识产权出版社，2013：198.

［6］埃兹科维茨．国家创新模式——大学、产业、政府“三螺旋”创新战略［M］．周春彦，译．北京：东方出版社，2006：1.

[7] 伯纳德•马尔．关键绩效指标［M］．张蔷蔷，译．北京：清华大学出版社，2015.

[8] 柏拉图．理想国［M］．郭斌，张竹明，译．北京：商务印书馆，2015：419–445.

[9] 鲍尔生．德国教育史［M］．藤大春等，译．北京：人民教育出版社，1986：125–126.

[10] 保罗•莱特．探求社会企业家精神［M］．苟天来，何君，滕飞等，译．北京：社会科学文献出版社，2011：1–8.

[11] 德里克•博克．走出象牙塔——现代大学的社会责任［M］．徐小洲，陈军，译．浙江：浙江教育出版社，2002：73.

[12] 戴维•帕门特．关键绩效指标：KPI 的开发、实施和应用［M］．张丹，商国印，张风都，译．北京：机械工业出版社，2008：7.

[13] 费希特．现时代的根本特点［M］．沈真，梁志学，译．北京：商务出版社，2017：1–4.

[14] 富永健一．社会学原理［M］．严立贤，译．北京：社会科学文献出版社，1992：162.

[15] 佛兰茨 - 米夏埃尔•康拉德．洪堡传［M］．赵劲，张富馨，译．上海：同济大学出版社，2017：74.

[16] 弗兰克•H.T. 罗德斯．创造未来——美国大学的作用［M］．王晓阳，蓝劲松，译．北京：清华大学出版社，2001：1.

[17] 菲利普•G. 阿特巴赫．全球化挑战与创新理念［M］. 陈艺波，译．青岛：中国海洋大学出版社，2009：1–7.

[18] 弗里德里希•尼采．论我们教育机构的未来［M］．周国平，译．南京：译林出版社，2012：6.

[19] 弗里曼．战略管理：利益相关者方法［M］．王彦华等，译．上海：上海世纪出版社，2006：62–64.

［20］古贝，林肯．第四代评估［M］．秦霖，译．北京：中国人民大学出版社，2008：1–20.

［21］哈利•莱文森．组织评估［M］．张进辅，译．重庆：重庆大学出版社，2007.

［22］哈贝马斯．公共领域的结构转型［M］．曹卫东，译．上海：学林出版社，1999.

［23］杰勒德·德兰迪．知识社会中的大学［M］．黄建如，译．北京：北京大学出版社，2019：61–78.

［24］杰瑞•穆勒．指标陷阱［M］．闾佳，译．上海：东方出版中心，2020：17–171.

［25］克拉克•克尔．高等教育不能回避历史［M］．王承绪，译．杭州：浙江教育出版社，2001：1–6.

［26］克拉克•克尔．大学的功用［M］．陈学飞，译．南昌：江西教育出版社，1993.

［27］罗伯特•殷．案例研究方法的应用［M］．周海涛，译．重庆：重庆大学出版社，2014：188–203.

［28］罗伯特•伯恩鲍姆．大学运行模式［M］．别敦荣，译．青岛：中国海洋大学出版社发行，2003：81–160.

［29］罗宾•科恩，保罗•肯尼迪．全球社会学［M］．文军，译．北京：社会科学文献出版社，2001：65.

［30］罗索夫斯基．美国校园文化［M］．谢宗仙，译．济南：山东人民出版社，1996：233–256.

［31］罗索夫斯基．美国校园文化：学生•教授•管理［M］．谢宗仙等，译．济南：山东人民出版社，1996：233–255.

［32］联合国教科文组织．反思教育：向“全球共同利益”的理念转变？［M］．联合国教科文组织总部中文科，译．北京：教育科学出版社，2017：2.

［33］理查德•鲁克．高等教育公司：营利性大学的崛起［M］．于培文，译．北京：北京大学出版社，2006：8–24.

［34］迈克尔•吉本斯．知识生产的新模式［M］．陈洪捷，译．北京：北京大学出版社，2011：1–59.

［35］马克思•韦伯．儒教与道教［M］．洪天富，译．南京：江苏人民出版社，2010：115–177.

［36］马克思•韦伯．新教伦理与资本主义精神［M］．刘作宾，译．北京：作家出版社，2017：1–17.

［37］奥尔森．集体行动的逻辑［M］．陈郁，郭宇峰，李崇，译．上海：上海人民出版社，2014：1–41.

［38］奥尔特加•加塞特．大学的使命［M］．徐小洲，陈军，译．浙江：浙江教育出版社，2001：82–95.

［39］乔治•马斯登．美国大学之魂［M］．徐弢，程悦，张离海，译.2 版．北京：北京大学出版社，2015：1–55.

［40］让 - 雅克•卢梭．社会契约论［M］．李阳，译．北京：作家出版社，2016：3–28.

［41］希拉•斯劳特，拉里•莱斯利．学术资本主义［M］．黎丽，译．北京：北京大学出版社，2014：1–197.

［42］斯塔夫里阿诺斯．全球通史：从史前史到 21 世纪［M］．吴象婴，梁赤民，译．北京：北京大学出版社，2013.

［43］汤普逊．中世纪经济社会史（上册）［M］．耿淡如，译．北京：商务印书馆，1997：539.

［44］韦尔伯•斯拉姆．报刊的四种理论［M］．中国人民大学新闻系，译．北京：新华出版社，1980：84–123.

［45］许美德，巴斯蒂．中外比较教育史［M］．朱维铮，译．上海：上海人民出版社，1990：1–50.

［46］雅克•维尔热．中世纪大学［M］．王晓辉，译．上海：上海人民出版，2007：87–110.

［47］雅克•勒戈夫．中世纪的知识分子［M］．张宏，译．北京：商务印书馆出版社，1996：125.

［48］约翰•亨利•纽曼．大学的理想［M］．徐辉，译．杭州：浙江教育出版社，2001：1.

［49］亚伯拉罕•弗莱克斯纳．现代大学论——英美德大学研究［M］．徐辉，陈晓菲，译．杭州：浙江教育出版社，2001：42.

［50］约翰•杜威．民主主义与教育［M］．陶志琼，译．北京：中国轻工业出版社，2014：1–39.

［51］约翰•范德格拉夫．学术权力［M］．王承绪，译．杭州：浙江教育出版社，2001：161–184.

［52］约翰•布鲁贝克．高等教育哲学［M］．王承绪，译．杭州：浙江教育出版社，2002：18，65–79.

［53］亚伯拉罕•弗莱克斯纳．现代大学论［M］．徐辉，陈晓菲，译．杭州：浙江教育出版社，2001：1–9.

［54］詹姆斯•汤普森．行动中的组织［M］．敬乂嘉，译．上海：上海人民出版社，2007：1–89.

［55］詹姆斯•杜德斯达．21 世纪的大学［M］．刘彤等，译．北京：北京大学出版社，2005：8.

［56］詹姆斯•杜德斯达，弗瑞斯•沃马克．美国公立大学的未来［M］. 北京：北京大学出版社，2006.

［57］朱丽叶•科宾，安塞尔姆•施特劳斯．质性研究的基础：形成扎根理论的程序与方法［M］．朱光明，译．重庆：重庆大学出版社，2015：317.

［58］郑俊新，罗伯特•陶克新，乌尔里希•泰希勒．大学排名：理论、方法及其对全球高等教育的影响［M］．涂阳军，译．长沙：湖南大学出版社，2018：144–203.

三、中文期刊文章

[1] 白华 . 关于现代大学社会责任的思考 [J]. 重庆高教研究, 2013, 1 (3): 24–26.

[2] 边伟军, 罗公利 . 基于三螺旋模型的官产学合作创新机制与模式 [J]. 科技管理研究, 2009 (2): 4–6.

[3] 陈尚义, 尚钢 . 析评中外地方高校办学模式 [J]. 福州大学学报 · 社会科学版, 1998, 12 (1): 47–52.

[4] 陈阳 . 框架分析: 一个亟待澄清的理论概念 [J]. 国际新闻界, 2007(4): 19–23.

[5] 程金霞 . 高等教育评估指标体系设计分析 [J]. 邯郸职业技术学院学报, 2004, 17 (4): 57–59.

[6] 陈星博 . 一流大学建设要担当起构建和谐社会的责任——对一流大学评价指标体系的再思考[J]. 贵州社会科学, 2007 (6): 45–49.

[7] 陈学飞 . 面向 21 世纪国际高等教育发展的基本趋势 [J]. 现代教育管理, 1998 (6): 25–37.

[8] 邓敏, 刘文宇, 马蕾 . 基于现代大学制度下的高校社会责任研究 [J]. 技术经济与管理研究, 2015 (2): 42–46.

[9] 樊平军 . 论大学的知识选择 [J]. 江苏高教, 2009 (1): 30–33.

[10] 高福安 . 深入理解评估指标内涵 扎实抓好自评工作 [J]. 中国高等教育, 2006 (20): 35–37.

[11] 眭依凡 . 大学的使命及其守护 [J]. 教育研究, 2011 (1): 68–72.

[12] 睦依凡, 汤谦凡 . 我国高校社会服务 30 年发展实践研究 [J]. 中国高教研究, 2008 (11): 18.

[13] 郭丽君 . 大学的社会责任 [J]. 扬州大学学报 (高教研究版), 2003 (3): 18–21.

［14］龚静 . 论现代大学的社会责任［J］. 武汉科技大学学报（社会科学版），2005，7（3）：63–66.

［15］胡赤弟，田玉梅 . 高等教育利益相关者理论研究的几个问题［J］. 中国高教研究，2010（6）：15–19.

［16］胡子祥 . 高校利益相关者治理模式初探［J］. 西南交通大学学报（社会科学版），2007，8（1）：19–23.

［17］胡弼成 . 高等教育质量观的演进［J］. 教育研究，2006，27（11）：24–28.

［18］胡弼成，陈小伟，李姝辄 . 大学教师作为知识分子的社会责任［J］. 中国高等教育评论，2011（1）：101–108.

［19］何海兵 . 我国城市基层社会管理体制的变迁：从单位制、街居制到社区制［J］. 管理世界，2003（6）：52–62.

［20］亨利·埃茨科威兹 . 创业型大学与创新的三螺旋模型［J］. 王平聚，李平，译 . 科学学研究，2009，27（4）：146–149.

［21］金保华，刘禹含 . 地方高水平大学的社会服务职能：问题与改进［J］. 教育探索，2015（11）：71–74.

［22］贾生华，陈宏辉 . 利益相关者的界定方法述评［J］. 外国经济与管理，2002，24（5）：13–18.

［23］康乐 . 试论大学社会责任［J］. 中国高教研究，2012（4）：26–29.

［24］康乐 . 大学社会责任的现状、挑战与反思［J］. 现代教育管理，2012（5）：32–35.

［25］康乐，葛二长 . 网络治理视角下的大学社会责任履行模式［J］. 重庆大学学报（社会科学版），2015，21（5）：197–201.

［26］康乐 . 追求卓越的永恒动力——美国大学社会责任研究［J］. 高等理科教育，2011（6）：89–94.

［27］康乐 . 试论现代大学社会责任的实现方式［J］. 中国高教研究，2014（8）：25–28.

[28] 林杰，刘国瑞 . 关于深化中国特色高等教育人才培养体系改革的几个问题 [J]. 中国高教研究，2015 (3)：21–25.

[29] 刘恩允 . 区域发展视角下的高校社会服务伦理探讨——基于威斯康星大学社会服务理念的解读及其启示 [J]. 江苏高教，2011 (2)：19–21.

[30] 刘献君 . 行业特色高校发展中需要处理的若干关系 [J]. 中国高教研究，2019 (8)：14–18.

[31] 刘革 . 大学教育与社会责任解析 [J]. 沈阳建筑大学学报 (社会科学版)，2008，10 (2)：180–183.

[32] 刘子云 . 博克论现代大学的社会责任及其启示 [J]. 高校教育管理，2013，7 (6)：116–119.

[33] 李新月，陈敏 . 作为公民的学院和大学——欧内斯特 •L. 博耶视野中的大学社会责任 [J]. 现代大学教育，2010 (3)：58–61.

[34] 李学禄 . 高等教育质量与质量管理新论 [J]. 山东大学学报 (哲学社会科学版)，2001 (2)：117.

[35] 李培根 . 从根基上认识高等教育 [J]. 高等教育研究，2009 (8)：33–37.

[36] 李昕 . 大学的社会贡献——基于中日两份大学排行榜的比较分析 [C] // 文化传承创新与建设高等教育强国——2012 年高等教育国际论坛 . 中国高等教育学会，2012.

[37] 李兵，张恺悌，王海涛 . 关于基本养老服务体系建设的几点思考 [J]. 新视野，2011 (1)：66–68.

[38] 李波，朱琳琳 . 基于大学社会贡献的体育特殊志愿者发展研究——日本发展实际的反观 [J]. 南京体育学院学报 (自然科学版)，2018，1 (8)：17–31.

[39] 李福华 . 利益相关者理论与大学管理体制创新 [J]. 教育研究，2007 (7)：37.

[40] 李志峰，高慧，张忠家 . 知识生产模式的现代转型与大学科学研究的模式创新 [J]. 教育研究，2014，35 (3)：55–63.

［41］李卫东 . 高等教育的外部性与高等教育财政政策的选择［J］. 中国高教研究，2009（8）：22–25.

［42］李张珍 . 产学研协同创新中的研用对接机制探析——基于美国北卡三角协同创新网络发展实践的考察［J］. 高等工程教育研究，2016（1）：34–38.

［43］李晓雯 . 社会［J］. 广西民族大学学报（哲学社会科学版），2021（3）：9–14.

［44］卢代富 . 国外企业社会责任界说述评［J］. 现代法学，2001，23（3）：137–144.

［45］鲁世林，冯用军 ."双一流" 大学建设的监测机制与评估标准探究［J］. 黑龙江高教研究，2018（10）：1–5.

［46］吕楠，刘理 . 论高校教学评估教育价值的含义及构成［J］. 湖北师范学院学报（哲学社会科学版），2007，27（4）：119–122.

［47］卢晓静，赵胜川 . 日本高等教育自我评估——以广岛大学为例［J］. 上海教育评估研究，2017，6（5）：51–55.

［48］毛羽 . 凸显 "责任" 的西方应用伦理学——西方责任伦理述评［J］. 哲学动态，2003（9）：20–24.

［49］马陆亭 . 新时期 "双一流" 建设的推进战略［J］. 中国高教研究，2019（12）：15–18.

［50］马克•霍哲 . 公共部门业绩评估与改善［J］. 张梦中，译 . 中国行政管理，2000（3）：36–40.

［51］倪明胜 . 社会服务概念辨识与路径优化［J］. 江西社会科学，2012（2）：212–217.

［52］潘懋元 . 中国高等教育研究的历史与未来［J］. 中国地质大学学报（社会科学版），2006（9）：5.

［53］潘懋元，刘振天 . 发挥大学中心作用 促进知识经济发展［J］. 教育研究，1999（6）：28–33.

［54］潘海生．作为利益相关者组织的大学治理理论分析［J］．中国地质大学学报（社会科学版），2007，7（5）：17–20.

［55］庞振超．高等教育研究者的身份意识与社会责任——教育叙事的视角［J］．中国高等教育评论，2011（1）：54–60.

［56］宋丙昌．庚子赔款办学与清华大学早期留美学生［J］．兰台世界，2010（9）：50–51.

［57］王守军．关于大学社会责任的一种结构化分析思路初探［J］．清华大学教育研究，2005（S1）：1–8.

［58］王世权，刘桂秋．大学社会责任的本原性质、履约机理与治理要义［J］．教育研究，2014，34（3）：85–93.

［59］王冀生．超越象牙塔：现代大学的社会责任［J］．高等教育研究，2003（1）：1–6.

［60］王磊，周沛．社会治理体制现代化：社会服务伙伴关系演化、本土化及治理之道［J］．社会科学研究，2015（4）：128–129.

［61］王思斌．社会服务的结构与社会工作的责任［J］．东岳论丛，2014（1）：5–11.

［62］王丽燕．美国大学办学理念的创新［J］．文化学刊，2010（1）：7–10.

［63］王向华．论大学的道德责任［J］．教育研究，2018（1）：50–58.

［64］王应密．从“力、利、理”到“仁、义、诚”——涂又光先生“三li说”思想的再阐释［J］．学园，2011（5）：12–16.

［65］王世权，刘桂秋．大学社会责任的本原性质、履约机理与治理要义［J］．教育研究，2014，35（4）：85–93.

［66］王文博，冼月妮，张德忠，等．桂林市大学生社区志愿服务现状分析及对策研究［J］．科技展望，2015（15）：295.

［67］王德林．我国高等教育评估制度的合法性审视［J］．高校教育管理，2012，6（4）：44–48.

[68] 王世华. 世界一流大学的办学理念及启示 [J]. 中国高教研究，2007 (9)：3-6.

[69] 王战军. 什么是研究型大学——中国研究型大学建设基本问题研究 (一) [J]. 学位与研究生教育，2003 (1)：9-11.

[70] 邬大光，赵婷婷. 也谈高等教育的功能和高等学校的职能——兼与徐辉、邓耀彩商榷 [J]. 高等教育研究，1995，16 (3)：57-61.

[71] 武毅英，叶爱珍. 高教研究的社会责任与高教研究主体的使命 [J]. 中国高等教育评论，2011 (1)：37-47.

[72] 谢俊贵. 当代社会变迁之技术逻辑——卡斯特尔网络社会理论述评 [J]. 学术界，2002 (4)：191-203.

[73] 肖斌，张衔. 利益相关者理论的贡献与不足 [J]. 当代经济研究，2011 (4)：22-26.

[74] 尹晓敏. 大学社会责任研究——以利益相关者理论为视角 [J]. 辽宁教育研究，2008 (2)：6-10.

[75] 杨德广. 试论现代大学的性质和功能 [J]. 高等教育研究，2001，22 (1)：29-34.

[76] 杨兴林. 关于现代大学社会责任的再审视 [J]. 江苏高教，2009 (1)：17-20.

[77] 杨君，徐永祥. 新社会服务体系：经验反思与路径建构——基于沪深两地政府购买服务的比较研究 [J]. 学习与实践，2013 (8)：103-109.

[78] 严吉菲，林荣日. 现代美国大学社会责任的批判性分析 [J]. 现代大学教育，2006 (3)：75-79.

[79] 岳经纶，谢菲. 政府向社会组织购买社会服务研究 [J]. 广东社会科学，2013 (6)：182-189.

[80] 叶浩生. 责任内涵的跨文化比较及其整合 [J]. 南京师大学报 (社会科学版)，2009 (6)：99-104.

［81］周晨虹．美国大学社会服务的“大学社区参与”模式评析［J］．广州大学学报（社会科学版），2014，13（5）：59–64.

［82］赵丽宁．大学的社会责任及其作用提升［J］．江苏高教，2002（4）：28–30.

［83］赵卫平，陈贵青．博克对美国现代大学社会服务功能的反思［J］．江苏高教，2003（4）：125–127.

［84］江治强．经济新常态下社会救助政策的改革思路［J］．西部论坛，2015，25（4）：31–39.

［85］朱斌．自私的慈善家——家族涉入与企业社会责任行为［J］．社会学研究，2015（2）：74–97.

［86］朱振国．大学好不好，谁说了算？［N］．光明日报，2012–02–08（16）.

［87］张楚廷，彭道林．关于大学的概念、起源与发展［J］．学园，2010（2）：21–28.

［88］张维迎．正确解读利润与企业社会责任［N］．经济观察报，2007–08–20（41）.

［89］曾天山．高等教育学者的社会责任［J］．中国高等教育评论，2011（1）：7–13.

四、硕博论文

［1］韩映雄．高等教育质量精细分析［D］．上海：华东师范大学，2003：1–55.

［2］康乐．大学社会责任理念与履行模式［D］．大连：大连理工大学，2012：8.

［3］李磊．地方政府绩效评估指标体系的构建及其应用研究［D］．郑州：郑州大学，2007：20.

［4］李少华．基于利益相关者分析的高等教育评估制度设计研究［D］．北京：北京航空航天大学，2011：85–87.

［5］李艳．国际视野下我国研究型大学本科阶段拔尖创新人才培养模式研究［D］．桂林：广西师范大学，2014：7.

［6］蒙昧．服务型政府公共服务绩效评估指标设计研究［D］．成都：电子科技大学，2006：28.

［7］任燕红．大学功能的整体性及其重建［D］．重庆：西南大学，2012：12.

［8］杨惠芬．高等教育中的服务学习［D］．厦门：厦门大学，2017：284–285.

［9］张舒玉．民国时期金陵大学社会服务实践研究［D］．西安：西安电子科技大学，2019：1–5.

［10］张维红．大学社会责任探究［D］．厦门：厦门大学，2018：93–94.

五、外文著作

［1］ALMA HERRERA. Social Responsibility of University［A］. GUNI（eds）. Higher Education in the world（Higher Education; new challenges and Emerging Roles for Human and Social Development）［M］. New York：Elsevier Science，2008：177.

［2］AIZIK D P，STREIR R，F AZAIZA. The Paradoxical Fabric of Hope in Academy-Community Partnerships：Challenging Binary Constructions of Conflict-Cooperation［M］. Singapore：Springer Singapore，2017：135–153.

［3］BUFFEL T，PHILLIPSON C，SKYRME J. Connecting Research with Social Responsibility：Developing 'Age-Friendly' Communities in Manchester，UK［M］. Singapore：Springer Singapore，2017：101.

［4］GOMEZ L. The Importance of University Social Responsibility in Hispanic America：A Responsible Trend in Developing Countries［M］. 2014.

［5］HOLLISTER R M. Conclusion：Global Experience to Date and Future Directions［M］. Singapore：Springer Singapore，2017：273–277.

［6］HANS JONAS. The Imperative of Responsibility：In Search of an Ethics for the Technologic［M］. Chicago：Chicago University Press，1984：26–245.

［7］JULIA PERIC.Development of Universities' Social Responsibility through Academic service learning programs［C］// International scientific symposium ECONOMY OF EASTERN CROATIA - YESTERDAY，TODAY AND TOMORROW，2012.

［8］LO W H，PANG R X，EGRI C P，et al. University Social Responsibility：Conceptualization and an Assessment Framework［M］// University Social Responsibility and Quality of Life. Singapore：Springer Singapore，2017.

［9］LIN D，YIN J，HOU Y. Developing Qualified Citizenship［M］. Singapore：Springer Singapore，2017：235–253.

［10］KOGAN M，HANNEY S. Reforming Higher Education［M］. London：Philadelphia Jessica Kingsley Publishers，2000：29–30.

［11］BAKKO M，MOORE A，BAKKO M，et al. University Social Responsibility as Civic Learning：Outcomes Assessment and Community Partnership［M］. Singapore：Springer Singapore，2017：81–98.

［12］VALLAEYS F. University Social Responsibility：a mature and responsible definition［C］// GUNI Report 2014 n°5 Higher Education in The World，2014.

［13］YE J. Reflections on and Practices of Peking University Fulfilling Social Responsibility［M］. Singapore：Springer Singapore，2017：205–221.

六、外文期刊文章

［1］ABLA BOKHARI. Universities' Social Responsibility（USR）and Sustainable Development：A Conceptual Framework［J］. International Journal of Economics and Management Studies，2017：1–9.

［2］MOHAMED A T E. A Framework for University Social Responsibility and Sustainability：The Case of South Valley University，Egypt［J］. Economics and Management Engineering，2015：2407–2416.

［3］DIDRIKSSON A，ALMA X. Herrera. Universities' New relevance and Social Responsibility [A] .GUNI (eds) . Higher Education in the World 2007 (Accreditation for Quality Assurance: What is at Stake) [C] .New York: Elsevier Science, 2007: XI—XIV .

[4] ALBAREDA L, LOZANO J M, YSA T. Public Policies on Corporate Social Responsibility: The Role of Governments in Europe [J] . Social Science Electronic Publishing, 2011: 1–79.

[5] ESFIJANI A, HUSSAIN F, CHANG E. University social responsibility ontology [J] . Engineering Intelligent Systems, 2013 (4): 271–281.

[6] ÁLVAREZ A W, LOZANO M R. University Social Responsibility (USR) in the Global Context: An overview of literature [J] . Business & Professional Ethics Journal, 2012: 475–498.

[7] SUKAINA A, KAMAL B. Social Responsibility in Higher Education Institutions: Application case from the Middle East [J] . European Scientific Journal, 2015: 121–129.

[8] WIGMORE-ÁLVAR A, RUIZ-LOZANO M.University Social Responsibility (USR) in the Global Context [J] . Business & Professional Ethics Journal, 2013: 475–498.

[9] SALEEM B. The role of higher education in society: valuing higher education [C] . In: HERS-SA Academy 2009, 13–19 Sept 2009, University of Cape Town, Graduate School of Business, Cape Town, South Africa.

[10] BOKHARI A A H. Universities' Social Responsibility (USR) and Sustainable Development: A Conceptual Framework [J] . SSRG International Journal of Economics and Management Studies (SSRG-IJEMS), 2017, 4 (12): 8–16.

[11] BOELEN C, WOOLLARD B. Social accountability and accreditation: a new frontier for educational institutions [J] . Medical Education, 2010, 43 (9): 887–894.

[12] CARMEN P, DENISA D, OANA G, et al. Examining obligations to society for QS Stars best ranked universities in social responsibility [J] . Management & Marketing, 2017, 12 (4) .

[13] CHEN S H, NASONGKHLA J, DONALDSON J A. University Social Responsibility (USR): Identifying an Ethical Foundation within Higher Education Institutions [J] . Turkish Online Journal of Educational Technology-TOJET, 2015, 14 (4): 165–172.

[14] CHILE L M , BLACK X M. University-community engagement: Case study of university social responsibility [J] . Education Citizenship & Social Justice, 2015, 10 (3): 234–253.

[15] DIMA A M, VASILACHE S, GHINEA V M, et al. A model of academic social responsibility [J] . Transylvanian Review of Administrative Sciences, 2013: 23–43.

[16] MARTEN D. Stakeholder Framework for Analyzing and Evaluating Corporate Social Performance [J] . Academy of Management Review, 2003: 92–116.

[17] DAVID J WEERTS. Building a Two-Way Street: Challenges and Opportunities for Community Engagement at Research Universities [J] . The Review of Higher Education, 2008 (1): 73–106.

[18] BALL L, FORZANI F M. Wallace Foundation Distinguished Lecture: What Makes Education Research "Educational" ? [J] . Educational Researcher, 2007: 36 (9): 529–540.

[19] DDUNGU L, EDOPU R N. Social responsibility of public and private universities in Uganda [J] . Makerere Journal of Higher Education, 2017, 8 (1): 73–86.

[20] EGAMI N, SHIGERU T. Cultivating Competent Individuals Thinking Globally in a Local Setting: Service Learning at Kyoto University [J] . Springer Sin-

gapore，2017：191–204.

［21］FINDLER F，SCHÖNHERR N，LOZANO R. Assessing the Impacts of Higher Education Institutions on Sustainable Development—An Analysis of Tools and Indicators［J］. Sustainability，2018，11（1）：1–19.

［22］GOMEZ L. The importance of university social responsibility in Hispanic America：A responsible trend in developing countries［J］. Corporate social responsibility and sustainability：Emerging trends in developing economies，2014：241–268.

［23］GUMPORT P J . Academic Restructuring：Organizational Change and Institutional Imperatives［J］. Higher Education，2000，39（1）：67–91.

［24］DAHAN G S，SENOL I. Corporate Social Responsibility in Higher Education Institutions：Istanbul Bilgi University Case［J］. American International Journal of Contemporary Research，2012：95–101.

［25］CLIFFORD G. Agricultural Involution［J］. University of California Press，1966：1–103.

［26］HOLLISTER R M. A Comprehensive University-Wide Strategy to Educate Students in All Fields for Lifetimes of Active Citizenship［J］. Springer Singapore，2017：63–80.

［27］KELLMAN S G. Universities in the Marketplace：The Commercialization of Higher Education.（BOOK）［J］. Usa Today Magazine，2003：915–918.

［28］JARDINE A . Nurturing University Students to Be Socially Responsible Citizens：An Examination of Two Approaches to Volunteering［J］. Springer Singapore，2017：121–133.

［29］JORGE M L，PEÑA F J A. Analysing the Literature on University Social Responsibility：a Review of Selected Higher Education Journals［J］. Higher Education Quarterly，2017（5）.

［30］SCOTT J. The Mission of the University：Medieval to Postmodern Transformations.［J］.The Journal of Higher Education, Vo1.77, No. 1, 2006: 1–40.

［31］VÁZQUEZ J L, AZA C L, LANERO A. Students' experiences of university social responsibility and perceptions of satisfaction and quality of service［J］. Ekonomski Vjesnik , 2015: 25–39.

［32］JORGE L, MANUEL, ANDRADES PENA F J . Analysing the Literature on University Social Responsibility: a Review of Selected Higher Education Journals［J］. Higher Education Quarterly, 2017: 310.

［33］LOZANO M R, WIGMORE A. University Social Responsibility (USR) in the Global Context: An overview of literature［J］. Business & Professional Ethics Journal, 2012 (31): 475–498.

［34］LATIF K F. The Development and Validation of Stakeholder-Based Scale for Measuring University Social Responsibility (USR)［J］. Social Indicators Research, 2017 (2): 1–37.

［35］LANG P P, CLUGSTON R M, CALDER W. Critical Dimensions of Sustainability in Higher Education［J］. Sustainability and University Life, 2011, 5 (1): 3.

［36］LIU C, ZHU X. Three Approaches to Cultivating College Students' Sense of Social Responsibility［J］. Springer Singapore, 2017: 223–234.

［37］GIUFFRÉ L, RATTO S E. A New Paradigm in Higher Education: University Social Responsibility (USR)［J］. Journal of Education & Human Development, 2014: 231–238.

［38］GUADRÓN L J V, SILVA M, YANETH C, et al. La docencia en el marco de la responsabilidad social universitaria［J］. Opción, 2012, 28 (68): 257–272.

［39］MOHAMED A T E. A framework for university social responsibility and sustainability: The case of South Valley University, Egypt［J］. Business and Industrial Engineering, 2015, 9 (7): 2370–2379.

[40] MACDONALD K. Social responsibility of universities [J] . 2013.

[41] SÁNCHEZ-HERNÁNDEZ M I, MAINARDES E M. University social responsibility: a student base analysis in Brazil [J] . Nonprofit Mark, (2016) 13: 151–169

[42] LARRY M.Collective Inaction and Shared Responsibility [J] . Noûs, 1990 (2) .

[43] ROMÉRO M D A, FILHO J, TOMANARI G Y. Culture, Extension and Social Inclusion in the University of So Paulo [J] . Springer Singapore, 2017: 175–189.

[44] MULEJ M, AGRAN B, SLATINEK I. Sustainable and socially responsible university in Maribor, Slovenia, European Union [J] . World Review of Entrepreneurship Management and Sustainable Development, 2018, 14 (1/2): 80.

[45] MA C, TANDOON R. IV.4. Knowledge, Engagement and Higher Education in the Asia-Pacific Region [J] . HIGHER EDUCATION in the World , 2014: 196–207.

[46] MAIGNAN I, FERRELL O C, FERRELL L. A stakeholder model for implementing social responsibility in marketing [J] . European Journal of Marketing, 2005, 39 (9/10): 956–977.

[47] CARRASQUERO M D. Responsabilidad social universitaria-transferencia tecnológica en su vinculación con el entorno social [J] . Opción Revista De Ciencias Humanas Y Sociales, 2012, 28 (68): págs. 351–366.

[48] JORGE M L, PENA A F A . Analysing the literature on university social responsibility: A review of selected higher education journals [J] . Higher Education Quarterly, 2017: 302–319.

[49] LAIRD T F N, ENGBERG M E, HURTADO S. Modeling Accentuation Effects: Enrolling in a Diversity Course and the Importance of Social Action Engage-

ment [J] . The Journal of Higher Education，2005，76 (4): 448–476.

[50] AMY P. Literature review on social responsibility in higher education [J] . literature, 2014.

[51] BOER P. Assessing Sustainability and Social Responsibility in Higher Education Assessment Frameworks Explained [J] . 2013：121–137.

[52] PLUNGPONGPAN J，TIANGSOONGNERN L，SPEECE M. University social responsibility and brand image of private universities in Bangkok [J] . International Journal of Educational Management, 2016, 30 (4): in press.

[53] RERUP C. Feldman M S Routines as a source of change in organizational schemata: The role of trial-and-error learning [J] . Academy of Management Journal, 2011, 54(3)：577–610.

[54] REY C，KILFOIL W，NIEKERK G V. Evaluating Service Leadership Programs with Multiple Strategies [J] . 2017：155–174.

[55] FLORES R P，MONROY G V，FABELA A M R. A Critique on the Concept of Social Accountability in Higher Education [J] . Journal of Education and Learning，2015：1–9.

[56] SÁNCHEZ R G，BOLÍVAR M P R，HERNÁNDEZ A M L.Online disclosure of university social responsibility: a comparative study of public and private US universities [J] . Environmental Education Research, 2013, 19 (6): 709–746.

[57] RUS C L，CHIRIC，IU L，et al. Learning Organization and Social Responsibility in Romanian Higher Education Institutions [J] . Procedia - Social and Behavioral Sciences, 2014 (142): 146–153.

[58] LÓPEZ S G，BENÍTEZ J L S，SÁNCHEZ J M A. Social Knowledge Management from the Social Responsibility of the University for the Promotion of Sustainable Development [J] . Procedia - Social and Behavioral Sciences, 2015 (191): 2112–2116.

[59] SELVARATNAM D P. Do Student Volunteers Benefit from Community Engagement? [J]. Asian Social Science, 2013, 9 (8): 123–128.

[60] TANDON R. Civil Engagement in Higher Education and its Role in Human and Social Development [M]. New Delhi: PRIA - Society for Participatory Research In Asia, 2007.

[61] BUFFEL T, SKYRME J, PHILLIPSON C. Connecting Research with Social Responsibility: Developing 'Age-Friendly' Communities in Manchester, UK [J]. Springer Singapore, 2017: 99–120.

[62] FRANCOIS V. Responsabilidad Social Universitaria: Propuesta para una definicion madura e eficiente [M]. Monterrey, Mexico: Tecnologico de Monterrey, 2007.

[63] VASILESCU R, BARNA C, EPURE M, et al. Developing university social responsibility: A model for the challenges of the new civil society [J]. Procedia - Social and Behavioral Sciences, 2010, 2 (2): 4177–4182.

[64] VITERIMOYA, JORGE, JÁCOMEVILLACRES, et al. Integral index for the evaluation of the university social responsibility in Ecuador [J]. ingeniería industrial, 2012: 295–306.

[65] FILHO W L, DONI F, VARGAS V R, et al. The integration of social responsibility and sustainability in practice: Exploring attitudes and practices in Higher Education Institutions [J]. Journal of Cleaner Production, 2019: 1–38.

[66] JEON Y H. The Application of Grounded Theory and Symbolic Interactionism [J]. Scandinavian Journal of Caring Science, 2004, 18 (3): 249–256.

七、中文网站

[1] 曹薇. 秉承家国情怀 履行社会责任 服务地方社会经济发展再上新台阶 [EB/OL]. (2019-12-29) [2020-08-10]. http: //news.scu.edu.cn/info/1135/31424.

htm.

［2］操秀英. 中国科协发布《第四次全国科技工作者状况调查报告》［EB/OL］.（2018-10-26）［2020-05-20］. http：//news.sciencenet.cn/htmlnews/2018/10/419133.shtm.

［3］大连理工大学. 大连理工大学大型仪器设备开放共享管理办法［EB/OL］.（2019-03-08）［2020-08-06］. http：//gxpt.dlut.edu.cn/dlut/!upload/file/20200806211516_71733.pdf.

［4］大连理工大学. 大连理工大学公共服务［EB/OL］.［2020-08-06］. https：//www.dlut.edu.cn/.

［5］董洪亮. 大学校园八大浪费现象评出［EB/OL］.（2005-10-31）［2020-03-14］. http：//edu.people.com.cn/GB/1054/3814976.html?from=singlemessage.

［6］邓肯·罗斯. 我们将联合国所有 17 项可持续发展目标均纳入到 2020 年世界大学影响力排名当中［EB/OL］.（2019-10-13）［2020-08-10］. https：//www.timeshighereducation.com/cn/blog/were-including-all-17-sdgs-2020-university-impact-rankings.

［7］樊朔. 浙大玉泉校区发生疑似食物中毒事件 官方：仍在调查中［EB/OL］.（2019-10-24）［2020-03-16］. https：//www.sohu.com/a/349321241_114988.

［8］国家统计局. 中国统计年鉴 2019［EB/OL］.（2019-09-24）［2020-03-16］. http：//www.stats.gov.cn/tjsj/ndsj/2019/indexch.htm.

［9］国务院关于印发统筹推进世界一流大学和一流学科建设总体方案的通知［EB/OL］.（2015-11-05）［2020-12-28］. http：/ /www. gov. cn /zhengce /content /2015 -11 /05 /content_10269. htm.

［10］光华管理学院责任与社会价值中心. 责任与社会价值中心简介［EB/OL］.［2019-12-29］. http：//www.gsm.pku.edu.cn/social/zxgk/zxjj.htm.

［11］关于提交“2017—2018 年度上海市文明校园在线创建中期评估”、《上海市高校市级文明单位社会责任报告框架》（2016—2017）相关材料的通知［EB/

OL］.（2018-01-02）［2020-03-16］. https：//xcb.shiep.edu.cn/f5/96/c2924a193942/page.htm .

［12］环球网 . 重庆大学博物馆已闭馆，校方此前表态核查“馆藏系赝品”事件［EB/OL］.（2010-03-16）［2019-10-15］. https：//china.huanqiu.com/article/9CaKrnKngM4.

［13］胡锦涛 . 在庆祝清华大学建校 100 周年大会上的讲话［EB/OL］.（2011-04-24）［2020-03-16］. http：//www.gov.cn/ldhd/2011-04/24/content_1851436.htm.

［14］教育部，财政部 . 关于实施高等学校创新能力提升计划的意见（教技〔2012〕6 号）［Z］.2012-03-15.

［15］教育部 . 中国特色高校智库建设推进计划（教社科〔2014〕1 号）［Z］.2014-02-10.

［16］教育部辅助大学社会责任实践（USR）计划 推动重点议题内涵［EB/OL］.（2017-07-12）［2018-03-05］.http：//www.admin.ltu.edu.tw/public/Download/6578/201707121446510.pdf.

［17］教育部产学合作咨询网［EB/OL］.［2018-02-03］.https：//www.iaci.nkfust.edu.tw/Industry/CP.aspx?s=352&n=409.

［18］经济与资源管理研究院 . 北京师范大学中国扶贫研究中心获“中国扶贫 · 社会责任奖”［EB/OL］.（2016-10-09）［2020-03-16］. http：//serm.bnu.edu.cn/content/details_23_543.html.

［19］南开大学 . 南开大学爱国主义教育基地［EB/OL］.［2021-05-28］. https：//aiguo.nankai.edu.cn/.htm.

［20］南开大学战略发展部 . 南开大学发展规划［EB/OL］.（2016-05-12）［2021-05-28］. https：//sd.nankai.edu.cn/4675/list.htm.

［21］清华大学 . 清华大学国际合作［EB/OL］.［2020-08-05］. https：//www.tsinghua.edu.cn/hzjl/gjhz.htm.

［22］青岛对高校服务青岛贡献度“打分”，全国首创［EB/OL］.（2018-11-

28)［2020-08-05］. https：//baijiahao.baidu.com/s?id=1618366812204294371&w-fr=spider&for=pc.

［23］人民网．山东大学就中外学生“学伴”项目致歉：不断改进［EB/OL］.（2019-07-12）［2020-03-16］. http：//edu.people.com.cn/GB/n1/2019/0712/c1006-31231516.html.

［24］人民网．校园“僵尸自行车”浪费惊人 学校头疼多举措治标不治本［EB/OL］.（2014-06-26）［2020-03-13］. http：//edu.people.com.cn/n/2014/0626/c1053-25203085.html.

［25］搜狐网．北大教授焦虑：中国大学培养“精致的利己主义者”［EB/OL］.（2017-06-10）［2020-03-15］. https：//www.sohu.com/a/147691644_740216.

［26］天津大学．社会责任［EB/OL］.［2020-03-05］. http：//www.tju.edu.cn/xywh/shzr.htm.

［27］王钟的．重庆大学博物馆“赝品”风波：大学需要怎样的博物馆［EB/OL］.（2019-10-18）［2020-03-16］. http：//pinglun.youth.cn/wztt/201910/t20191018_12097486.htm.

［28］王怡波，杨婷，郝思远．毕业论文一年至少用掉两亿张纸 呼唤电子化［EB/OL］.（2010-06-10）［2020-03-12］. http：//www.chinanews.com/edu/edu-xy-ztc/news/2010/06-10/2334271.shtml.

［29］薛丽华．天津大学多方位培养具有强烈社会责任感人才［EB/OL］.（2008-08-22）［2020-08-05］. http：//www.moe.gov.cn/jyb_xwfb/s6192/s133/s157/201004/t20100419_83929.html.

［30］薛丽华．湖南大学以公益创业教育为重要抓手 努力培养学生社会责任意识和创新创业能力．［EB/OL］.（2008-10-13）［2020-08-05］. http：//www.moe.gov.cn/jyb_xwfb/s6192/s133/s204/201004/t20100419_85010.html.

［31］厦门大学．厦门大学资产经营有限公司［EB/OL］.［2020-08-05］. https：//zcjy.xmu.edu.cn/.

［32］重庆大学．重庆大学校园风采［EB/OL］.［2020–08–05］. https：//www.cqu.edu.cn/Channel/CquCampus/1/index.html

［33］杨召奎．我国网民规模突破 9 亿［EB/OL］.（2020–04–29）［2020–08–05］. http：//acftu.people.com.cn/n1/2020/0429/c67502–31692722.html.

［34］疫情下大批留学生回国，郑强教授：教你知识你去美国，不给你上课［EB/OL］.（2020–03–20）［2020–08–10］. https：//baijiahao.baidu.com/s?id=1661662331630275551&wfr=spider&for=pc.

［35］央视网．北大"退档"事件引思考，如何兼顾考生利益与高招自主权［EB/OL］.（2019–08–12）［2020–03–16］. http：//news.cctv.com/2019/08/12/ARTIRh2Kf2yTPvVN5qRmG9Jz190812.shtml.

［36］央视网．山东大学 1 个留学生配 3 个异性学伴？师生：为友好交流［EB/OL］.（2019–07–12）［2020–03–16］. http：//news.cctv.com/2019/07/12/ARTIKBepqOa1A61EVa7oXTrB190712.shtml.

［37］张豪．中山大学学生会回应学生会干部任命问题：错误使用级别表述［EB/OL］.（2018–07–21）［2020–03–15］. https：//www.sohu.com/a/242475563_119778.

［38］中华人民共和国教育部．华南理工大学组织大学生开展调研服务"三农"［EB/OL］.（2006–12–21）［2020–05–20］. http：//www.moe.gov.cn/s78/A12/szs_lef/moe_1407/moe_1415/tnull_19061.html.

［39］中国统计年鉴 2017［EB/OL］.［2020–08–10］. http：//www.stats.gov.cn/tjsj/ndsj/2017/indexch.htm.

［40］中国统计年鉴 2019［EB/OL］.［2020–08–10］. http：//www.stats.gov.cn/tjsj/ndsj/2019/indexch.htm.

［41］中国统计年鉴 2015［EB/OL］.［2020–08–10］. http：//www.stats.gov.cn/tjsj/ndsj/2015/indexch.htm.

［42］中国海洋大学．中国海洋大学信息公开平台［EB/OL］.［2020–08–10］. http：//dxb.ouc.edu.cn/xxgk/2015/0922/c7245a37383/page.htm.

八、外文网站

［1］ACUPCC［EB/OL］.（2018–11–18）［2020–08–10］. http：//ecoamerica.org/programs/american-college-universitypresidents-climatecommitment/.

［2］Harvard university. Harvard in the community［EB/OL］.［2020–08–15］. https：//community.harvard.edu/initiatives.htm.

［3］Juan Reiser. University Social Responsibility definition［EB /OL］.（2009–10–14）［2020–08–10］. http：//www.usralliance.org/resources/Aurilla_ Presentation_Session6.pdf. 转引：康乐 . 追求卓越的永恒动力——美国大学社会责任研究［J］. 高等理科教育，2011（6）：89–94.

［4］José Pedro Amorim，Begoña Arenas. University Social Responsibility：A Common European Reference Framework. Final Public Report of the EU-USR Project，52709-LLP-2012-1-RO-ERASMUS-ESIN，February 2015［EB/OL］.（2015–02–20）［2020–08–10］. http：//www.eu-usr.eu/.htm.

［5］Manchester 2020 the university of Manchester's strategic plan［EB/OL］.［2019–05–20］. http：//documents.manchester.ac.uk/display. aspx?DocID=25548.htm.

［6］Sawasdikosol S. Driving universities' collaboration toward the new era of sustainable social responsibility. University-Community Engagement Conference，（November），1–17［EB/OL］.［2020–08–10］. http：//globalusrnetwork.org/resources/Driving_Universities.pdf.

［7］STARS［EB/OL］.（2018–11–18）［2020–08–10］. https：//stars.aashe.org/pages/participate/reporting-process.html.

［8］The Talloires Declaration on the Civic Roles and Social Responsibilities of Higher Education［EB/OL］.（2019–04–25）［2020–08–10］. https：//talloiresnetwork.tufts.edu/wp-content/uploads/TalloiresDecl aration 2005 .pdf.

［9］The University of Manchester's Strategic Plan 2020［EB/OL］.（2018–07–07）

[2020–08–10] . http：//documents.manchester.ac.uk/display.aspx?DocID=25548.htm.

[10] University Social Responsibility Alliance. What is University Social Responsibility? [EB/OL] . (2010–06–20) [2020–08–10] . http：//www.usralliance.org.htm.

[11] University social responsibility indicators system sharing information on PROGRESS–PRME [EB/OL] . (2018–09–25) [2020–08–10] . https：//www.researchgate.net/publication/331608244.htm.

[12] World Declaration on Higher Education for the Twenty-First Century：Vision and Action [EB/OL] . (2019–04–20) [2020–08–10] . https：//bice.org/app/uploads/2014/10/unesco_world_declaration_on_ higher_education_for_the_twenty_first_century_vision_and_action.pdf.

[13] 2018 年世界大学学术排名 [EB/OL] . (2019–08–15) [2020–08–10] . http：//www.shanghairanking.com/ARWU2018.html.

附　　录

附录 A　大学社会责任评价指标体系

一、基于卡罗尔 (Carroll) 四维度为基础的大学社会责任评价指标

乌干达大学采用基于卡罗尔模型构建的衡量大学社会责任指标，见表 1。

表 1　乌干达大学社会责任指标

领域层	指标层
法律责任	1. 在资格方面达到了全国高等教育委员会要求的质量标准的教员人数
	2. 符合全国高等教育委员会规定的空间和家具标准的大学教室数量
	3. 学校现有的图书馆设施达到了全国高等教育委员会规定的质量要求
	4. 大学的实验室设施，如果有的话，符合全国高等教育委员会规定的质量标准
	5. 大学的讲师和学生的比例根据全国高等教育委员会的要求设置
	6. 所有提供的学术课程均经全国高等教育委员会正式批准
	7. 大学严格遵守全国高等教育委员会制定的指导研究的规定
	8. 大学严格遵守全国高等教育委员会制定的知识产权管理标准
	9. 大学的健康和安全条件符合全国高等教育委员会要求的标准
经济责任	1. 与大多数学生的收入背景相比，大学的收费结构是公平的
	2. 学校管理层在学费政策上的增加是合理的
	3. 学校筹集的资金以可信的方式被透明地使用

续表

领域层	指标层
伦理责任	1. 大学严格遵守全国高等教育委员会为研究和创新制定的道德标准
	2. 提供的学术课程使学生能够按照他们的期望发展他们的才能
	3. 提供的学术课程使学生能够发展就业市场所需的技能
	4. 大学管理层履行了对员工的承诺
	5. 大学管理层履行了对学生的承诺
	6. 大学生意识到他们在学费和其他费用上的价值
	7. 大学的讲师以专业的方式教授预定的讲座
	8. 这所大学的讲师专业地指导学生的研究
	9. 这所大学的讲师对学生进行专业评估，并给予合理的分数
	10. 学校的讲座按计划进行非教学工作
	11. 大学的非教职员工按计划履行职责
	12. 这所大学向学生传授道德上可以接受的行为
慈善责任	1. 这所大学向有资格但经济困难的学生提供奖学金
	2. 这所大学向有才能但有需要的学生提供奖学金
	3. 大学赞助社区研讨会，分享研究成果和创新成果
	4. 这所大学向其他有需要的机构捐款
	5. 大学赞助社区敏感论坛，以促进尊重人权
	6. 大学赞助其工作人员接受进一步的培训，包括博士学位
	7. 大学允许周边社区免费使用其娱乐场所
	8. 该大学对中小学生免费参观和鼓舞人心的旅行开放
	9. 这所大学有一项计划，让学生与社会分享积极的经验
	10. 大学允许周围社区的成员与教职工和学生进行交易
	11. 这所大学有一些项目向遭受灾难的人们提供人道主义援助
	12. 大学鼓励学生开展活动，使学生能够与外部社区互动
	13. 这所大学鼓励学生创办为穷人捐款的俱乐部

（资料来源：Ddungu L , Edopu R N . Social responsibility of public and private universities in Uganda[J]. Makerere Journal of Higher Education, 2017, 8(1)：73–86.）

二、基于大学业务领域：大学社会责任评价指标

（一）大学业务领域三维评价指标

国外学者基于大学的业务领域，构建了三维的大学社会责任模型：负责任的管理、负责任的教育和负责任的研究，见表 2。

表 2　三维大学社会责任模型

负责任的管理	1. 对高级管理团队和董事会成员进行培训，使其了解他们必须扮演的角色及其法律和道德责任
	2. 管理专业化（校外人数和校外人数的百分比）
	3. 权力的更替和永久化
	4. 与其当前计划和控制过程相关的质量认证
	5. 信息披露水平和财务透明度
	6. 与利益冲突有关的治理准则和政策
	7. 学生满意度问题
	8. 地方社区的意识
	9. 环境方面的顾虑
	10. 能源消耗量及能源来源
	11. 就业意识
	12. 雇主支持的志愿工作
负责任的教育	1. 专门研究道德和相关问题的学位或课程
	2. 普通项目中与道德、社会责任和可持续性相关的必修科目的存在和水平
	3. 高校非必修伦理学课程的存在与水平及相关问题
	4. 邀请专家和领导作为嘉宾就道德、责任和可持续性等主题发言
	5. 鼓励教授在课堂上介绍更多适用的案例 / 研究
	6. 将社会和环境主题融入课程
	7. 为学生提供与企业责任 / 可持续性相关的实习机会
	8. 增加以社会和环境为主题的选修课（非必修科目）的数量

续表

负责任的研究	1. 研究教育与培训
	2. 与大型研究机构的合作
	3. 研究资源和支持
	4. 向学生提供研究信息
	5. 研究奖学金
	6. 国际合作研究项目
	7. 探讨研究机会的讨论会
	8. 支持衍生公司
	9 知识向社会转移

（资料来源：M. Isabel Sánchez-Hernández & Emerson W. Mainardes. University social responsibility: a student base analysis in Brazil[J]. Nonprofit Mark, 2016:151 - 169.）

（二）大学业务领域四维评价指标

邓敏、刘文宇、马蕾依据 ISO26000 和国内相关的社会责任文件，基于大学社会职能，将高校社会责任分为 4 类：责任管理、人才培养、科研能力和社会服务，见表 3。

表 3 大学社会责任评价指标

目标层	准则层	指标层
高校社会责任	1. 责任管理	1.1 具有社会责任理念和社会责任文化
		1.2 高校要有内部和外部社会责任沟通机制
		1.3 政府部门、社会公众对高校的整体评价
	2. 人才培养	2.1 教师与学生比
		2.2 重点学科的数量
		2.3 硕士、博士学位授权点的数量
		2.4 中外合作办学项目
		2.5 创新人才培养的基地建设

续表

目标层	准则层	指标层
高校社会责任	3. 科研能力	3.1 科学研究人员数
		3.2 国家级科研成果奖励数
		3.3 专利数
		3.4 新产品数
		3.5 纵向课题数
		3.6 博士后在站人数
		3.7 科研经费总量
	4. 社会服务	4.1 成果数
		4.2 应用成果数
		4.3 学生就业率
		4.4 校办企业数

（资料来源：邓敏、刘文宇、马蕾．基于现代大学制度下的高校社会责任研究 [J]. 技术经济与管理研究，2015:42-46.）

（三）厄瓜多尔大学多维大学社会责任评价指标

维泰里莫亚·豪尔赫，约康·维拉克雷斯等人（ViteriMoya，Jorge，Jácome Villacres，et al.）提出了厄瓜多尔关于评估大学社会责任指标的建议，见表 4。

表 4　厄瓜多尔大学社会责任评价指标

领域	指标
管理	1. 有一个规约考虑到人权、两性平等和不歧视
	2. 目前正在为学术机构进行民主选举
	3. 提供大学财务报告
	4. 已经制定了机构自我评估和提高质量的方案
教学	1. 有些科目涉及社会责任主题
	2. 有一个教师培训方案
	3. 职业战略方向（任务、愿景和职业概况）与 2008 年《宪法》一致

续表

领域	指标
研究	1. 研究方向符合社会需要
	2. 实施的研究项目涉及发展问题（国家美好生活计划、千年发展目标）
	3. 举办出版物、研讨会和其他活动，以传播所进行的研究
	4. 教师和学生参与实施联系项目
联系	1. 有一项促进社区联系活动的规定
	2. 有与社会需求相适应的联系项目
	3. 制定联系项目，为建立联系方案作出贡献
	4. 教师和学生参与实施联系项目
环境	1. 已签署了旨在促进社会和环境发展的联系活动协定
	2. 课程中有一些科目涉及环境问题
	3. 执行的研究项目涉及环境管理问题
	4. 制定有助于环境管理的联系项目
沟通	1. 问责制方案
	2. 建立可持续性记忆

（资料来源：ViteriMoya，Jorge，JácomeVillacres，et al. Integral index for the evaluation of the university social responsibility in Ecuador[J]. ingeniería industrial. 2012：295–306）

（四）联合国：大学社会责任评价指标

联合国“责任管理教育原则”（Principles for Responsible Management Education，PRME）分享了大学社会责任指标，见表 5。

表 5　联合国“责任管理教育原则”开发的大学社会责任指标

领域	概况	指标
1. 领导与战略	1.1 机构管理	1.1.1 管理和控制机构的运作当前存在状况
		1.1.2 管理机构存在一个明确的原则和价值宣言
		1.1.3 有利益相关者代表的外部咨询机构 / 委员会 / 小组
		1.1.4 工作人员和其他有关机构是否存在原则和价值观披露机制
		1.1.5 存在预防和解决利益冲突的机制

续表

领域	概况	指标
1. 领导与战略	1.1 机构管理	1.1.6 有促进两性平等的机制
	1.2 机构策略	1.2.1 在机构任务和（或）愿景或其他正式文件中明确承诺可持续性和（或）社会责任
		1.2.2 对可持续发展目标的明确承诺——提及和将可持续发展作为优先目标
		1.2.3 与促进可持续性和社会责任的地方或全球倡议或方案联系起来
		1.2.4 将明确的承诺与促进负责任的采购 (公平贸易) 的运动联系起来
		1.2.5 是否有机制、政策和（或）倡议来确定和优先考虑群体的利益
		1.2.6 外部咨询机构 / 委员会 / 小组与利益相关者的代表参与战略的制定
		1.2.7 制度战略目标中社会环境目标的存在性
		1.2.8 是否有机制在教师、研究人员、行政人员和有关团体中传播机构战略对可持续性或社会责任 (对象、目标、指标) 的承诺
	1.3 运营控制	1.3.1 存在负责确保遵守可持续性和（或）社会责任承诺的领域或人员
		1.3.2 组成可持续性和社会责任团队的人数以及团队领导的层级
		1.3.3 存在评估风险和影响（经济、社会和环境）的机制和（或）倡议
		1.3.4 有与感兴趣的外部行动者 (受益者、目标对象、外部社区) 一起评价风险和影响管理系统的机制的存在
		1.3.5 机构战略目标中社会和环境目标监测机制的存在
		1.3.6 对可持续发展目标及其宗旨设立具体的监测机制
		1.3.7 有关于制度价值观、对可持续性和（或）社会责任的承诺以及相关政策 / 程序的培训和员工培训计划
	1.4 报告和问责	1.4.1 有报告可持续性和（或）社会责任承诺履行情况的机制，以及可持续发展目标公布期
		1.4.2 提及活动报告或可持续性和（或）社会责任报告开始的年份
		1.4.3 提及所采用的方法 (own，GRI，IR，COE)
		1.4.4 可持续性和（或）社会责任报告外部验证机制的存在
		1.4.5 部署沟通和发布可持续性和（或）社会责任报告的机制
		1.4.6 在可持续性报告和（或）社会责任报告中提及是否履行了可持续发展目标的承诺

续表

领域	概况	指标
1. 领导与战略	1.5 改进和创新	1.5.1 机构战略中确定的目的、目标和目标的百分比
		1.5.2 已实施的改善行动或创新措施的数目 / 建议的行动计划或改善建议的总数
		1.5.3 去年获得的与可持续性和（或）责任相关的专利、产权、原型数量
	1.6 影响	1.6.1 具有与可持续发展和社会责任相关的公司、职位或活动的毕业生
		1.6.2 优秀的毕业生认识到他们的成就与他们对公民身份和透明度的承诺有关
		1.6.3 调查结果的参考文献和签名确认
		1.6.4 使用和（或）应用结果和研究成果的倡议，计划和（或）项目
		1.6.5 由于倡议、项目和（或）社会推广计划而做出的改进
2. 教学	2.1 责任教育	2.1.1 根据计划 / 持续时间的年度行动、事件或活动的数量
		2.1.2 每个行动或活动的参与学生人数 / 学生总数
		2.1.3 每个课程的科目及（或）课程数目 / 每个课程的科目总数
		2.1.4 与每个课程相关的科目和（或）课程数量 / 每个课程的科目总数
		2.1.5 每门课程的学生人数 / 每门课程的学生总数
		2.1.6 每个计划的年度行动、事件或活动数
		2.1.7 每个计划参与行动、事件或活动的学生人数 / 学生总数
		2.1.8 与这些课题的发展有关的教师人数 / 每个课题的教师总数
		2.1.9 每学期分配给教师发展这些课题的时数
		2.1.10 每年为不同行动、事件或活动确定的目标实现率
		2.1.11 每个项目每年的行动、活动或活动数
		2.1.12 每个行动或活动的参与学生人数 / 学生总数
		2.1.13 每个课程的科目及（或）相关课程数目 / 每个课程的科目总数
		2.1.14 每年为不同的行动、事件或活动制定的目标完成率
		2.1.15 每年的行动、活动或运动的次数
		2.1.16 每项行动、活动或运动的参与学生人数 / 学生总数
		2.1.17 每门课程包含相关内容的科目和（或）课程数量 / 每门课程的科目总数
		2.1.18 每年为不同的行动、事件或活动制定目标的完成百分比

续表

领域	概况	指标
2. 教学	2.2 适当教育	2.2.1 使用基于社会项目的学习方法的科目和（或）课程数量
		2.2.2 参与采用社会专题研习方法的科目及（或）课程的学生人数 / 学生总数
		2.2.3 与感兴趣的外部行动者（毕业生、生产部门、公共部门、民间社会等）一起制定课程设计的政策、指导方针或标准
		2.2.4 与感兴趣的外部行为体（毕业生、生产部门、公共部门、民间社会等）一起对课程设计进行验证和（或）修订
	2.3 教育多元化	2.3.1 存在针对教师的跨学科政策、指南或标准
		2.3.2 每个项目的教师知识领域数 / 每个项目的教师总数
		2.3.3 政策、指南或交换标准的存在和（或）学术课程的国际化
		2.3.4 每个项目每年的行动、事件或活动的数量
		2.3.5 参与的学生人数 / 学生总数
		2.3.6 每个项目来自其他国家的学生人数 / 每个项目的学生总数
		2.3.7 每个项目来自不同城市的学生人数 / 每个项目的学生总数
		2.3.8 每个项目来自其他国家的教师人数 / 每个项目的教师总数
	2.4 将可持续发展目标融入教育	2.4.1 为每个学术项目列出与课程或学术行为相关的可持续发展目标
		2.4.2 每个项目每年与可持续发展目标相关的行动、事件或活动的数量
		2.4.3 每项行动、活动或运动的参与学生人数 / 学生总数
3. 研究	3.1 负责任的研究	3.1.1 由感兴趣的外部行为体（毕业生、生产部门、公共部门、民间社会等）验证的研究数量 / 调查总数
		3.1.2 实证研究数量 / 调查总数
		3.1.3 免费提供的版本数 / 调查总数
		3.1.4 是否存在用于披露免费调查提供的版本的机制
	3.2 将研究与社会责任和（或）可持续性联系起来	3.2.1 根据可持续发展准则或社会责任开展的调查数量 / 开展的调查总数
		3.2.2 根据伦理标准通知、培训或组建的研究人员人数 / 研究人员总数
		3.2.3 社会责任和（或）可持续性研究项目的数量 / 研究项目总数
		3.2.4 社会责任和（或）可持续性研究人员人数 / 研究人员总数
		3.2.5 社会责任和可持续性学术产品总数 / 学术产品总数

续表

领域	概况	指标
3. 研究	3.3 合作研究	3.3.1 研究与合作协议数量
		3.3.2 联合调查或合著 / 全部调查的次数
		3.3.3 使用参与式方法（包括感兴趣的外部参与者）的研究数量 / 调查总数
	3.4 研究与可持续发展目标相结合	3.4.1 提及研究活动中优先考虑的可持续发展目标
		3.4.2 与可持续发展目标相关的研究项目数 / 研究项目总数
		3.4.3 从事与可持续发展目标有关的研究项目的研究人员人数 / 研究人员总数
		3.4.4 与可持续发展目标有关的出版物总数 / 出版物总数
4. 延伸或社会影响	4.1 对受益人或目标受众需求的响应	4.1.1 是否存在验证机制及（或）接受外部利益相关者
		4.1.2 由感兴趣的外部利益相关者验证和（或）接受而实施的计划、项目和（或）项目的数量 / 实施的计划、项目和（或）项目的总数。
		4.1.3 存在满足受益人或目标受众要求的机制和（或）沟通渠道
		4.1.4 从受益人或目标受众收到的申请数 / 收到的申请总数
	4.2 与相关行动者的沟通	4.2.1 存在确定发展议程优先次序的机制
		4.2.2 具有优先发展议程的倡议、项目、计划数量 / 已实施的倡议、项目和（或）计划总数
		4.2.3 有学生参与的倡议、项目和计划的数量 / 倡议、项目和（或）计划总数
		4.2.4 教师参与的计划、项目和（或）项目的数量 / 实施的计划、项目和（或）项目总数 / 分配给这些项目的大学预算的百分比
	4.3 弱势社区和（或）少数群体的准入和参与	4.3.1 达到评估要求的最低标准的计划、项目和（或）项目的数量 / 执行的计划、项目和（或）项目总数
		4.3.2 每年计划、项目和（或）改进计划的数量 / 计划、项目和（或）计划的总数
		4.3.3 建立机制，优先考虑和选择弱势社区和（或）少数民族，以实施倡议、方案和（或）项目
		4.3.4 针对弱势社区和（或）少数群体的倡议、项目和（或）方案的数量 / 执行的倡议、项目和（或）方案的总数
		4.3.5 为实现倡议、计划和（或）项目与受益社区建立协商机制
		4.3.6 由受益人验证和确认的倡议、项目和（或）方案的数量或总倡议、项目和（或）方案的目标 / 总数

续表

领域	概况	指标
4. 延伸或社会影响	4.3 弱势社区和（或）少数群体的准入和参与	4.3.7 由外部利益相关者验证的计划、项目和（或）计划的数量 / 计划、项目和（或）计划的总数
		4.3.8 由社区承担领导责任的倡议、项目和（或）项目的数量
	4.4 公私合作	4.4.1 与机构 / 行动所开展的联盟、协议或安排的数量
		4.4.2 合作执行的倡议、项目和（或）方案的数量 / 执行的倡议、项目和（或）方案的总数
		4.4.3 促进社会责任和（或）可持续性的倡议、项目和（或）计划数量 / 实施的倡议、项目和（或）计划总数
	4.5 推广与可持续发展目标的结合	4.5.1 在推广活动或社会预测中存在优先考虑可持续发展目标的机制
		4.5.2 按可持续发展目标 / 总扩展项目划分的计划、方案和（或）扩展项目数量
		4.5.3 学生、教师和（或）管理人员参与计划、项目和（或）与可持续发展目标相关的推广项目数量 / 总的推广项目数量
		4.5.4 将可持续发展目标置于推广活动或社会规划的优先位置
5. 运营管理	5.1 环境影响	5.1.1 提高能源使用效率的机制的存在
		5.1.2 每种能源消耗计量单位总数
		5.1.3 存在管理水资源和减少浪费水资源的机制
		5.1.4 每一水源耗水量计算单位的总数
		5.1.5 保护区或附近地区是否存在影响生物多样性的建筑物、总部或业务
		5.1.6 生物多样性领域存在缓解或恢复机制
		5.1.7 存在测量和管理重大排放（温室气体）（破坏臭氧层和其他物质）的机制
		5.1.8 存在测量和管理废物和倾倒的机制
		5.1.9 存在风险识别和预防机制以及与运营相关的事故控制
		5.1.10 制定政策、指导方针或投资标准，开发技术以减少运营对环境的影响
		5.1.11 投资项目的数量和（或）技术开发以减少对环境的影响
		5.1.12 因未遵守环境法规而受到的制裁、罚款和（或）谴责的数量

续表

领域	概况	指标
5. 运营管理	5.1 环境影响	5.1.13 有选择和雇用供应商的政策、指导方针或标准，以保证对环境的保护
		5.1.14 根据这些标准选择和签约的供应商数量 / 供应商总数
		5.1.15 有减轻与学术界有关的运输活动对环境影响的政策、准则或标准
		5.1.16 与减轻交通活动产生的环境影响相关的倡议、计划和（或）项目的数量
	5.2 劳工方面	5.2.1 按性别、工龄、合同类型和工资信息分类的员工总数
		5.2.2 每种合同类型的新员工总数
		5.2.3 有机制确保符合法律要求的工作条件
		5.2.4 建立预防机制，避免在工作场所发生身体、语言、性、心理层面的骚扰和（或）威胁
		5.2.5 近 1 年内出现的骚扰情况数目
		5.2.6. 1 年内解决的骚扰案件数目 / 提出的骚扰案件总数
		5.2.7 有保障工人健康和安全的机制（职业健康和工业安全计划、保护要素、职业风险、联合委员会等）
		5.2.8 是否有政策、指引或准则，让员工知悉及参与对他们有重大影响的改变
		5.2.9 制定政策、指导方针或标准以保证工人的多样性和平等机会
		5.2.10 存在促进就业和吸纳少数民族劳动力的机制
		5.2.11 工人晋升、培训和资格认证机制的存在
		5.2.12 每类或职级和性别的每个工人的培训时数
		5.2.13 接受定期绩效评估和专业发展的员工比例
	5.3 人权方面	5.3.1 机构及其代表是否存在有关人权的政策、准则或标准
		5.3.2 存在确保保护工人和有关社区人权的监测、评价和控制机制
		5.3.3 为雇员提供与其活动有关的人权方面的培训机制
		5.3.4 存在对安保人员进行与其活动有关的人权方面的培训机制
		5.3.5 存在独立的第三方核查机制，确保该机构尊重人权
		5.3.6 由独立的第三方设立核查机制，以保证机构尊重人权
		5.3.7 根据这些准则挑选和聘用的供应商数目 / 供应商总数
		5.3.8 存在针对侵犯人权行为采取内部纪律措施的机制

续表

领域	概况	指标
5. 运营管理	5.3 人权方面	5.3.9 有确保雇员行使结社自由权利的政策、准则或标准
		5.3.10 存在防止童工或强迫劳动的政策、指导方针或标准
		5.3.11 存在政策、准则或标准以避免任何形式的歧视（性别、种族、宗教等）
		5.3.12 存在政策、准则或标准，以避免人员从自己所在区域内流离失所
		5.3.13 是否有政策、指引或准则，促进身体残疾的公众人士参与及接受训练（牵引、听觉、视觉等）
		5.3.14 机构中的残疾人士——受运动、视觉、听觉和认知能力限制的歧视情况
		5.3.15 机构内存在的物理无障碍物（坡道、电梯、浴室、材料、员工培训）导致的事故、投诉、需求或要求的数量
		5.3.16 存在政策、指导方针或标准，促进机构提供健康、均衡和（或）有机食品
	5.4 反腐败	5.4.1 存在避免任何形式的贿赂和腐败的政策、准则或标准
		5.4.2 存在针对本机构教师、行政人员和学生的反腐败程序（包括抄袭、欺诈、剽窃）的操作指南和处罚办法
		5.4.3 存在防止贿赂、敲诈勒索、贪污、徇私舞弊（裙带关系、客户主义）和欺诈的监督机制等
		5.4.4 存在以反垄断为基础的选择投资、联盟和协会的机制
		5.4.5 建立独立可靠的制度，促进异常情况和投诉的举报
		5.4.6 有关教师、行政人员及学生的利益冲突、剽窃及抄袭的投诉数目 / 已解决情况的总数
		5.4.7 司法系统每年有关腐败行为的事件、投诉、诽谤或请求的数量
		5.4.8 纠正措施的数量 / 投诉总数
		5.4.9 存在根据反腐败政策选择和雇用供应商、分销商或承包商的机制
		5.4.10 根据这些标准选择和雇用的供应商数量 / 供应商总数。
		5.4.11 有避免垄断和不公平竞争行为的政策、准则或标准（卡特尔、倾销等）
		5.4.12 年内有关贪污行为的事件、投诉、要求司法公正的数目
	5.5 宣传和沟通	5.5.1 存在有关所提供的方案和（或）服务的完整、准确和易于理解的信息的管理和传播机制

续表

领域	概况	指标
5. 运营管理	5.5 宣传和沟通	5.5.2 存在确保市场活动、广告和传播活动的准确性、透明度的机制
		5.5.3 存在确保在不助长歧视和刻板印象的情况下，通过宣传和营销活动向社会传播建设性价值观
		5.5.4 存在尊重学生、教师、行政人员、客户和（或）使用者的机密信息隐私的机制
		5.5.5 存在确保学生、客户和（或）用户确认请愿、投诉、索赔和（或）祝贺的机制

（资料来源：University social responsibility indicators system sharing information on PROGRESS - PRME [EB/OL].（2018–09–25）[2020–08–10]. https://www.researchgate.net/publication/331608244.）

（五）欧盟大学社会责任评价指标

欧盟将社会责任定义为“通过透明和合乎道德的战略，使大学承担其决策和活动对社会和环境产生影响的责任”。大学社会责任涵盖四个不同领域：①研究、教学、支持学习和公众参与；②治理；③环境和社会可持续性；④公平做法，见表 6。

表 6 欧盟大学社会责任指标

标准	解读	指标
1. 研究、教学、支持学习和公众参与	为了确保其核心的学术活动以社会责任作为价值观	1.1 保证教职员工和学生的学术自由
		1.2 在终身学习的承诺范围内，扩大受教育机会并使其多样化
		1.3 用透明和公平的方式管理学生入学，使用明确的标准，为选拔决策提供信息，为不成功的候选人提供形成性反馈
		1.4 确保用于支持教学和学生费用的公共资金用于所提供资金的目的
		1.5 要求它的课程以社会责任、道德研究为基础，并且它的毕业生特征包括基于证据的思考和决策、活跃公民和就业能力
		1.6 采用以学习者为中心的教学模式，确保评估和回馈能促进学习
		1.7 促进合作和独立的学习，超越课堂和融入社区
		1.8 促进国际合作，并支持学生和教职员跨国流动

续表

标准	解读	指标
1. 研究、教学、支持学习和公众参与	为了确保其核心的学术活动以社会责任作为价值观	1.9 执行研究、教学和相关活动的道德规范
		1.10 促进研究界、公众和决策者之间的对话，把研究和现实世界的问题联系起来
		1.11 通过公开研究成果和开展公众参与活动，提高其对社会的贡献
2. 管理	作为管理问责和利益攸关方参与的一部分，社会责任原则需要渗透到机构政策、战略、程序和过程中	2.1 建立一种具有高度道德和专业标准的社会责任文化，以及避免利益冲突的明确规程
		2.2 正式承认教职员工和学生会，让他们作为合作伙伴参与治理和决策，让他们在董事会（或同等机构）及其咨询委员会中有代表性
		2.3 确保董事会和高级管理层将社会责任视为核心承诺，并确保机构的社会责任业绩成为年度评价报告的重点
		2.4 尽职调查并评估所有活动的风险和影响，确保遵守法律、相关标准和规范
		2.5 进行符合道德和社会责任的投资和采购，全面公开报告标准和决定
		2.6 做一个负责任的邻居，促进对话，与当地社区合作，并对当地社区进行投资
		2.7 通过内部奖励计划，表彰其员工和学生的社会责任举措
		2.8 积极参与相关社会责任联盟
		2.9 报告其在实现明确和独立核实的社会责任和可持续性目标方面的进展情况
		2.10 公布内部和外部审查、投诉、学术申诉的结果以及所有资金的来源和使用情况
3. 环境和社会的可持续性	机构致力于在其业务的所有方面实现环境可持续性和生物多样性，包括在使用货物、服务和工作以及评估决策方面	3.1 尽量减少其活动或供应链对环境造成的任何负面影响
		3.2 促进可持续发展
		3.3 推行持续改善计划，致力推行更清洁、可持续、环保、资源效益高、零废物及符合道德操守的运作，包括采购
		3.4 定期发表环境可持续发展报告，包括涵盖环境、社会及供应链风险的风险及行动评估
		3.5 鼓励使用环保技术，以及节能、可重复使用和可生物降解的材料

续表

标准	解读	指标
3. 环境和社会的可持续性	机构致力于在其业务的所有方面实现环境可持续性和生物多样性，包括在使用货物、服务和工作以及评估决策方面	3.6 采取对社会负责和可持续的采购做法，为采购决策制定道德行为守则，其中包括工人权利和公平贸易原则，并在对供应链有影响的任何地方促进社会责任和可持续性
		3.7 确保尊重和遵守国际公认的人权、法治以及国家和国际反腐败要求
		3.8 确保其所有国际活动促进人类和社会发展，并在可能的情况下帮助解决贫穷问题、提高生活质量、推动和平发展及促进冲突解决
4. 公平做法	机构确保其教职员工、学生和其他人员的平等和公平，它的政策和程序旨在避免歧视或不平等发生	4.1 促进多元化和多样性，确保不分年龄、文化、种族、性别或性，做到人人平等
		4.2 公开、透明、公平和公正地征聘和晋升员工，在适当情况下使用平权法案，提供包括社会责任在内的全面员工发展
		4.3 通过与员工工会谈判建立全面的员工沟通、协商和谈判协议，并执行这些协议
		4.4 在超出最低法律要求情况下，促进教职工和学生的健康、安全、身心健康
		4.5 促进机会平等，保障平等、公平、公正的薪酬和公平的条件，并通过灵活的工作、职业发展和晋升机会积极努力避免不平等
		4.6 确保工作条件至少符合相关的国家法律、集体协议和适用的国际劳工组织标准，并尽一切努力避免临时工
		4.7 保障结社自由，尊重集体谈判
		4.8 具有透明、公正和公平的投诉和纪律程序，并确保投诉和纪律事项得到迅速公正的处理
		4.9 公布违反道德或相关要求的可能制裁，并保护举报者
		4.10 提供专业支援服务，以满足学生及教职员的额外需要，如因残疾等原因引起的
		4.11 与供应商就其采购政策进行沟通，并通过研究为其采购决策提供信息

（资料来源：José Pedro Amorim，Begoña Arenas. University Social Responsibility: A Common European Reference Framework. Final Public Report of the EU-USR Project，52709-LLP-2012-1-RO-ERASMUS-ESIN, February 2015[EB/OL].（2015-02-20）[2020-08-10] .http://www.eu-usr.eu/.）

（六）全球大学创新联盟：大学社会责任评价指标

基于全球大学创新联盟开展的专家意见调查情况的结论，康乐提出了大学社会责任评估框架，即从高等教育质量保障和监测、知识的生产与转移两个方面对大学社会责任的履行情况进行评估的体系，见表 7。

表 7　全球大学创新联盟：大学社会责任指标

基于质量保障和监测、知识的生产与转移的大学社会责任评估指标	1. 毕业生进入社会和劳动力市场的质量
	2. 大学提供的教育是否关注学生的道德品质和社会责任
	3. 课程对社会需求和变化的灵活性和适切性
	4. 教师和科研人员的资格和质量
	5. 教学和科研得以顺利开展的物质和基础设施
	6. 对学生的支持和服务体系是否完善
	7. 评估和监督学术项目的质量
	8. 大学的科研活动是否与和平、可持续发展、贫困和文化多样性这些全球性问题联系起来
	9. 是否对国家发展的关键领域的知识生产作出贡献
	10. 是否有能力促进这些知识的转化为社会进步和服务当地作出贡献

（资料来源：康乐 . 大学社会责任理念与履行模式 [D]. 大连理工大学，2012：126.）

三、混合型大学社会责任评价指标

（一）上海市文明办大学社会责任评价指标体系

根据 2018 年公开发布的上海市文明办规定的上海市高校社会责任报告框架的提炼总结，可以将大学社会责任指标分为 6 个维度：队伍建设责任、人才培养责任、文化传承责任、依法诚信责任、社会服务责任、生态文明责任。具体指标见表 8。

表 8 上海市文明办大学社会责任评价指标

报告维度	报告指标	报告内容
1. 队伍建设责任	1.1 教工教育	1.1.1 落实党的十八大以来中央历届全会精神，认真学习习近平同志系列重要讲话，深化中国梦的宣传教育，培育和践行社会主义核心价值观
		1.1.2 贯彻落实教育部《高等学校教师职业道德规范》，发布有关本校教职工的职业规范和师德考核制度
		1.1.3 干部中心组学习、教职工学习和主题教育活动常态化
	1.2 权益保护	1.2.1 教职工录用程序规范、透明，签订聘用合同
		1.2.2 实行教工疗休养与体检制度，落实相关的社会保障
		1.2.3 注重教职工的培训与发展，尤其是青年教师的培养
		1.2.4 畅通教职工权益诉求渠道，保护教职工的合法权益
	1.3 安全保护	1.3.1 安全宣传教育常态化，保证安全管理落到实处
		1.3.2 建立和完善学校各类突发事件快速应对机制
		1.3.3 加强对实验室、场馆、校园网和大型活动的安全管理，确保校园安全
2. 人才培养责任	2.1 教育教学	2.1.1 明晰办学理念，立足国家和上海经济发展，提升办学水平，彰显办学特色
		2.1.2 管理制度及教学方法符合立德树人的需求
		2.1.3 重视对学生综合素质和创新 (创业) 能力的培养
	2.2 思想政治教育	2.2.1 思政课教师队伍建设、辅导员队伍建设要有规划、有制度保障，各项配备比例符合规定
		2.2.2 加强大学生思想道德教育，促进社会主义核心价值观进教材、进课堂、进课外、进网络、进教师队伍建设、进评价体系
		2.2.3 加强大学生职业生涯发展教育，引导毕业生到重点行业、艰苦地区就业
3. 文化传承责任	3.1 文化品牌	3.1.1 凝练、培育大学精神，结合学生特点，系统构建社会主义核心价值观和传承中华优秀传统文化的教育体系
		3.1.2 繁荣校园文化，建设富有特色的校园文化品牌
	3.2 文化载体	3.2.1 加强文化育人阵地建设，拓宽文化育人的渠道和空间
		3.2.2 加强网络文化建设，有效利用新媒体，积极推进班级建设和发展，形成文明健康的网络文化

续表

报告维度	报告指标	报告内容
4. 依法诚信责任	4.1 守法执法	4.1.1 制定并实施学校章程，建立学校法律顾问制度
		4.1.2 开展社会公德、学术道德和诚实守信教育
		4.1.3 依法办学，遵守招生、收费、办学办班等的法律法规，维护学校合法权益
		4.1.4 及时、规范处理信访、举报和违法违规事件
	4.2 社会形象	4.2.1 积极推进党务公开和校务公开
		4.2.2 建立学校新闻发言人制度，正确引导社会舆论
		4.2.3 对社会、媒体舆论监督等及时回应
5. 社会服务责任	5.1 社会贡献	5.1.1 积极开展对口支援、科研服务、校地共建等各类社会服务活动
		5.1.2 献血工作落实良好，征兵工作有成效
		5.1.3 学校资源向社会开放
	5.2 志愿服务	5.2.1 推进“学雷锋”活动常态化，形成志愿服务的长效机制
		5.2.2 以社会志愿服务为载体，培育志愿服务的品牌项目
6. 生态文明责任	低碳环保	6.1 倡导可持续发展理念，培育师生的环保意识
		6.2 建设节约型校园，进行垃圾分类，污染物排放达标
		6.3 优化校园内外环境，建设绿色校园，无烟校园达标

（资料来源：关于提交“2017—2018 年度上海市文明校园在线创建中期评估”《上海市高校市级文明单位社会责任报告框架》（2016—2017）相关材料的通知［EB/OL］.（2018-01-02）［2020-08-10］. https://xcb.shiep.edu.cn/f5/96/c2924a193942/page.htm.）

（二）泰国大学社会责任评价指标体系

泰国将大学社会责任融入其质量体系指标，见表 9。

表 9 泰国大学社会责任评价指标体系

质量评估的内容	涉及大学社会责任的指标
1. 理念、承诺，目标和实施计划	1.1 开展研究性学习、提供学术服务、保护艺术文化的经营计划

续表

质量评估的内容	涉及大学社会责任的指标
2. 大学生培养（教与学）	2.1 让外部组织或社区的专业人员参与教学过程
	2.2 有学生和（或）学生活动获得外部组织的道德奖励
3. 学生发展活动	3.1 开展 USR 项目 / 活动，允许学生和其他利益相关者（如校友或社区）参与
	3.2 鼓励建立大学与其他机构之间的网络
4. 研究	4.1 鼓励开展有益于社会的研究并向社会宣传
5. 为社会提供学术服务	5.1 学术服务活动与教与学的结合
	5.2 与其他组织合作提供学术服务
	5.3 向社会宣传学术知识
6. 保护艺术和文化	6.1 把艺术和文化保护融入教学和学生活动中
	6.2 宣传文化艺术保护活动
7. 行政和管理	7.1 实施良好治理和风险管理，以解决所有利益相关者的问题
	7.2 建立有效的人力资源体系和机制提高高校各项工作质量
8. 财务和预算	8.1 制定有效、透明和可核查的财务和预算编制流程指南
	8.2 内部和外部资源共享
9. 质量保证体系和机制	9.1 利益相关者——特别是学生、毕业生的雇主和根据机构使命提供服务的接受者——参与教育质量过程
	9.2 与其他大学建立质量保证活动网络

（资料来源：Plungpongpan J , Tiangsoongnern L , Speece M . University social responsibility and brand image of private universities in Bangkok[J]. International Journal of Educational Management, 2016, 30(4):in press.）

（三）QS 大学排行榜：大学社会责任指标

大学排名中衡量大学社会责任有 4 个维度，即通过大学提供的服务给社区带来的益处；可理解为支持慈善事业和社会公益运动、志愿服务的兴趣及救灾活动等；可以通过区域内毕业生的就业率以及区域内学生入学比例来测量；可以通过解决能源节约、节约用水、浪费最小化、绿色交通、回收利用等来测量项目的性质和强度，见表 10。

表 10　QS 大学排行榜：大学社会责任评价指标

大学社会责任维度	指标
1. 社区发展	1.1 专业社区服务
	1.2 基于社区的研究
	1.3 支持文化遗产和艺术
	1.4 对当地企业的支持
	1.5 教育计划
2. 慈善工作和赈灾	2.1 灾难救援
	2.2 社会工作
	2.3 慈善
	2.4 捐赠
3. 区域人力资本开发	3.1 就业指导中心
	3.2 远程教育
	3.3 短期课程
	3.4 执行程序
4. 环境影响	4.1 节能
	4.2 节约用水
	4.3 回收利用
	4.4 绿色交通

（资料来源：Carmen P, Denisa D, Oana G, et al. Examining obligations to society for QS Stars best ranked universities in social responsibility[J]. Management & Marketing, 2017, 12(4)：551−570.）

四、以可持续发展为框架的大学社会责任评价指标

（一）STARS（sustainability tracking,assessment&rating system）

本书将其翻译为可持续性跟踪、评估和评级系统，具体指标见表 11。STARS 是一个专门衡量大学可持续性表现的自我报告框架，主要在美国使用。目前，全球 21 个国家 700 多所大学用其衡量院校的可持续性表现。

表 11 STARS 框架

议题	指标分类	指标说明
学术	1. 课程	增加可持续发展课程、学位项目及其他学习机会
	2. 科研	从事可持续发展理论和实践的科学研究
参与	1. 校园参与	促进学生和教职工参与可持续发展
	2. 公共参与	参与、解决社会可持续发展面临的问题与挑战
运营	1. 大气与气候	减少空气污染物排放
	2. 建筑	安全健康的室内环境及对室外环境的影响
	3. 能源	减少能源消耗，开发使用清洁能源和可再生能源
	4. 食品和餐饮	减少食物浪费，维护食品安全、可持续的食物购买政策
	5. 绿地	加强校园绿地管理与维护生物多样性
	6. 采购	坚持可持续的采购政策，购买可持续性产品
	7. 交通工具	降低二氧化碳及其他污染物排放
	8. 废弃物	减少废弃物和温室气体排放，降低处理成本
	9. 水	节约水资源，保护水生态系统
规划与治理	1. 合作与计划	组织、实施和宣传可持续发展
	2. 多元化与可负担性	学生和教职工群体的多元化，可负担、可接近的高等教育
	3. 投资与财政	可持续的投资与信息披露，建立公正、可持续的财务体系
	4. 健康和工作	制订学生和教职工的健康计划，保证教师薪酬、满意度和工作安全

（资料来源：STARS［EB/OL］.（2018–11–18）［2020–08–10］. https://stars.aashe.org/pages/participate/reporting-process.html.）

（二）ARISE（Assessing Responsibility in Sustainable Education）

高等教育可持续发展审计工具（AISHE）将社会责任视为组织对可持续发展的贡献，见表 12。

表 12　ARISE 框架

质量保证	主体	条款
1. 目标	1.1 愿景和使命	1.1.1 组织管理层对社会责任有明确的使命和愿景。这些都得到了广泛和可证明的公众支持
		1.1.2 组织的轮廓是与不同的利益相关者合作设计的
		1.1.3 组织对其在教育、研究和服务社会方面的服务使用者的预期附加值有一个清晰的愿景
	1.2 政策	1.2.1 组织已将使命和愿景转化为具体的政策
		1.2.2 组织的管理层明确对社会责任政策负责
		1.2.3 在组织中，执行政策的责任是明确和可证明的
2. 过程	2.1 教育	2.1.1 在发展其教育组合时，管理层考虑到其社会责任的目标
		2.1.2 组织鼓励学习计划将社会责任的相关方面整合到学习计划的内容中
		2.1.3 组织对其国际化活动有明确的社会责任政策
	2.2 研究	2.2.1 在开发研究组合时，管理层考虑到其社会责任目标
		2.2.2 组织鼓励研究实体将社会责任问题纳入其研究性计划和活动中
	2.3 社会服务	2.3.1 在发展其服务时，组织从社会责任的角度出发
		2.3.2 组织与其客户 / 合作伙伴就社会责任进行了积极的对话
	2.4 运作	2.4.1 组织对其运行的影响范围有清晰的认识
		2.4.2 组织有一项政策和具体目标，包含对其自然环境的中性或积极影响
		2.4.3 这种方法带来了切实的结果
	2.5 运作 / 人员	2.5.1 组织对其业务的人员影响范围有明确的看法
		2.5.2 组织对组织的社会质量有政策和具体目标
		2.5.3 这种方法会带来切实的结果
	2.6 运作 / 繁荣	2.6.1 组织对其业务的财务方面的影响范围有着清晰的定位
		2.6.2 组织有政策和具体目标，包括负责任的财务连续性
		2.6.3 这种方法会带来切实的结果
3. 结果	3.1 学生	3.1.1 组织清楚地向（潜在的）学生传达学习项目的水平、地位、内容和名称
		3.1.2 组织以可证明的负责任的方式对待学生

续表

质量保证	主体	条款
3. 结果	3.1 学生	3.1.3 组织明确关注有特殊背景的学生，如国际学生或少数民族学生
	3.2 专业领域	3.2.1 组织与未来和现在的雇主沟通学习项目的级别、地位、内容和名称
		3.2.2 组织与该地区的教育机构、组织和企业保持联系，致力于加强教育、研究和服务社区的社会意义
4. 语境	4.1 文化	4.1.1 组织的社会责任由组织中大多数员工支持和分担
		4.1.2 组织系统地在组织内部和组织外部传达其与组织的社会责任有关的目标和结果

（资料来源：Pieternel Boer. Assessing Sustainability and Social Responsibility in Higher Education Assessment Frameworks Explained[J]. Springer International Publishing, 2013:121−137.）

（三）泰晤士高等教育世界大学排名开发的世界大学影响力排名

泰晤士高等教育世界大学排名开发的世界大学影响力排名将联合国提出的17项可持续发展目标作为评估的指标维度，并将这些维度纳入教学和科研之中，这些指标在很大程度上与大学社会责任内涵一致，见表13。

表13　大学社会责任评价指标

1	在世界各地消除一切形式的贫困
2	消除饥饿，实现粮食安全、改善营养和促进可持续农业
3	确保健康的生活方式、促进各年龄段人群的福祉
4	确保包容、公平的优质教育，促进全民享有终身学习机会
5	实现性别平等，为所有妇女、女童赋权
6	人人享有清洁饮水及用水是我们所希望生活的世界的重要组成部分
7	确保人人获得可负担、可靠和可持续的现代能源
8	促进持久、包容、可持续的经济增长，实现充分生产性就业，确保人人有体面工作
9	建设有风险抵御能力的基础设施、促进包容的可持续工业，并推动创新
10	减少国家内部和国家之间的不平等
11	建设包容、安全、有风险抵御能力和可持续的城市及人类住区
12	确保可持续消费和生产模式

续表

13	采取紧急行动应对气候变化及其影响
14	保护和可持续利用海洋及海洋资源以促进可持续发展
15	保护、恢复和促进可持续利用陆地生态系统、可持续森林管理、防治荒漠化、制止和扭转土地退化现象、遏制生物多样性的丧失
16	促进有利于可持续发展的和平和包容社会，为所有人提供诉诸司法的机会，在各层级建立有效、负责和包容的机构
17	加强执行手段、重振可持续发展全球伙伴关系

（资料来源：邓肯·罗斯．我们将联合国所有17项可持续发展目标均纳入到2020年世界大学影响力排名当中［EB/OL］.（2019-10-13）［2020-08-10］. https://www.timeshighereducation.com/cn/blog/were-including-all-17-sdgs-2020-university-impact-rankings.）

五、以利益相关者为框架的大学社会责任评价指标

（一）我国基于利益相关者开发的大学社会责任评价指标

国内关于大学社会责任评价指标的研究方面，沈映春依据利益相关者理论提出了学生责任评价指标、出资者责任评价指标、教职工责任评价指标、政府责任评价指标、社区责任评价指标。具体指标见表14。

表14　大学社会责任评价指标体系

	准则层	二级指标	观测点
高校对政府责任指标	1. 政治责任	1.1 政治理论学习参与情况	高校政治理论学习参与人数 / 高校教职工与学生总人数
		1.2 民主管理满意度	民主管理满意人次 / 总人次 ×100%
		1.3 管理干部提供情况	公务员考取人数 / 参考人数
	2. 文化责任	2.1 学术声誉	知名学者、专家、校长和企业家声誉调查结果
		2.2 社科专著	当年学校社科类出版物的数量
		2.3 CSSCI 论文数	当年被 CSSCI 收录的论文数量

续表

	准则层	二级指标	观测点
高校对出资者社会责任指标	1. 经济责任	1.1 资产报酬率	盈余金额平均资产总额 ×100%
		1.2 预算执行率	支出总额 / 预算总额 ×100%
		1.3 资产保值增值率	扣除客观增减因素后的年末资产 / 年初净资产 ×100%
	2. 科研责任	2.1 科研合同完成率	（1– 合同违约数量）/ 合同总数量 ×100%
		2.2 产学研合作项目数	高校产学研合作项目总数
		2.3 SCI 论文数	当年被 SCI 收录的论文数量
		2.4 专利授予量	当年该校被授予的专利数量
高校对社区社会责任指标	1. 公共服务	1.1 基础设施利用率	该校基础设施社会使用人次 / 设施正常可使用人次
		1.2 基础设施使用满意度	设施使用满意人次 / 总社会参与人次 ×100%
		1.3 社区服务满意度	服务满意人次 / 享受服务总人次 ×100%
		1.4 捐助支出比率	社区慈善公益捐助金额 / 总收入 ×100%
	2. 职业培训	2.1 职业培训结业率	每年职业培训毕业人数 / 每年参加职业培训人数 ×100%
		2.2 从业教师比率	该校继续教育从业教职工 / 学校全体教职工 ×100%
		2.3 从业教师职称比率	该校继续教育从业教职工初级、中级、高级职称各自所占比例
	3. 文化传承	3.1 文化设施使用率	该校文化基础设施社会使用人次 / 设施正常可使用人次 ×100%
		3.2 文化设施使用满意度	设施使用满意人次 / 总社会参与人次 ×100%
		3.3 社会文化活动参与率	社会参与高校文化活动人次 / 高校社会文化活动正常可承受参与人次 ×100%
		3.4 社会文化活动满意度	活动参与满意人次 / 总社会参与人次 ×100%
	4. 科研技术服务	4.1 科研社会回报率	每年科研效益 / 每年科研投入 ×100%
		4.2 科研技术服务平台数量	高校科研技术服务平台总数量
		4.3 科技成果转化量	每年高校实现技术成果转化的项目总数

续表

	准则层	二级指标	观测点
高校对社区社会责任指标	4. 科研技术服务	4.4 技术转移合作平台数量	高校技术转移合作平台数量
		4.5 企业孵化数量	高校实现企业孵化总数
		4.6 科技园与创新中心年产值	科技园区与创新中心企业年产值
高校对学生责任指标	1. 教学责任	1.1 思想政治素质	毕业生党员人数 / 全部总人数
		1.2 读研比例	毕业生读研人数 / 全部总人数
		1.3 英语及计算机水平	毕业生中通过英语四级和计算机二级的人数 / 全部总人数
		1.4 毕业生薪酬	该校当年毕业生的平均收入
		1.5 就业满意度	对就业满意的人数 / 毕业生就业总人数
		1.6 获资助赴国外学习的学生比例	获资助赴国外学习的学生数 / 学生申请数
	2. 教育服务责任	2.1 生均图书数	图书总量 / 学生总数
		2.2 生均校舍建筑面积	校舍建筑面积 / 学生总数
		2.3 生均网络资源拥有量	机房电脑总量 / 学生总数
		2.4 生均奖学金及助学金持有量	年奖学金及助学金获得人数 / 该年申请总人数
		2.5 生均仪器设备额	仪器设备总额 / 学生总数
		2.6 就业咨询人次	每年接受就业咨询的总人次
高校对教职工责任指标	1. 提升教职工素质	1.1 人力资本投入水平	每年招聘、培训等费用 / 总经费
		1.2 教职工人均年教育经费率	高校年教育经费总额 / 教职工总数 ×100%
	2. 发挥教职工作用	学校民主管理教职工参与率	参与高校民主管理的教职工人次 / 全校教职工总人次 ×100%
	3. 改善教职工待遇	3.1 文体活动举办总数	高校每年文体活动举办总数
		3.2 教职工收入提高率	本年教职工平均收入总额 / 上年教职工平均收入总额 ×100%
		3.3 人均校舍面积	教师宿舍总面积 / 教师总数
		3.4 教职工平均补助费	年教职工补助费 / 教职工总数
		3.5 社保支付率	已付社保资金 / 应付社保资金 ×100%

（资料来源：沈映春．高校的社会责任 [M]. 太原：山西人民出版社，2015：197−199）

（二）国外基于利益相关者理论开发的大学社会责任评价指标

国外学者以利益相关者理论为基础提出了测量大学社会责任的 7 个维度，见表 15。其中，管理责任、研究开发责任、利益相关者的责任和法律责任，这四项责任可以归为生存水平责任；伦理责任可以归为中间责任；慈善责任和社区参与可以归为自愿责任。

表 15　基于利益相关者开发的大学社会责任指标

维度	测量条目
1. 管理责任	1.1 大学不断提高其服务 / 教育水平
	1.2 大学投资改善工作 / 学习条件
	1.3 为机构日常运作制定了长期战略
	1.4 大学相信有效和合理的资源分配能有效地工作
	1.5 大学致力于将平等和多样性融入所有的行动中
	1.6 大学促进言论自由；鼓励辩论和讨论，并支持那些不危及他人健康和安全的抗议活动
	1.7 学校有明确的举报程序
	1.8 这所大学的运作方式能防止不公平的行为
2. 内部利益相关者责任	2.1 大学鼓励参与有助于发展知识、技能和态度的活动
	2.2 大学为所有成员提供平等的机会
	2.3 这所大学采取了许多措施来提高校园生活质量
	2.4 大学确保学生和教职员工的工作得到充分的支持，他们有一个良好的工作环境
	2.5 学校尊重学生 / 教职员的权利和尊严，公平、不歧视地对待每一个人
	2.6 当需要时，大学向其员工 / 学生提供完整、准确和所有必需的信息
3. 法律责任	3.1 大学的表现符合高等教育管理机构的期望
	3.2 大学遵守标准、规则和条例以及联邦、州和地方法律
	3.3 大学履行对利益相关者的法律义务
	3.4 学校尊重学术诚信的最高标准，并将任何违反这些标准的行为报告有关当局进行适当的调查和处理
	3.5 大学致力消除任何形式的非法歧视及促进平等机会

续表

维度	测量条目
3. 法律责任	3.6 大学确保并鼓励劳动力多样化（年龄、性别或种族）
	3.7 大学会定期检讨其程序及政策，以确保符合现行法例
4. 伦理的责任	4.1 大学有全面的行为准则
	4.2 大学试图以符合社会和道德规范的方式表现
	4.3 大学认识到企业的诚信和道德行为不仅是遵守法律法规
	4.4 大学降低了水、电等稀缺资源的消耗
	4.5 大学鼓励学生 / 职员积极参与环保工作
	4.6 大学鼓励其成员遵循专业标准
	4.7 大学促进教育和知识，并提供一个对所有人开放的机构，不分种族、信仰或政治信仰
	4.8 大学在需要时向与之有经济往来的组织提供明确的信息
	4.9 大学致力于防止环境污染主要方面
	4.10 大学在其所有活动和与他人的关系中都以诚实、透明和公正的态度行事
5. 研究 / 发展责任	5.1 大学参与了相关研究的资助
	5.2 对学生 / 教师进行专业领域的社会责任教育
	5.3 大学安排与业界的联系，以培养学生所需的技能
	5.4 大学鼓励和授权进行能够产生社会和经济影响的研究，并与公众接触，表达其对公众参与的战略承诺
	5.5 大学通过知识转化和活动，让公众参与并传播学术研究的成果
6. 慈善责任	6.1 大学的表现符合社会对慈善和慈善事业的期望
	6.2 大学持续为贫困者提供奖学金
	6.3 高校为低层次的后勤人员提供免费教育服务
	6.4 大学理解并提供向学生提交费用的时间
	6.5 大学为员工 / 学生提供课外活动的经济支持
	6.6 大学定期报告发展活动，并不断与捐赠者和支持者沟通
	6.7 大学在当地社区参与志愿和慈善活动
7. 社区参与	7.1 大学促进学生志愿服务（和相关的筹款活动）的机会，以支持社区项目，从而扩大学生的经验
	7.2 大学与社区团体合作，包括支持与完成大学使命相关的社会活动

续表

维度	测量条目
7. 社区参与	7.3 大学促进大学生在当地社区内的就业机会
	7.4 大学承担由地方和地区社区提出或与之相关的研究项目
	7.5 大学理解和尊重社会的需要，并努力在适当的时候提供咨询
	7.6 大学正在努力减少废物的产生，并正在努力再利用和循环使用
	7.7 大学以可持续的方式管理发展工作，并尽可能与当地社区协商
	7.8 大学参与提高社区“生活质量”的项目

（资料来源：Latif, Fawad K . The Development and Validation of Stakeholder-Based Scale for Measuring University Social Responsibility (USR)[J]. Social Indicators Research, 2017.）

（三）大学社会责任联盟：大学社会责任评价指标

大学社会责任联盟提出了 VPI 模型（value-process-impact），这个模型以利益相关者理论为指导，提出了利益相关者实践大学社会责任的维度以及大学社会责任实践对利益相关者的影响。利益相关者关于实践大学社会责任的关键维度见表 16。

表 16 大学社会责任联盟：大学社会责任指标

利益相关者	大学社会责任实践
学生	1. 课程质量
	2. 平等与多样性
	3. 学生福利
	4. 建立社会和环境责任
	5. 申诉 / 投诉渠道
	6. 沟通与参与
	7. USR 行为准则
雇员	1. 健康与安全
	2. 平等与多样性
	3. 发展与教育
	4. 职工福利

续表

利益相关者	大学社会责任实践
雇员	5. 信息透明度
	6. 沟通与参与
	7. USR 行为准则
政府 / 资助机构	1. 沟通
	2. 财务审计
	3. 参与 USR 项目（由该利益相关者赞助）
	4. USR 项目服务（由该利益相关者赞助）
	5. USR 倡议的宣传
同行大学	1. 公平竞争
	2. 信息分享
	3. USR 联合倡议
	4. 沟通与参与
社区	1. 慈善
	2. 员工支持
	3. 提供志愿服务
	4. 赞助
	5 沟通与参与
	6. 共享 USR 信息 / 实践
	7. 社区支持
	8. 共同社会责任倡议
	9. 参与 USR
环境	1. 大学环境政策
	2. 环境管理体系
	3. 环境管理预算
	4. 绿色采购政策
	5. 绿色人力资源管理
	6. 绿色通信
	7. 绿色宣传
	8. 绿色意识建设

续表

利益相关者	大学社会责任实践
环境	9. 环保工程
	10. 赞助环保活动
	11. 和环境非政府组织的合作
	12. 回收计划
	13. 危险废物处理和处置方案
	14. 无纸化办公、图书馆与教育环境
	15. 使用经过能效认证的 IT 硬件和设备
	16. 安装能减少能源消耗的软件
	17. 绿色不合规记录
供应商	1. 供应商责任政策
	2. 支持本地采购
	3. 监督供应商的社会责任表现
	4. 沟通
	5. 企业社会责任参与

（资料来源：Lo W H , Pang R X , Egri C P , et al. University Social Responsibility: Conceptualization and an Assessment Framework[M]// University Social Responsibility and Quality of Life. Springer Singapore, 2017：37–59.）

大学社会责任实践对利益相关者的影响见表 17。

表 17 大学社会责任联盟：大学社会责任指标

利益相关者	大学社会责任影响标准
学生	1. 学生反馈
	2. USR 相关工作的就业率
	3. 参加 USR 相关课程的学生百分比
	4. 参加 USR 相关活动的学生百分比
	5. 学生获得 USR 奖
	6. 入学多样性统计（种族 / 少数民族群体百分比）
	7. 未解决学生投诉——学生投诉统计及趋势
	8. 参与 USR 相关交换项目 / 实地考察的学生人数 / 百分比

续表

利益相关者	大学社会责任影响标准
学生	9. 以 USR 为重点的教育项目数量 / 百分比
	10. 辍学率 / 毕业率（标准化）
雇员	1. 员工满意度 (高 / 中等水平百分比)
	2. 与员工相关的奖励 (数量)
	3. 参加 USR 相关志愿活动的员工百分比
	4. 员工流动率（标准化）
	5. 担任管理 / 高级职位的女性比例
	6. 担任管理 / 高级职位的种族 / 少数民族群体百分比（相对于当地情况）
	7. 每位员工平均每年培训 / 教育时数
	8. 与 USR 相关的会议出席人数——每位教学 / 学术 / 行政人员的平均人数
	9. 残疾员工人数 / 百分比
	10. 与职工协会就 USR 问题举行的会议次数
	11. 工伤率
	12. 参与 USR 重点培训和发展的员工人数 / 百分比
	13. USR 研究项目 / 论文数量 / 百分比
政府 / 资助机构	1. 有政府 / 资助机构出席的 USR 会议次数
	2. 大学管理层向政府 / 资助机构提交的 USR 报告数量
	3. 政府 / 资助机构支持的 USR 计划数量
	4. 与政府 / 资助机构就 USR 问题举行的会议次数
	5. 向政府 / 资助机构提出的 USR 政策倡议数量
	6. USR 奖项数量
同行大学	1. 关于 USR 问题 / 主题的经验分享
	2. 出席关于 USR 的联合会议 / 研讨会
	3. 参加 USR 课题的联合课程
	4. 以 USR 为重点的交换项目的入学率
	5. 参加 USR 联合教育项目
	6. 与 USR 相关的联合倡议数量
	7. 与 USR 相关的联合教育项目的招生

续表

利益相关者	大学社会责任影响标准
同行大学	8. 参加联合社会项目
	9. 关于社会和环境主题的合著出版物数量
	10. 联合项目奖励数量（教育、研究）
社区	1. 捐赠数量（如实物等）
	2. 支持的正在进行的社区项目数量（3 年或 3 年以上）
	3. 与非政府组织联合举办的社区项目数量
	4. 获资助的社区项目数
	5. 与企业联合组织的社区项目数量
	6. 参加社区服务的工作人员百分比
	7. 工作人员参与社区服务的累积时数
	8. 获得社区 USR 奖项的数量
	9. 大学社区 USR 活动的媒体报道数量
	10. 社区对 USR 的投诉数量
	11. 关于共享和促进 USR 的商务信息会议 / 会谈次数
	12. 涉及 USR 向企业界转移知识的项目数量
	13. 来自商业界与 USR 相关的捐赠数量（如研究 / 教育项目、教职员工、奖学金等）
	14. 收到的 USR 奖项数量
环境	1. 节能降耗
	2. 减少用水量
	3. 室内空气质量水平
	4. 回收再利用率
	5. 减少固体废物填埋
	6. 减少危险废物处置
	7. 与环保非政府组织合作频率
	8. 与环境和污染有关的投诉数量
	9. 组织 / 赞助的环境项目数量
	10. 减少温室气体排放
	11. 绿地面积增加

续表

利益相关者	大学社会责任影响标准
环境	12. 获得绿色奖
供应商	1. 本地供应商的数量和百分比
	2. 长期供应商数量及比例（3 年以上）
	3. 去年与供应商的会议 / 检查 / 监察次数
	4. 与 USR 合作的供应商百分比
	5. 关于供应商的投诉数量（被学生或员工投诉）
	6. 来自供应商投诉数量
	7. 供应商违反规定 / 合同的案例数

（资料来源：Lo W H，Pang R X，Egri C P，et al. University Social Responsibility: Conceptualization and an Assessment Framework[M]// University Social Responsibility and Quality of Life. Springer Singapore，2017：37–59.）

六、以大学影响力范围为框架的大学社会责任评价指标

陈（Chen）、那颂卡（Nasongkhla）和唐纳森（Donaldson）认为，社会责任是一个组织对其决定和活动对社会和环境的影响的责任，通过透明和道德的行为，有助于可持续发展、健康和社会福利，其中这种行为要考虑到利益攸关方的期望，它考虑到利益相关者的期望，符合适用的法律和国际行为准则，并在整个组织中得到整合，在其关系中得到实践。基于这种认识，提出了在当今复杂的全球世界中识别伦理问题的 SCOPE 框架。该框架注重的是大学社会责任影响范围（社会、亚社会、认知、组织、慈善、经济、伦理、环境、教育），见表 18。

表 18　SCOPE 框架

1. 社会	1.1 人权
	1.2 可持续的人类发展
2. 亚社会	2.1 就业政策
	2.2 教职工培训

续表

2. 亚社会	2.3 工作与生活间的平衡
	2.4 工作场所的平等机会
3. 认知	3.1 种族
	3.2 性别
	3.3 贫困
	3.4 残疾
4. 组织	4.1 管理伦理
	4.2 工作文化
5. 慈善	5.1 大学志愿服务
	5.2 大学慈善
6. 经济	6.1 透明度
	6.2 公司治理原则
	6.3 提供产品和服务的质量和安全
7. 伦理	7.1 道德规范
	7.2 知识产权保护
	7.3 版权保护
8. 环境	8.1 环境组织结构（循环、节能等）
	8.2 自然资源保护
	8.3 环境技术投资
	8.4 环境产品和服务
9. 教育	9.1 学生对责任的理解
	9.2 利益相关者的价值意识和对他们所在社会的理解

（资料来源：Chen S H，Nasongkhla J，Donaldson J A. University Social Responsibility（USR）: Identifying an Ethical Foundation within Higher Education Institutions[J]. Turkish Online Journal of Educational Technology-TOJET，2015，14（4）: 165-172.）

七、以大学职能为框架的大学社会责任评价指标

陈星博在构建一流大学的社会责任担当中，提出了“双一流”大学社会贡献

的指标体系，见表 19。

表 19 “双一流”大学社会贡献的指标体系

一级指标及权重	二级指标及权重
人才培养贡献 40%	1. 毕业生中担当国家院士的比例 30%
	2. 毕业生担任世界排名前 1000 家公司领导的人数 40%
	3. 毕业生担任政界要职的情况 30%
科学研究贡献 30%	1. 国家研究经费数量 20%
	2. 非国家研究经费数量 10%
	3. 获得各种学术荣誉的人次 20%
	4. 发明专利的数量 20%
	5. 教师在国际学科学术组织中担任领导职务的人数 10%
	6. 教师在重要国际学术期刊担任编委的人数 10%
	7. 教师中的国家院士比例 10%
社会服务 30%	1. 科研成果创造的产值 50%
	2. 与世界前 1000 大公司合作情况 30%
	3. 政府要员因公务到大学的次数 20%

（资料来源：陈星博．一流大学建设要担当起构建和谐社会的责任——对一流大学评价指标体系的再思考 [J]. 贵州社会科学，2007:45-49.）

附录 B　大学社会责任案例

一、我国大学社会责任案例

（一）北京大学履行社会责任的实践

自成立以来，北京大学（简称“北大”）的根本使命一直是培养高素质、具有强烈社会责任感、能够承担民族复兴责任的学生。北大和学生们一直密切关注三大事业：中国的发展、社会进步和中华民族的复兴。北大也采取七大主要措施来履行社会责任。

一是帮助学生培养社会责任感。北大用系统的思维来加强在社会中的角色和地位的教育。教师通过仔细分析不同年级学生的理解能力和身心特点，制定有针对性的社会定位教育方法。例如，大学新生在北大历史讲座上聆听演讲，并在研究开始时参观北大历史博物馆，以了解北大自成立以来就与中国的命运紧密相连。这些活动激励他们继承北大的精神传统，“以社会责任为己任”。2014年起，北大开始实施“教授茶时光”项目。在这个项目中，教授和学生们边喝茶边聊天。谈话不是关于学习而是关于生活。教授与学生分享他们的经验和思想，学生受到他们的社会责任感的影响。在毕业生方面，北大实施“家国战略”，教育学生“为家乡发展贡献力量”“到祖国最需要的地方去”。2012—2014年，近1100名北大毕业生选择到中国西部和偏远地区或乡村工作。北京大学还将社会责任教育渗透到学生的学习和生活中，学生受到丰富多彩的北大文化的影响。2013年，北大师生创作的歌剧《只为你：王选之歌》（*Just For You: Song of Wang Xuan*）讲述了著名科学家王选的故事，他为国家的利益而献身，推动科学技术的发展。他的故事给学生留下了深刻的印象。学生工作部门和各学院几乎都开通了微信公众号，开设优秀学生表现专栏。《触动颜元心灵的故事》和《魏明之星》介绍了北大师生关心他人、慈善服务社会的情况。他们行为的正能量促进了其他学生的道德成长。可以说，新媒体平台的多中心影响创造了一种提倡“热爱社会、乐于助人”的文化。

二是通过实践教育—教育学生主动承担社会责任。北大把“行动教育”作为自己的教育理念，并将这一理念写入其章程，同时教育学生采取行动，履行社会义务，承担社会责任。北大为学生创造了可以加入的各种平台，如实践课程、学术研究和创新、社会活动、志愿服务、志愿教学、就业和创业及海外活动等。例如，北大鼓励大二的学生参与更多的社会活动，这样他们就可以更多地了解社会；指导明确未来学习的大三学生参与学术研究和教学；为大四学生提供深造、寻找实习和创业；帮助成熟的研究生参与研究项目，参与欠发达地区的研究项目、政策研究和支教。通过这些活动，学生们把他们所学的理论付诸实践，不仅为公众服务，而且开阔了他们的视野，提高了他们的能力，塑造了他们的品格。

承担社会责任必须与社会发展相结合。以社会活动为例，1982 年北大发起“百村社会调查”活动，是中国大陆第一所开展的学生实践活动的高校。三十多年来，每年有将近 4000 名学生到全国各地去调研，去偏远地区任教，以及开展志愿服务活动。自 2012 年开始至今，北大也开始了“中国离退休人员健康与生活状况的深入实证社会研究”项目。每年都有上百名学生去统计退休人员健康和生活状况的数据，到 2015 年，项目成员已经走访了除港澳台地区外的全国各省（区、市）450 个村、150 个县。通过对 10 000 户家庭的 17 000 人的走访，他们收集了大量 45 岁以上人群的高质量统计数据，对老龄化人口的分析和跨学科研究做出了重大贡献。

把承担社会责任与满足弱势群体的需求结合起来。为了增加人民的知识并唤醒他们的自我意识，1918 年，蔡元培在北大创办“夜校”，后来，邓中夏和廖书仓创办“平民学校”和“平民教育演讲社”。2006 年 恢复“平民学校”，学校提供免费培训，希望能帮助工人提高职业技能和文化素养，建立“大学教育资源 + 志愿者”模式，2 亿余名农民工继续接受教育和培训。平民学校充分利用北大教育资源，聘请了包括众多知名教授、大四或研究生在内的各领域专家学者担任教师。课程分为两类：一是职业技能课程，其中包括英语、计算机素养等；二是文化素养课程，包括法律知识、艺术鉴赏、传统文化、人际交往、金融等。北大有自己的理事会，由北大的行政人员主持。理事会建立管理和服务机制和专项资金。北大还组织了志愿者活动、参观、才艺比赛等课外活动。在过去的 10 年里，990 多名工人从这所学校毕业了。由于高质量的教学，到 2013 年年末，超过 500 名保安人员被授予大学学位。

建立大学承担社会责任的长效机制。自从 2011 夏季，北大为社会活动提供三种类型的顾问小组——活动顾问、学术顾问和研究方法顾问，为活动提供全程深入指导。为此，北大建立各种实习中心，特别注重系统性、结构性和稳定性。有超过 18 个学生社团致力于志愿服务，如爱心协会和法律援助协会。以爱心协会为例，这个组织最初只有17个学生，在1993年以偶然的扫雪为契机，后来发展为具有全国影响力的社团，注册会员一千余人，每周有30多项定期志愿活动，每年有30多项大型公益活动，活动范围在自愿教学、护理老年人，帮助残疾人、捐助资助有困难的学生、文化服务。这些成绩可以归功于规范化管理。

三是扶贫——基于整合组织的模式的社会责任实践。以云南省弥渡县为例，说明北大如何整合组织履行其社会责任。在2012年11月，国务院扶贫办公室、中央组织部、教育部等八部门，联合发布“关于中央、国家机关、有关单位开展新一轮扶贫工作”的通知，组织了310个单位扶助592个国家贫困县，北大被指定援助云南省大理白族自治州弥渡县，2013年10月，北大与弥渡县正式签署了相应的援助协议。

弥渡县位于云南高原西部，大理州东南部，是红河的源头之一，是澜沧江中游经济区的中心地带，经济落后，属滇西边区重点县。在调研和实践的基础上，北大起草了《关于进一步加强定点扶贫工作的意见》，确定了“学校动员、资源整合、师资力量配套、智力援助”原则，并以智力援助为主题。

北大将弥渡县扶贫工作纳入该校“十三五”规划预算，为各项“职工、财政、物资、专项扶贫工作”提供绿色通道。北大的八个部门实行了相应的援助，光华管理学院、经济学院、国家发展研究院、艺术学院、法学院、信息科学技术学院、工学院、国际关系学院分别被指定帮助德苴乡、苴力镇、牛街彝族乡、密祉镇、弥城镇、寅街镇、新街镇和红岩镇。这些学院指派了相应的工作人员进行扶贫工作，并主动提供资金启动项目。参与减贫任务的单位都制定了详细的任务和时间表、跟踪、测试及评估扶贫工作的进度和质量，加强扶贫工作责任的落实。

北大还协调卫生资源改善民生健康。来自北大附属医院的16名医生前往弥渡县免费就诊，开展团体咨询和研讨会，指导儿科独立科室建设，加强骨科、神经内科等重点科室工作。国家卫生计划生育委员会在弥渡县启动“脑卒中筛查与预防项目”，投入资金8亿多元。这个项目不仅能够大规模有效预防和控制高血压，也显著降低了脑卒中的发病率，为当地居民节省了大量的医药费用，并显著降低了“因病返贫”现象。北大还协调健康中国人口福利基金会和北大妇幼保健中心的卫生项目，充分发挥北大在弥渡县妇幼保健方面的人才优势，帮助弥渡县儿童和妇女。北大积极创造条件，邀请弥渡县的领导和教师赴北大参加培训学习和信息交流项目。2015 年北大共培养当地干部、教师和医务人员 500 余人。北大还努力吸取社会资源，提高社会保障。北大与中国教师发展基金会合作，捐赠 30 万元支持偏远地区的小学发展，组织社会捐赠 30 万元扶贫资金改善村民的居住条件，还联系宋庆龄基金会向弥渡县捐赠了价值上万元的救护车。

四是促进大学社会合作——基于履行社会责任的实践。多年来，北大一直把大学与社会合作作为实现大学社会责任的重要途径，并充分利用大学作为知识之源、创新之源和人才培养基地的作用，根据国家发展大局，实施服务国家的战略。

1999 年北大成立国内合作委员会，隶属于国内合作办公室，负责北大和国内省（区、市）之间业务的合作、协调及实施。自 1998 年以来，北大与 24 个省（区、市）签署合作合同，包括云南、内蒙古自治区、新疆维吾尔自治区、河南、山东、辽宁、宁夏回族自治区、江西、甘肃、江苏、浙江、天津、湖南、北京、广西壮族自治区、重庆、广东、山西、福建、贵州、海南等，并与新疆生产建设兵团建立广泛而深入的合作关系。

北大目前与全国三分之二以上的省（区、市）合作，覆盖所有直辖市。北大与大型国有骨干企业合作项目数量年均增长 20% 以上。每年，各院系在科教、文化、培训等领域的重要合作项目超过 1200 个。

五是通过战略规划和政策咨询履行社会责任。在国家方面，北大充分利用北大国际战略研究所、国家发展研究所、人口研究所等智库和研究机构为国家战略服务。李一宁、林毅夫、周其仁、江明安、王浦渠、李玲等多位北大学者参与了国家与地方教育、科技、人力资源等领域的重要的中长期规划的前期研究和起草工作。此外，他们还研究了国际金融危机、中东和北非的变化、国家医疗改革、实现“中国梦”的宏伟愿景以及其他关键问题。

在地方一级，北大积极组织政府专家学者，扩大对社会难题的应用研究，进行发展规划，参与决策咨询。例如，北大专家就香港特别行政区基本法、人口政策、欧债危机等重大问题提交咨询报告，向中央政府提供决策咨询。北京大学城市规划中心承担的8个城市和22个县级城市的“山东半岛城市群规划”，在国内外产生了巨大影响，促进了地方发展。

六是通过促进科技发展与转型来履行社会责任。面对区域经济转型的总体形势，北大支持地方产业发展。与北京市海淀区合作，帮助一批重大工业项目落户海淀区。包括智能辅助肢体技术、碳纳米材料研究、灵长类动物产业化等。北大吸引了大批国内外知名高新技术企业和研究机构云集于此，促进了地区产业的升级。北大注重满足国家战略需要，大力推进科技成果产业化。例如，面对我国高分辨率数据的严重缺乏，北大与贵州航空集团合作开发了我国首个高端多用途无人机遥感系统。该系统的成功标志着中国无人机地球观测技术进入世界最先进行列。该技术已广泛应用于国土环境资源普查、气象科学研究和自然灾害监测。

七是通过教育和培训来履行社会责任。西部地区的教育对国民教育提出了重大的挑战。北大积极实施西部大开发战略，利用北大丰富的资源支持西部高校的发展，为地方教育事业作出贡献。北大一直努力帮助石河子大学和西藏大学提高教师质量、人才培养质量、科学研究和服务能力。北大荣获“西部大开发先进集体”“民族团结进步模范集体”“援助工作先进集体”等国家集体荣誉；共有8名工作人员被评为“援助工作先进个人”。

北大社会责任也存在一些明显问题，一是大学生的社会活动与学校整合程度不高，社会活动主要由学生事务管理部门安排，而学校参与相对有限。二是活动采取调查、走访、志愿等方式进行，活动选择与学生专业衔接不充分。三是大学生的社会活动往往以社会服务为中心，但在学科相关领域的成长和获得的技能却非常有限。

（资料来源：Ye J . Reflections on and Practices of Peking University Fulfilling Social Responsibility[M]. Springer Singapore，2017：205-221.）

（二）北京师范大学：培养大学生社会责任感案例

北京师范大学将培养大学生社会责任感的三种途径付诸实践，并积累了一些经验。

一是培养大学生社会责任感的学术途径：整合课程与资助科研项目。北京师范大学非常重视学术方法在培养大学生社会责任感中的作用。换句话说，北京师范大学充分利用课堂培养学生的社会责任感。大学把课堂教学和课外活动结合起来，使之成为培养学生社会责任感的两种手段。大学试图将培养大学生的社会责任感纳入整个教学过程。在课程方面，北京师范大学实行通识教育，提供近600门课程供本科生选择。这所大学开设了“社会实践”课程（两个学分）。此外，大学还设立了一个名为“社会进步和公民责任”的课程模块，包括132门课程。

除此之外，北京师范大学还尽最大努力进行学术培训，培养学生的社会责任感。这所大学建立科学研究基金会，鼓励学生在学校、市和国家各级申请研究项目。2011年至2015年，北京师范大学共投入学术培训1670多万元，资助国家科研项目552个，市级科研项目485个，校级科研项目1504个（北京师范大学教务处，2015年）。这些项目帮助学生树立正确的科学研究态度。北京师范大学还通过鼓励学生在大学期间创新、创业和积极参与社会实践来培养学生的社会责任感。

二是培养大学生社会责任感的专业途径：改革专业实践教学与创新教育模式。北京师范大学非常重视专业方法在培养大学生社会责任感中的作用。专业方法是让专业实践成为一门学分课程，以鼓励学生将所学应用到实践中。北京师范大学采取一系列措施，确保专业实践学分课程在培养大学生社会责任感方面发挥作用。学院制定专门文件，如《北京师范大学本科人才培养方案实践与创新模块实施指导意见》和《北京师范大学本科生实践与创新学分认定程序及实施办法》，并指导学院制定相应的规则。2015年，在“全国本科生培养计划”的指导下，学校建立了五个“校外实习基地”。学校投资190万元，创新专业实习的内容、形式和管理，建立优质稳定的实习基地（北京师范大学教务处，2015 年）。综上所述，包括专业调查、专业见习和专业实习在内的专业方法对培养大学生的社会责任感有很大的作用。

三是培养大学生社会责任感的公共服务途径——建立白鸽青年志愿者协会等公共服务组织。公共服务方式是北京师范大学培养大学生社会责任感最有影响力、最有效、最具代表性的方式。成立于 1994 年的白鸽青年志愿者协会是这一方法的突出特点。协会以“责任、奉献、合作、创新”为宗旨，坚持“奉献、友爱、互助、进步”的志愿者精神。它仍然致力于志愿服务，并为促进社会财富和社会进步做出重大贡献。该协会设立了 30 多个志愿者项目，这些项目涵盖了对基础教育和环境保护宣传的援助。它已成为一个品牌公共服务机构和培养大学生社会责任感的重要平台。协会组织了一系列品牌活动，包括“北京师范大学公共服务月”、以“青年、公共服务、前景”和“公共服务超市”为主题的公共服务论坛。此外，北京师范大学采用公共服务的方式培养大学生对教育、文化、福利和环境保护的责任感。它鼓励学生在偏远地区教书，激发他们对未来的期望，普及科学知识，传播积极的能量，帮助弱势群体，给他们温暖和关怀，为环境保护和“美丽中国”的建设作出贡献。

总之，北京师范大学很好地回答了以下问题：什么是大学生的社会责任感？社会责任感的载体是什么？如何培养这种意识？但是，将大学社会责任仅仅看成意识形态，窄化了大学社会责任。

（资料来源：Liu C，Zhu X . Three Approaches to Cultivating College Students' Sense of Social Responsibility [M]. University Social Responsibility and Quality of Life，2017：223–234.）

（三）四川大学——培养合格公民案例

四川大学近年来，一直在努力建立和完善自己的三维社会责任体系，发挥其社会影响力，在各利益相关方之间创造双赢局面。这一体系包括三个方面：传授人文和道德及知识和技能、鼓励学生社团和促进灾害管理。

首先，四川大学在重视知识和技能学习的同时，努力帮助学生形成人文道德。该大学提供大约100门普通课程，涉及多层次和多方面的学科，包括法律、历史、社会、哲学和伦理等。这些课程涵盖社会责任、道德和修养、诚实和礼貌。邀请社会精英、榜样和其他各界人士与教职员工和学生进行讨论，希望能够培养社会责任和服务意识。与此同时，美德和道德优先于特定职业。

其次，四川大学倡导互助的理念，鼓励学生社团、实习和社会实践。在该大学的支持下，成立了200多个学生协会，并建立了500多个社会实践基地。协会和社会实践基地在为社区、农村居民和弱势群体提供帮助，也同时为学生提供学习和体验幸福和成就的机会。在四川大学及“万人计划”的支持下，香港理工大学在四川省什邡市发起了一项学生服务学习计划，教育农民如何生产更健康的食物。香港理工大学的学生在老师的帮助下，以自己的专业知识为当地社区服务。这样的服务学习有利于学生和当地社区，促进了香港和内地师生之间的学术交流。

最后，四川大学搭建防灾救灾平台，履行对社会的责任。四川大学位于自然灾害频发的地区。四川大学根据自己在地震中的经历，主动研究全球灾害和危机应对。“四川大学－香港理工大学灾害管理与重建学院”是世界上第一所这样的学院，它在应对全球危机和充分履行其社会义务方面的努力很好地体现了这一点。该研究所成立于2013年，主要职能有四个：人才培养、科学研究、数据库建设和社会服务。该研究所发起的社会服务是专门针对包括芦山、鲁甸、皮山在内的地震灾区在救灾、恢复重建、心理援助、社区舒适、灾后规划、灾害社会工作者和灾区官员能力建设等方面的需求。此外，还制订了服务学习计划，并开设了一门名为“救灾服务学习和志愿活动领导”的课程。2014年起，每年5月12日举办“四川大学生灾后重建工作国际论坛”，纪念2008年5月12日四川特大地震。

在培养合格公民方面的经验，四川大学提供了九大案例。

一是农村地区妇女能力建设。在一些农村地区，妇女占到农业劳动力的

80%，因为大多数男子都外出到城市工作。妇女肩负着双重负担，既要耕种土地，又要继续照顾家庭。尽管丈夫不在家的妇女事实上是一家之主，但她们的丈夫被视为影响家庭的权威。由于迁移，丈夫的长期缺席为男人提供了建立婚外恋关系的机会。家庭关系可能破裂，发生冲突，有时会导致对妇女的暴力或虐待。我国已颁布实施了《中华人民共和国妇女权益保障法》，尽管如此，由于传统价值观和农村地区执法不便，许多农村妇女仍然陷于困境。中国农村妇女的自杀率较高，且几乎没有专业帮助。

在马尼托巴大学的大力帮助下，四川大学向洛江县和西昌市的农村地区派遣了教师和学生，对妇女的社会状况、健康状况、经济状况和家庭关系进行了广泛的调查。这些地区的农村妇女面临着与许多发展优先事项有关的根本问题，但我们认为，社会工作最能满足她们在两性平等和善政方面的迫切需要。为了在机构一级建设社会工作人力资源能力，以改善向选定农村地区农村妇女提供的社会服务，已经制定并采用了一种促进性别平等的社会工作实践模式。可持续成果通过以下方式实现：其一是训练员协调培训项目，旨在加强妇联在当地从事妇女工作的前线女干部的能力建设。其二是在县、镇和村一级建立的农村妇女资源中心。在位于北京的某中心的协调下，成立了专家组，为干部培训人员编写培训材料，对知识和影响农村妇女的研究、社会工作实践和社会政策分析的综合模式进行了研究。受过培训的教师和学生向不同层次的决策者提供咨询，以执行与农村妇女生计有关的政策。通过座谈会、研讨会、讲习班和出版物向决策者、服务提供者和学术界传播项目产生的知识。

该项目取得的主要成果是，目标地区的农村妇女更好地了解自己的合法权利，能够确定自己的需求，并更积极地参与自己家庭和社区的决策过程。其他预期成果包括加强大学和妇联向四川省农村妇女提供社会服务的干部提供培训的能力。通过四川大学与马尼托巴大学的跨学科合作，推进社会政策，减少性别不平等，增进妇女的基本人权，保障妇女的安全和福祉。

二是四川省老年保健服务模式研究。20 世纪 90 年代末，四川大学的华西公共卫生学院启动了一个为老年人开发医疗保健服务模式的项目。该模式旨在改善老年人的身心健康。该项目建立了一个中心、两个网络、两种养老服务模式，即“老年健康促进培训中心”“老年保健网”和“老年教育网”，“社区养老模式”和“家庭养老服务模式”。出版了5本老年学书籍和71篇论文。保守治疗和康复被引入课程。教师和学生一直在实践为特定社区的老年人服务的概念和程序，我们的医院有超过3780名患有不治之症的贫困老年人接受了我们教职员工和学生的服务。老年学和老年医学已经成为我们健康科学专业学生课程的重要组成部分。对老年人进行了流行病学研究。在四川城乡建立了地方卫生资源中心。发表90多篇论文，为政府制定老年人政策提供了重要的参考依据。我们的教职员工和学生在改善老年学校的健康教育课程方面提供了关键性的帮助，在那里向10多万老年人提供了健康教育课程。约1500名医生、400名护士、400名乡村卫生工作者和200名当地卫生官员在我校或他们的工作地点接受了培训。我们的教职员工和学生在农村地区开展社区卫生服务时，走访了1000多名老年人。向9个少数民族村庄的老年人提供免费医疗检查和治疗，4000多名老年人从中受益。

三是灾害管理与重建研究所。2008年5月12日，四川省汶川县发生里氏8.0级特大地震，造成重大人员伤亡和经济损失。同年6月，四川大学与香港理工大学联合成立“川大—理大四川地震灾后重建支援与研究中心”，整合两所大学在社会网络资源领域的实力、专长和学术成果，以提升灾害管理、人员搬迁、灾后重建一线人员培训、专业心理和社会工作服务等方面的能力和服务。为回应市民对各类自然灾害的关注和需求，四川大学和香港理工大学积极发起成立“灾害管理及重建研究所”，这是一所高水平的多学科及可持续发展的机构，旨在整合世界各地的资源，为社会、受灾地区及人民提供防灾减灾的科研、教育及服务。除了举行一系列关于减灾和应急管理的会议和培训课程外，灾害管理及重建研究所还积极应对自然灾害，如四川芦山地震、云南鲁甸地震、尼泊尔地震、新疆皮山地震等，四川大学为灾后重建工作提供了强有力的援助。此外，四川大学灾害管理及重建研究所与香港理工大学师生合作，在四川省农村和社区开展了一系列服务学习课程，包括社会服务学习入门、灾害教育与应对、减灾服务与慈善领导能力培养、在防灾救灾中使用无人机、防灾减灾基本管理策略、灾后规划、管理与重建等课程，为研究生开设的课程包括安全科学与减灾基础、国际灾害管理实践比较、减灾技术与应用等。

四是改善农村社区留守儿童的生存状态。在中国，人们普遍认识到，城乡劳动力转移在经济发展中发挥了重要作用。然而，与此同时，这种移徙引发了农村留守儿童的增加。四川省是中国输出农民工最多、留守儿童最多的省份。虽然对这些孩子的实地调查很少进行，但是在四川省的一些报告表明，在 3756 所农村学校中，51.2% 的学生是留守儿童，67% 的学生与祖父母生活在一起。同时，30% ~ 40% 的人营养不良。人们普遍认为孩子应该从小就和父母住在一起，然而在中国现行的社会制度下，大多数父母带孩子上城市谋生是不可行的。一方面，城市的入学制度对农民工子女仍然很友好；另一方面，农村进城流动人口的生活条件需要改善。然而，这两个问题都需要时间来解决。

因此，四川大学设计了这一方案，在目标农村地区发展学校—社区干预模式，通过这一模式，动员学校教师、儿童同伴及其监护人参与这一干预模式，共同改善留守儿童的生活。实地工作是在四川南部村庄的两所小学进行的。目标人群包括学生、教师、村干部和儿童看护者。将 3 ~ 6 年级 200 名受试学生分为两组，其中一所小学的学生为干预组，另一所学校的学生为对照组。在基线和后续研究中，使用人体测量、饮食记录和问卷调查对两所学校的所有目标儿童进行了分析。此外，对教师和儿童看护者采取了定量问卷调查。

学校社区干预模式：为了改善留守儿童的生活，开发并实施了一种校本干预模式。主要活动是：（1）建立教师支持团队，每个教师必须密切关注 5 名留守儿童的生活和学习；（2）同伴互助小组，在这个小组里，儿童被他们在一个班级里的社交网络所划分，儿童可以互相帮助；（3）为 120 名儿童、85 名看护者和 24 名教师开设卫生系列课程。

结果表明，干预 7 个月后，完成评估调查。结果表明，与对照学校的留守儿童相比，干预学校的儿童在基本健康和急救方面的知识水平显著提高。此外，干预学校的儿童改善了营养摄入、体育活动、学业成绩和社会支持。学校老师和管理员都认为留守儿童的日常健康行为、饮食摄入和学业成绩都有所改善。

五是通过远程医学教育为西藏培养医学人才。1998 年的统计显示，西藏人口超过 200 万，占中国土地总面积的 20%。只有 10 000 名医疗专业人员，其中大多数仅接受了两年的医学培训。西藏医学院是西藏自治区唯一提供高等医学教育（在 1998 年仅有 3 年制）的教育机构。由于合格教师严重短缺，西藏医学院只提供了 3 个培训项目。西藏医学院提供的信息表明，西藏医学院无法为一些最重要的医学课程提供合格的教师，包括解剖学、临床医学导论、生物学、生物化学、英语、内科、外科、产科 / 基因学、儿科等。

1998 年，华西医科大学（WCUMS）（后称华西医学中心）启动远程医学教育项目，旨在利用卫星远程医学教育系统加强医学教育，培养医学专业人员，改善西藏的医疗服务。该系统实现了华西医科大学和西藏医学院之间医学课程的实时交互学习。

在项目期间（1998—2003 年），西藏医学院招收了 156 名医学生，其中 75 名为 3 年制，81 名为 5 年制。通过远程医疗教育系统讲授了 15 门医学课程，总课时达 1805 小时，包括课后辅导。远程医疗系统提供的医学课程有：生理学、微生物学、免疫学、生物化学、药剂学、病理学、诊断学、预防医学、内科学、外科学、产科 / 遗传学、儿科医学、放射学和影像学、医学心理学和组织学 / 胚胎学。所有远程医疗课程和一些实验室实践已被制作成 27 盘磁带和 550 张光盘，目前正在西藏医学院使用。共有 230 名世界文化大学的教师为该项目讲课，其中 43 名教授、84 名副教授和 97 名助理教授。一方面，华西医科大学每年都派教职员工到西藏医学院协助西藏医学院的教育管理、教学、研究和学科发展；另一方面，华西医科大学接受了来自西藏医学院的 22 名教员和来自其附属医院的 9 名医务工作者，其中 12 人接受高级培训，16 人接受学士学位，3 人接受研究生学习。这个项目的实施不仅给予当地的医学生和教师高质量的培训，帮助建立了医学教育体系，而且建立了一个为偏远地区的发展提供帮助和支持的新模式。

六是为西藏大学医学院培养医学教师。2000 年，西藏医学院并入西藏大学，成为现在的西藏大学医学院。合并后，学校开始招收五年制医学生。然而，教学资源不足：5 年制医科学生课程的 40 门课程中有 22 门课程需要合格的教师，而西藏大学医学院无法提供这些教师。

为了解决西藏大学医学院中的医学教师短缺的问题，四川大学华西医学中心于 2002 年启动了西藏大学医学院医学教师培训项目，包括学位计划、高级培训计划和英语技能培训计划。在项目期间（2002—2008 年），36 名四川大学华西医学中心教员被派往西藏大学医学院，通过授课来协助他们的教学，并提供内科、外科、微生物学、生物化学、心理学、病理学、产科 / 遗传学、计算机医学和诊断学等领域的培训课程。

同时，21 名西藏大学医学院青年教师在四川大学华西医学中心注册研究生课程，其中大部分已完成学位课程培训，并在四川大学华西医学中心获得医学硕士学位。四川大学华西医学中心英语教师为上述考生提供了英语强化培训，使他们既可以通过所需的英语考试，也可以提高英语技能，增强国际联系与合作的信心。此外，西藏大学医学院 8 名三年制医学毕业生和 10 名五年制医学生已在四川大学华西医学中心完成培训，并获得医学学士学位。他们中的大多数人现在在西藏大学医学院工作。

为了尽快提高医学教育水平，四川大学华西医学中心将西藏大学医学院纳入医学教育网络，在医学教育管理与改革、教学技术、临床技能、计算机辅助教学与传播及医学教育研究等方面对医学教师的成功培养给予了高度重视，四川大学华西医学中心为西藏大学医学院的医学教育提供了最好的资源和最新的医学教育成果。

七是解决问题促进健康。从最广泛的意义上说，健康是最重要的人力资源。然而，今天世界各地都有可怕的疾病负担。尽管付出了巨大努力，这些问题仍未得到解决。“解决问题促进健康”是一种解决健康问题和社会问题的方法论，这种方法论的产生是因为人们担心，受世界健康问题影响最大的人往往等待外部的解决方案，而不是成为确定解决方案的过程的一部分。“解决问题促进健康”鼓励所有有关方面积极参与和做出承诺，并赋予个人改变的责任，使他或她能够确定解决当地问题的办法。这个过程开始于一个培训工作坊，帮助参与者定义一个问题，确定一个解决方案，制订一个好的行动计划并采取行动。

1996 年，华西医学中心发起了由中华医学基金会支持的“解决问题促进健康”项目，旨在建立一个全国性的健康问题解决网络，以实现健康。华西医学中心与西安医科大学、浙江医科大学、西藏医学院合作，建立了覆盖全国 14 个省份的 14 家医疗机构的网络。

在项目期间（1996—2000 年），共举办了 27 个讲习班和 10 个后续讲习班，提供“解决问题促进健康”基本方法和技能的培训，帮助参与者确定可解决的问题并设计行动计划。来自 27 所医科大学的 2388 名医生、护士、教师、研究生和校长从讲习班中受益。因为大多数实习生都是医科大学的教师，这意味着这个“解决问题促进健康”项目也使成千上万的医科学生受益。此外，项目团队还为子项目提供种子资金、指导以及评估。总共完成了 270 个“解决问题促进健康”子项目。

这个项目的成功让我们明白，无论有关人士的教育、职业、经济或政治状况如何，只要他们坚持不懈，就可以更有效地解决健康问题。2015 年统计数据显示，21 个城市的 9000 多名保健专业人员参加了“解决问题促进健康”培训，完成了大约 4000 个保健项目。

八是建立中国出生缺陷谱系数据库和基因库。对中国出生缺陷的监测显示，每年有 100 多万例分娩存在出生缺陷。这已经成为婴儿死亡和畸形的主要原因之一。然而，这些有价值的生物医学资源可能作为人类遗传学和基于基因组的疾病研究的宝库，却没有得到很好的开发，甚至没有得到很好的收集和保护。

为了充分利用可能的卫生资源，四川大学华西医学中心于 2003 年启动了建立中国出生缺陷谱系数据库和基因库的项目。在项目期间（2003 年 7 月 1 日至

2008年6月30日），项目团队不仅制定并正式发布了监控指南，还成功开发了数据在线报告系统。对124家项目医院的813 940例产妇死亡病例进行了收集、整理和分析，最终得出妊娠并发症和产妇死亡的患病率及其他指标。实际上，该项目是基于四川大学建立的中国出生缺陷监测中心的现有平台，覆盖31个省、自治区、直辖市的500多家医院。

该项目在现有出生缺陷监测基础上，成功地建立了全国范围的出生缺陷谱系数据采集系统，建立了出生缺陷谱系脱氧核糖核酸样本数据库及脱氧核糖核酸样本管理和应用协议，规范了数据采集和血液取样的程序，建立了出生缺陷谱系数据库的计算机管理系统，便于数据录入、存储、检索、统计和分析。中国出生缺陷谱系数据库和基因库将为世界范围内中国人基因多样性的研究和出生缺陷成因的比较研究奠定坚实的基础。

九是四川大学师生共同努力创建无烟医院和校园。世界上每三个吸烟者中就有一个是中国人。作为世界上最大的烟草产品生产国和消费国，中国有3.5亿烟民，5.4亿二手烟民，每年造成约100万可避免的中国人死亡；吸烟对健康的影响不仅会导致人类的痛苦和死亡，还会给中国的医疗保健系统带来巨大的经济负担。烟草控制得不好会对中国人的健康会带来巨大隐患。认识到这一威胁，中国政府签署了《世界卫生组织烟草控制框架公约》，并加快了反吸烟行动。然而，烟草仍然是一个巨大的挑战。

作为中国领先的医科大学之一，四川大学华西医学中心通过教职员工和学生的共同努力，在四川大学发起了创建无烟医院和校园的CMB项目，在中国西南和当地社区的禁烟活动中发挥领导作用。

在计划期间（2010—2012年），华西医学中心推动了10项不同的政策导向和干预相关的经济学、流行病学和社会行为研究，以提供关于社会公共政策、税收和经济、行为改变和戒烟服务的知识和证据，鼓励24项以学生为本和学生为主导的创新性戒烟活动，在华西医院开设戒烟门诊，制定无烟政策，禁止在所有高校附属建筑（包括宿舍、行政设施、教室、医院和餐厅）以及所有大学赞助的活动（室内和室外）中吸烟，以及禁止在校园内销售烟草制品、播放烟草广告。吸烟只能去指定的偏远户外区域。此外，还设立了预防吸烟教育课程，并开通了戒烟热线，以提高学生和教师的知识、态度和临床能力，并提高公众对吸烟成瘾和接触二手烟的危险的认识。华西医学中心也得到了 CMB 基金的资助，对 13 所“无烟校园工程”受资助大学的医学生、教师和医生的意识、态度和行为的变化，以及学校政策和校园环境的变化进行了简单的调查。

该项目的成果是为所有学生、工作人员和游客创造一个更加健康和安全的学习环境，更重要的是，它可以防止医科学生染上烟瘾。健康专业人员可以通过对有关烟草使用及其健康影响的问题提供建议、指导和答案来帮助人们。他们可以作为媒体、教育公众和决策者提供参考，可以通过其协会影响更好地控制烟草的政策变化，在国家和国际层面产生影响。

（资料来源：Lin D , Yin J , Hou Y . Developing Qualified Citizenship[M]. Springer Singapore，2017：235-253）

二、国外大学社会责任案例

（一）北美洲：塔夫茨大学社会责任案例

塔夫茨大学成立于 1852 年，是一所研究型大学。20 世纪 90 年代末，塔夫茨大学在这一传统和现有项目的基础上，决定发起一项倡议，让各个领域的学生为终身积极的公民身份做好准备。塔夫茨大学愿景是教育所有学科的学生，将公民领导的价值观和技能融入他们的职业角色和个人生活，使他们不仅能够胜任自己选择的领域和职业道路，利用其专业地位和技能应对紧迫社会挑战并建设健康繁荣社区的个人，而且能够成为社会变革的领导者。

在美国，在学生志愿服务急剧扩大的同时，学生参与选举政治的水平受到限制或下降。成群结队的学生自愿保护环境、消除贫困和改善公共卫生，但他们不参加政治活动。高等教育机构面临的一个关键挑战是弥合这一差距——鼓励和支持热心志愿服务的青年人也充分有效地参与到与他们有关的志愿服务中的重点问题的公共决策。

在这样的背景下，20 世纪 90 年代末，塔夫茨大学开始了一项主要的公民教育，原因有三。首先，解决社会对领导者的迫切需求，这些领导者将更有效地应对紧迫的社会挑战。第二，回应日益增长的学生需求所需的技能，以改变他们的生活。第三，更好地利用该机构已经具有的明显战略优势。

战略实施：塔夫茨大学加强公民参与和社会责任的主要战略是，在整个课程和合作课程中注入积极的公民意识；支持所有利益相关者的集体领导；建立横向组织结构—— 一所大学范围的学院；为象牙塔之外的全球高等教育运动作出贡献。

战略一：在整个课程和合作课程中注入积极的公民意识。

目前有一半以上的大学生参加社区服务或其他公民参与活动。我们的最终目标是让所有的学生都接触到社区服务，并有从事社区服务的直接经验。随着公民参与活动的规模不断扩大，几乎可以肯定的是，每个学生都将有多种接触和体验社区服务工作的体验，这些体验加在一起，对学生个人的发展产生更大的影响，也实现了真正的文化变革——使积极的公民精神成为学校所有参与者和利益相关方的共同精神。这种积极的公民灌输策略比将其集中在一个或几个单位的教育和研究方案产生更大的影响。

战略二：集体领导。

塔夫茨大学社会责任成功的另一个关键因素是，在设计和实施公民参与活动时，有高水平的集体领导。这是一个由校长、教授、学生、校友、社区合作伙伴和其他合作伙伴共同创造的故事。

领导塔夫茨公民工作的大学学院是由约翰·迪比亚吉奥（John DiBiaggio）校长发起的，后来得到了两位继任校长劳伦斯·巴科（Lawrence Bacow）和现在的校长安东尼·摩纳哥（Anthony Monaco）的大力支持和指导。很难想象会有一种更强有力、更重要的机构支持形式。校长发起了一年一度的关于社区伙伴关系的专题讨论会，定期召集教授、学生和社区伙伴评估大学——社区伙伴关系的进展情况以及如何改善它们。

教授们也是主要的合作者。他们在广泛的学科中设计了新的课程，整合了积极公民的价值观和技能。两名教授组织了一个公民参与研究小组，该小组几年来召集了25名以上的教授来促进公民研究，并促进交流和联合项目。该小组成员共同撰写了一本书《公民行为：从城市社区到高等教育》，该书将研究作为塔夫茨公民努力的一个决定性组成部分。目前，来自所有学校的50名教授组成了这个“没有围墙的学院”的教员，教员执行委员会帮助指导学院。

学生的领导能力也非常重要，因为许多对学生来说最有效的社区体验都是通过他们参与同龄人设计、组织和管理的社区项目来实现的。越来越多的学生报告说，塔夫茨大学对活跃公民的坚定承诺是他们选择进入我们学校的部分原因。

校友不仅提供鼓励、建议和资金，而且还启动并运行了一些重要的项目。校友组织并资助了许多暑期公共服务实习，并在这些实习中亲自指导塔夫茨大学的学生。全国不同地区的20多个校友分会设立了年度图书奖，以表彰在公民和公共服务方面表现优秀的地方中学生。

社区伙伴在规划和实施公民倡议方面也发挥了至关重要的作用。他们不仅监督学生实习生和服务项目，还对我们的战略规划有影响。许多社区伙伴——当地非营利性组织和政府机构的领导人——都是共同教育者和研究人员。他们直接参与学生的教学并给他们树立了榜样。

战略三：横向组织结构——一所大学范围内的学院。

大学为提升其公共服务工作所采取的主要方法是建立一个独立的中心或学院，专门负责该领域的活动。但大学意识到，这一定位将不可避免地限制教师和学生参与的比例。不管它的推广范围有多广，“独立中心”模式都会传达这样一个信息：“如果你有兴趣做社区服务，就去这个专门做社区服务的学院，这是他们的责任和专长。”规划小组决心发挥更大的影响。为什么不让所有的学生都参与进来呢？毫无疑问，复杂的社会问题需要具有全方位学科知识和能力的人共同关注。大学范围内的学院模式传达了“积极公民教育是每个人的机会和责任”的理念。所涉及的基础工作从化学到经济学，从文学到机械工程等学术部门。

战略四：参与并促进象牙塔之外的全球高等教育运动。

2005 年，塔夫茨大学发起了大学联盟，共同推动其个人公民参与，并推动大学运动超越象牙塔。这些联盟是交流和促进合作的重要工具，也是与资助者、政府机构和其他部门进行联合政策宣传的重要工具。巴科校长召集了第一次大学校长国际会议，与公民参与方面的创新一起规划，以设想来的公民参与和社会责任。该小组起草并共同签署了《关于高等教育的公民角色和社会责任的塔洛尔宣言》，并发起了塔洛尔联盟，以促进就这一愿景采取行动。如今，塔洛尔联盟已发展到 77 个国家的 363 所院校，学生总数达 600 万人。

项目实施：塔夫茨大学的核心项目包括学生领导力发展、教师支持和能力建设、研究、社区伙伴关系和机构社会责任。

项目一：学生领导力发展。

本科生还可以参加暑期研究员计划，该计划提供 70 个面向公共服务的实习机会，每周 35 小时，在华盛顿特区、马萨诸塞州和纽约市以及国际上实习 10 周。学校致力于最大限度地做好前期准备，在实地体验期间提供指导，并进行批判性反思，以提高学生在实践中所学的东西。塔夫茨大学在华盛顿的校友们创建了一个名为“连接校友和学生体验”的项目，该项目还为学生提供带薪实习机会，为他们提供校友导师，并每周提供教育、职业和社交活动。

塔夫茨大学最大的合作课程团体是一个志愿服务组织，莱昂纳德·卡迈克尔协会，该协会运作了数十个为期一年的、由学生管理的当地志愿服务项目，以消除贫困、照顾无家可归的人、教人识字以及满足许多其他社区需求。

塔夫茨大学主要的新举措是“1+4”计划，该计划支持即将入学的本科生在入学前做一年的全日制社区服务。在 2015—2016 年的最初试点年，学生们在巴西、尼加拉瓜和西班牙以及美国工作——教授和指导儿童，从事可再生能源项目和其他社区发展项目。塔夫茨“1+4”的主要组成部分包括准备、服务、学分课程混合学习、融入社区、反思，然后随身携带并在被录取后与同学分享他们的学习成果。塔夫茨“1+4”的一个独特之处是，它为学生提供财政支持，不管其家庭的经济状况如何，所有被该计划录取的学生都能参加。

越来越多的课程将服务项目整合到学术学分中。由于绝大多数学生的时间都花在学术研究上，服务学习课程是促进他们发展公民价值观和技能的一种特别有影响力的方式。此外，服务学习是一个理想的方式，以满足那些不太倾向于靠自己寻求社区服务机会的学生。

塔夫茨大学最早计划几乎完全集中在美国和地方方面，以及积极公民意识的表达，地方志愿服务和面向美国的应用研究。

鉴于塔夫茨大学在公民教育方面的主要投资以及它作为一所研究型大学的地位，该机构有必要评估这些活动对塔夫茨大学学生的影响。对学生进行终身积极公民教育的最终考验当然是他们毕业后的实际公民行为。他们在公民方面更活跃吗？因此，在发展的早期，它就开始了一项纵向研究，研究不同参与程度对大学生的影响，这些大学生报告了较低和较高水平的大学前社区服务经验。初步结果令人鼓舞。塔夫茨大学学生参与公民活动的程度与自我效能、个人参与解决社会问题的价值、他们对社区和国家问题的知识水平、他们对社会问题起因的兴趣和复杂程度，以及他们对解决社会挑战的信心呈正相关。

项目二：教员支持和能力建设。

将公民技能纳入学术课程需要不同学科的教授充分参与。因此，支持教授发展他们有关公民的能力成为学校的重点。最初对个别教员进行了一系列的课程补助。他们都在教学中加强了积极的公民意识，但是这种方法并没有达到所需要“涟漪效应”。因此，学校计划建立一个教员计划，每年从各个学校挑选并支持教授承担课程开发和研究项目。教员每月开会，并为他们的项目提供人员和财政支持。例如，土木及环境工程系主任进行课程检讨，以提高该系在教育学生成为积极公民方面的努力。一位营养科学和政策教授制订了一项长期计划，以在塔夫茨的一个寄宿社区防治儿童肥胖症。一位儿童发展学教授研究了学生参与设计虚拟社区对其公民价值观和技能的影响。一位公共卫生教授组织了一个项目，在塔夫茨大学的教员和社区伙伴之间协调合作研究项目。

项目三：研究。

塔夫茨大学的研究活动开发了有关年轻人如何发展公民的政治价值观和技能的新知识，并积极应用这些知识，加强在美国和国际上促进公民参与的努力。公民学习与参与信息研究中心是美国年轻人在公民和政治参与的权威来源，它既是关于这一主题的研究者，也是许多青年服务组织的支持和合作的主要来源。每年，夏季公民研究学院都会为来自多个学科的博士研究生和高级实践者提供为期两周的密集研讨会。在过去的几年中，来自美国和世界各地的100多名研究生、教授和从业者参加了该研究所，该研究所已成为提升新教授和未来教授公民参与国家和全球的重要平台。

项目四：社区伙伴关系。

塔夫茨大学在加强与社区组织、政府机构等伙伴关系方面投入了大量资金。学校与80多个当地社区组织、公立学校和当地城市机构合作。这些关系集中在大学校园所在的社区，因为学校认为，大学有特殊责任支持这些社区，为了方便师生和社区合作伙伴的关系发展，学校努力与社区伙伴充分合作，规划、开展和管理社区活动。学校考虑到当地社区面临的问题和挑战，让社区伙伴参与制定学生志愿服务、服务学习项目和社区参与研究的优先事项。学校工作人员每年都会调查社区合作伙伴的满意度，收集他们对学生志愿服务质量和价值的评估，以及他们在未来一段时期的优先事项。

项目五：机构社会责任。

在过去十几年中，塔夫茨大学致力加强公民教学、研究和服务活动，并在非学术政策和实践方面采取了新的举措。虽然公民教育和研究与其企业社会责任之间没有明确的联系，但自2000年以来，两个企业社会责任的例子脱颖而出。第一个是大学捐赠的社会责任导向；第二个是在机构的服务和设施管理中对环境和可持续性发展的承诺。

2005 年，皮埃尔和帕梅拉·奥米迪亚慷慨地向塔夫茨大学捐赠了 1 亿美元，附带条件是这笔资金将全部用于支持小额信贷项目。尽管塔夫茨大学没有使用正式的社会责任来管理其捐赠，但在过去的 12 年里，它一直将这部分捐赠管理视为社会责任实践。Omidyar-Tufts 小额信贷基金与塔夫茨基金会的其他基金分开管理，在 50 多个发展中国家支持小额信贷方案。该基金的收入用于多种用途，包括帮助塔夫茨大学的毕业生在从事低薪公共服务工作时偿还学生贷款。

（资料来源：Hollister R M . A Comprehensive University-Wide Strategy to Educate Students in All Fields for Lifetimes of Active Citizenship[M]// University Social Responsibility and Quality of Life. Springer Singapore, 2017：63-80.）

（二）南美洲：圣保罗大学社会责任案例

位于巴西的圣保罗大学在社会责任实践方面的案例具有一定的地域特色。本研究选取圣保罗大学的原因：一是它的案例已经被认可；二是圣保罗大学世界大学排名比较靠前；三是圣保罗大学社会责任实践经验丰富。

一、圣保罗大学的大学文化与推广

文化与大学推广部的使命是让学生和学术界都意识到，文化与推广有能力将研究和教学与社会相关的主题和问题协调起来。此外，校长通过行动小组协调和执行圣保罗大学内与文化和推广有关的活动。文化与大学推广部的使命也在于扩大其学术生活的核心价值，其中突出在与社会的关系中不断追求卓越的热情。文化和推广活动就其本身的性质而言，需要与这些价值观和社区期望完全一致。根据这一概念，设定了如下目标。

一是动员社区学生参加新形式的艺术和文化活动；二是通过咨询委员会鼓励国外人员参与文化与大学推广部的活动；三是与教学和研究单位、专业博物馆和研究所开展联合活动，帮助人们分析过去，了解当代对未来的思考；四是对大众传媒在巴西和拉丁美洲社会中的重要作用持批评态度。

大学延伸是一种优秀的凭证，因为只有在研究和教学方面有历史和高质量水平的大学才能以服务或教学的形式，以及在各个领域获得的知识传递给社会。这是巴西公立大学最具特色的特点，被理解为一个为社区服务的机构。

文化与大学推广部的管理由文化和大学推广委员会负责，该委员会的主要职责是:（1）概述指导大学在文化和大学扩展领域行动的准则，这些准则受大学理事会制定的一般规则的约束；（2）通过持续评估，确保工作质量和所开展的每项活动的手段的适当性；（3）监测文化活动和大学推广的运作；（4）监督文化活动和大学推广的运作；（5）决定为文化与大学推广部使用预算拨款的一般准则，以及分配其他资源；（6）设立审议、改造和解散文化和大学推广领域的中心和服务机构；（7）分析文化和大学推广活动，指出应优先援助的领域；（8）决定校长、大学理事会或文化与大学推广部校长提交的事项。

二、文化与大学推广部中的文化中心

2.1 文化保护中心

文化保护中心旨在促进对大学文化遗产，包括纪念碑、收藏品和记忆的保护的行动和思考。我们的责任是制定与圣保罗大学文化财产相关的大学遗产清单保存指南，从而促进和发展以文献记录为重点的恢复计划，并协助恢复过程、干预、开发以及项目商业化。

文化保护中心位于圣保罗比希格附近的一座历史建筑内，通过研究、讲习班、课程、讲座、座谈会、展览、导游和艺术展示，增加文化和大学推广活动、博物馆交流活动、遗产教育、专业知识传播和文化社会化。这些活动有助于加强大学与社会之间的联系并使之多样化。

2.2 巴西利亚那·吉塔和约塞·明德林图书馆

巴西图书馆和约塞·明德林图书馆（以下简称 BBM）收藏了 80 多年来由藏书家何塞·明德林收藏的巴西藏书，他和他的妻子吉塔将这些藏书捐赠给圣保罗大学，并由其后代整理。

BBM 拥有大量的书籍和手稿，被认为是该国最重要的私人收藏之一。大约有 30 000 种书名，包括巴西文学作品、游记、历史手稿和文学作品（原作和复制品)、期刊、科学书籍和教科书、图像学(印刷品和画册)、艺术书籍以及艺术家书籍(印刷品)。部分捐赠的藏品属于藏书家鲁本斯·博尔巴·德莫雷斯(Rubens Borba de Moraes),并根据他的意愿并入藏品。这是一个图书馆,其收藏内容作为一个单一的收藏在国内外广为人知,包括毕生致力于巴西文化及其表现的作品。

2.3　恩格霍·若热·多斯伊拉斯谟遗址

位于桑托斯的国家纪念碑遗址"恩格霍·若热·多斯伊拉斯谟"(Engenho Jorge dos Erasmos)是文化与大学推广部的先进研究基地、文化和延伸,有考古遗址和自然公园,可供参观和科学研究,并有全面的教育计划,针对不同的观众提供免费导游,为所有年龄段的人提供免费教育和文化活动。

露天博物馆是巴西历史上鲜为人知的遗产。维护见证了一个定居点的本质,锻造了当地人奴役和文化适应的链条。他的科学活动包括对社会和经济的广泛研究,编写历史、考古学和生物学教材。

该博物馆每年接待大约 8000 名游客。探访政策旨在建立与社区的关系,寻求游客对资产的识别和估价。

2.4　玛丽亚·安东尼亚大学中心

玛丽亚·安东尼亚大学中心(以下简称 CEUMA)坐落在历史悠久的建筑中,这里曾是 USP-FFCL 的哲学、科学和文学学院。经过二十多年的多学科研究,CEUMA 是城市文化机构中的一个地方,以全面的培训理念为指导。它战略性地位于圣保罗中部地区,是文化和教育机构高度集中的地区,为不同的受众提供服务。

该中心有一个艺术展览项目,总的政策是汇集不同时代的当代艺术家,让位于最不同的技术和生产领域,以及旨在讨论巴西艺术近期历史的建筑展览和回顾。

CEUMA 每月提供与人文和艺术领域相关的短期课程,并与来自巴西各地和国外的专家开展讲座、辩论和研讨会,以及与圣保罗大学各研究单位及合作机构开展的其他活动。

2.5 圣保罗大学电影院

圣保罗大学电影院（以下简称 CINUSP）在为学术界和社会组织提供电影放映、辩论、预演和其他活动的电影院。

CINUSP 为大学城和前面提到的 CEUMA 提供免费电影。由大学的教师和学生组成的团队执行，并与主要节日和其他文化机构合作。

2.6 圣保罗大学剧院

圣保罗大学剧院（以下简称 TUSP）旨在传播表演艺术的各种表现形式，激发人们对在巴西表演戏剧的讨论和思考。它鼓励大学戏剧团体的发展，特别是在圣保罗大学校园内。并在自己的项目和与其他单位的合作中提供大学内部和外部社区的整合。

圣保罗大学剧院位于 CEUMA，为公众提供丰富的戏剧表演、会议、讲座、研讨会、展览和节日活动，这些活动由邀请函、职业法令和策展人来确定。为了使戏剧大学环境的研究和生产具有可见性，这个项目寻求针对培训学校、应届毕业生工作、公司和固定的集体。

除了总部之外，TUSP 还致力于促进该州的文化生产，在圣保罗大学各个校区开展工作。在校园内不同受众之间的对话基础上，文化代理人的存在加强了 TUSP 行动的推动力。

2.7 圣保罗大学合唱团

圣保罗大学合唱团向整个社区开放，包括 12 个小组和 03 合唱团工作坊。它旨在提高歌手的表现，为他们提供适当的教学定位程序、声乐技巧和音乐结构。各种各样的合唱团作品集主要由巴西流行音乐组成。

2.8 圣保罗大学交响乐团

圣保罗大学交响乐团成立于 1975 年，第一任指挥是作曲家卡玛尔戈・瓜尼里（1907—1993 年）。1996 年，发行了一张有自己作品的光盘。2000 年，圣保罗大学交响乐团访问了德国，受到热烈的欢迎。

2003 年，发行了一张新的光盘，其中有专门为他们的核心弦选择的乐曲。

同年，成立了全国作曲比赛卡马戈·瓜尼里。2005 年，发行了一张纪念俄勒冈州立大学成立 30 周年的光盘。2006 年，该乐团获得卡洛斯·戈梅斯“年度最佳管弦乐团”奖。管弦乐队推出了针对研究生和专业音乐家的学院项目。

2.9 科学技术公园

科学技术公园是一个让您探索科学技术与生活联系的地方，其使命是通过社会、文化、科学和技术之间的关系，促进对圣保罗大学科学文化遗产的认识、欣赏和保护，确保可接触和环境可持续性。

科学技术公园向学校、普通游客和希望在天文学、气象学、教育、生态学等领域开展实地工作的研究人员敞开大门。

科学技术公园位于大圣保罗南部的伊皮兰国家公园（State Park Ipiranga Sources），以丰富的历史和自然遗产为特色。为公众提供的活动包括：天文馆、历史范围的天空观测、森林踪迹和物理学、地球物理学、土壤学、微生物学等领域的实验。

三、文化与大学推广部行动

3.1 文化与推广部项目

文化与推广部将项目定义为一套中长期行动的组织和制度特征，有明确的指导方针，旨在实现共同目标，将推广行动与项目、课程、活动、服务交付和出版物以及研究和教学活动联系起来。最突出的计划如下。

一是纳森特项目。纳森特项目旨在鼓励艺术创作，激发对艺术和文化的思考，将整个大学社区聚集在一起。这是一项旨在通过竞赛形式向本科生和圣保罗大学毕业生展示天赋的举措，竞赛对象包括来自传播与艺术学院、戏剧艺术学院的学生。每年春季节目都会奖励演员、诗人、音乐家、摄影师、画家、导演、表演者、作家、作曲家、设计师、雕塑家、电影制片人等，这些学院颁发给属于年轻人的奖项。

二是吉罗文化计划。吉罗文化方案旨在挖掘圣保罗大学的建筑、艺术和科学遗产。这是通过巴士旅行完成的。由该校学生组成的一个调解员小组负责指导参观，并与参与者进行互动。剧本是：圣保罗大学和现代圣保罗、参观圣保罗市的现代主义纪念碑、科学收藏、文化资产、全景：校园之旅。最后三条路线旨在向游客展示圣保罗大学的科学、文化和建筑成就。

三是权利中心。该计划旨在鼓励和支持大学社区的行动：（1）文化与推广措施的衔接，（2）教学和研究，（3）有助于圣保罗大学在文化建设中发挥更大的作用，（4）公正、自由、民主的科学、技术和政策。从这个意义上说，它汇集了在个人、社会和政治表达方面符合人权的倡议。

四是接近行动项目。"接近行动项目"的目标是成为圣保罗大学的行动和项目之间对话的特权空间，通过在不同知识领域的行动，协调圣保罗的布塔塔校园内社区需求，进而支持培训活动。他们开展的活动旨在：在圣保罗大学校园内传播尊重多样性和儿童青少年权利的文化；对社会需求进行诊断并在大学开展行动；鼓励社区发展的教育活动移交给圣保罗大学；它利用社区教育的方法，在一个开放的环境中，通过社会教育监测力求在儿童和青少年、他们的家庭和服务机构之间建立联系。此外，它旨在将大学在社会教育领域积累的经验系统化，协助加强培训，并在圣保罗大学校园传播这些经验，以及为其他大学提供经历类似问题的知识。

五是开放大学。该项目的目的是使长者加深对感兴趣领域的知识。考虑到联合国教科文组织的标准，优先考虑60岁以上的人。通过这项计划，高年级学生可以报名参加圣保罗大学提供的课程，从而可以连续不断地学习和更新个人信息。

六是圣保罗大学多样性。为了鼓励团结、促进和尊重人权的行动，已经制定了一个方案。最初，这个项目的主题是处理性别多样性。渐渐地，其他部分和群体也包括在内。圣保罗大学多样性与大学现有的项目、计划、活动和团体联系在一起。该计划的行动基于对阻碍或排除行使权利的当地环境条件的持续评估，以及与大学社区协商制定多元化政策。同时，成立专门的工作组，处理那些与大学社区协商确定并经项目学术委员会批准的主题和问题。它还对不同单位开展培训和动员工作，对教师和非教学服务人员进行培训和宣传，包括外包。它促进了广泛讨论，以便将相关主题纳入研究、教学和推广，并促进多样性课程的创建。因此，这项工作的一个基本部分是在机构内部有组织团体的支持下完成的。

七是圣保罗大学法律部。在巴西，有很大一部分人直接或间接地涉及残疾问题。该计划的任务是协调大学不同领域（本科生、研究生、研究、文化和推广）以确保残疾学生、教职员工和工作人员的充分参与。该方案以社会技术方法运作，以消除大学内部的排斥过程，消除沟通障碍，为单位、机构和圣保罗大学社区提供经验。圣保罗大学法律项目还进行外部合作，提供传播该主题信息的沟通渠道。因此，该计划鼓励社会包容，提高残疾人的生活质量和公民身份，为大学和社会之间的反思和互动提供空间。

八是大众合作社技术孵化器。大众合作社技术孵化器是一个大学推广计划，旨在促进经济发展。大众合作社技术孵化器成立于 1998 年，由保罗・辛格教授领导的一个研究小组和大学合作与特殊活动执行协调机构发起，圣保罗大学的大众合作社的技术孵化器鼓励和支持在圣保罗郊区社区建立企业，组成团体在各种经济活动中实现自我及其在市场中的地位，如食品、服装和缝纫、都市农业、生产清洁和卫生产品、服务和信息技术方面的技术援助。工人在不平等和失业的情况下寻求替代性创收，工会的基本原则是生产和分配手段的集体所有权、民主管理和提高工人地位。

3.2　圣保罗大学主要事件

一是艺术文化周。每年举办一次，并会编入大学的学术日历。这一成就不仅归功于文化和推广委员会的第 4366 号决议，该决议于 1997 年确立了艺术和文化周，而且还要归功于圣保罗大学在校园中自发地统一了其艺术和文化行动的特点。它履行着与社会融合的角色，开展由圣保罗大学各校区的教学单位、机构和协调员规划的活动。它展示了教师、学生和教职员工的文化潜力，主要是技术单位展示艺术和摄影展览、合唱团、戏剧团体、管弦乐队、音乐会和舞蹈。在这个丰富的环境中，人才显露出来。社会不仅充分得益于活动的多样性和质量，还得益于活动的免费参与。

二是圣保罗大学和招聘会。“圣保罗大学与职业生涯”是每年举办两次，每次为期三天的大型活动。展台免费，主要面向高中生和高考预科生。大学教师团队、监督员（本科生和研究生）和员工向访问学生小组说明教学单位及其基础设施、提供的课程、高考、学术、纪律、教学大纲和专业。在圣保罗地区举办一次，其他场次在圣保罗大学的其他校区举办（巴鲁、洛伦纳、皮拉西卡巴、皮拉苏南加、里贝奥·普雷托和圣卡洛斯）。漫游的目的是让来访的学生对这些校园提供的基础设施有一个大致的了解。目前只披露了在农村校园提供的课程，平均接待了七八千名观众，包括学生、教师、家长、其他利益相关者和同伴。

三是科学之旅。它的目标是让科学和技术更接近社会。他们开展了数百项活动，包括讲习班、实验、表演、游戏、讲座、电影和天文馆会议。所有年龄段的参观者都有可参与的活动，免费入场。这些活动在圣保罗大学校园的各个单位，以及乡村校园的中心和研究所举行。

3.3 出版物

一是文化与推广杂志。它旨在以公众可以使用的语言传播推广项目的半年期出版物。其印刷版本免费分发给公共和私人教育机构、图书馆和文化传播中心。该杂志有一个在线版本。

二是文化之路。每月指南介绍圣保罗大学的文化项目和科学交流。这本小册子在南太平洋大学的教学单位、公共图书馆和文化中心免费分发，其完整版本在文化和大学推广网站上永久更新。

三是扩展课程目录和培训活动。一年两次的出版物，旨在通过以下方式传播课程：改进、传播、更新、专业化和专业实践活动、居住和升级方案。

四是“圣保罗大学和职业”目录。每年出版的出版物，旨在传播有关职业和圣保罗大学课程、劳动力市场和教学单位提供的基础设施的信息。该目录可在大学文化与推广部网站上查阅，也在公立学校分发。

四、培养文化和推广

鉴于圣保罗大学开展的活动的特点，该中心支持举办与文化和推广领域有关的专题讨论会、会议、论坛、国家和国际会议，并努力支持新的文化倡议和各单位、研究所、博物馆和大厅的原创推广。

这些倡议的目标应该是通过应用、传播大学产生的知识和文化倡议，在与整个社会互动的行动中扩大大学范围，优先向广大受众解释这些行动与研究活动和教学的结合。

总之，我们必须用新的研究、反思和辩论来重新思考我们大学的文化领域，以可能改变的道路为目标，因为大学是重塑的社会的一个组成部分。

（资料来源：Marcelo de Andrade Roméro，José Nicolau Gregorin Filho，Tomanari G Y . Culture，Extension and Social Inclusion in the University of São Paulo[J].Springer Singapore，2017：175−189.）

（三）欧洲：曼彻斯特大学社会责任案例

曼彻斯特大学是英国最大的大学，在 2018 年世界大学学术排名中曼彻斯特大学排名第 34 位。曼彻斯特大学是英国第一所公民大学。由于曼彻斯特大学从诞生之日起就明确其使命是为当地的经济和文化服务，所以就将研究和教学与当地社区发展联系起来。正是由于这种长期参与社会的传统，所以曼彻斯特大学是英国将社会责任定义为大学的核心战略目标，曼彻斯特大学认为大学社会责任是通过教学活动、研究活动、社区参与和学校管理为社区或更广阔的社会福祉作出贡献。2012 年曼彻斯特大学制定“曼彻斯特 2020 战略”提出了三个核心的战略目标：一是“世界一流的研究”；二是“卓越的教学与学生经历”；三是“社会责任”。曼彻斯特大学之所以提出社会责任，是因为大学的教学和科研只是回答了大学擅长什么这一问题，而没有回答我们对社会有什么益处。基于此曼彻斯特大学提出了大学社会责任行动框架。

曼彻斯特大学通过调查发现，大学在自然环境、社会文化环境及经济方面对社会和环境产生巨大影响，其调查结果见表 20 ~ 表 22。

1. 自然环境影响

表 20　自然环境影响

关于大学自然活动	自然环境影响
物业管理	能源效率控制碳足迹
提供公共艺术、历史建筑的维护	幸福、遗产、价值
花园提供绿地	美化市容价值、幸福感
提供实质的“公共空间”	幸福感
交通政策	减少拥挤和污染
废物管理和回收	可持续性

2. 社会文化影响

表 21　社会文化影响

关于大学社会文化活动	社会文化影响
研究生社会技能、公民领导 / 社会责任	幸福感、政治稳定、社会资本
研究成果有助于提升社会、文化或健康进步	健康、幸福感、社会进步
遗产教育与保护	遗产价值
公共服务和外部服务	社会资本
社区参与和伙伴关系	社会资本与平等
扩大参与	平等
支持创造力和创新：概念上的公共空间	文化资本

3. 经济影响

表 22　经济影响

关于大学经济方面的活动	经济影响
就业的毕业生	生产率
商业知识交流与企业活动	创新和提高经济效益的吸收能力
研究成果引发的发明 / 专利 / 衍生产品	工作、国内生产总值

在这一重大的发现之后，曼彻斯特大学开始反思大学社会责任，并制定了大学社会责任行动框架，以此来规避大学对社会和环境所产生的负面影响，并通过一系列措施来扩大曼彻斯特大学的世界影响力。具体措施见表 23。

表 23　大学社会责任主题

大学社会责任维度	描述	指标
科学研究	致力于发现新知识并将其应用于改善世界，使科学研究对世界产生影响力	一是解决全球的不平等。老龄化、种族、妇女健康、工作场所、人道主义、冲突应对和全球发展中的重大不平等问题 二是癌症研究。致力于减少癌症对患者的影响，确保出色的临床工作能够带来创新的技术和个性化的治疗 三是能源。有超过 6000 名科学家正在寻求能够解决我们面临的最大的能源挑战 四是工业生物技术。工业生物技术提供了替代传统石油和天然气技术的办法，利用生物资源将知识转化为农业、制药和医药等领域的应用 五是先进的材料。曼大与工业伙伴合作开发，改善和改造产品
教学	培养对社会负责的毕业生	一是支持无边界学习。通过跨学科学习、研究型学习和综合海外学习和实习项目，为学生提供了扩宽他们教育视野的机会，为他们提供学科以外的、具有深远社会和科学重要性的教育经验 二是了解重要问题。通过道德大挑战计划，所有学生都有机会在道德、社会和政治上了解可持续性、社会公正和工作场所的道德挑战 三是做出改变。所有学生都有机会参与曼彻斯特、英国和海外的慈善机构和非营利性组织进行大量的志愿活动、外联活动和慈善项目 四是发声。学生可以在选举产生的学生代表、学生社团、居民协会和体育等领域发挥领导作用 五是参与自己的未来。所有的学生从他们来到曼彻斯特大学的那一刻起就被支持去探索他们对未来的愿景
社区参与	通过积极地让公众参与进来，为大学和更广泛的社会创造利益	一是公众参与和激励社区 二是文化及旅游景点。开放大学文化空间和旅游景点 三是向公众开放曼彻斯特大学的一些场地 四是举办公共活动和节目。举办活动、节日、讲座、展览、表演、音乐会和家庭日，并与市民和机构合作，分享知识和资源，为各类电视及电台节目作出贡献 五是学生志愿服务。学生志愿服务和拓展项目遍及曼彻斯特、英国和外海，为数百个社区组织提供支持

续表

大学社会责任维度	描述	指标
社区参与	通过积极地让公众参与进来，为大学和更广泛的社会创造利益	六是与中小学校和大学合作，以增加公平的教育机会、发展教师和进行教育研究
		七是曼彻斯特的入学计划。为目前在高等教育中代表性不足的有才华的学生提供支持
		八是科学与工程教育研究与创新中心，致力于培养在职教师，以激励、引导和改进我们学校今天的科学教学和学习
		九是社会参与中心为生物、医学及健康学系的研究员、教习人员、研究生提供一站式的资讯、意见、网络及参与机会
		十是曼彻斯特大学的研究机构和网络范围广泛，对特定事件和活动推进公众和社区参与
负责任的流程	旨在平衡效率和创造社会、经济和环境利益的机会	一是负责任的采购。最大限度地发挥采购产品所带来的正面的社会、环境和经济影响，并力求将负面影响降到最低
		二是员工志愿服务和公共服务。确保工作人员能够致力于公共服务，例如担任学校校长、治安法官、地方当局议员或卫生当局官员、成为阿尔茨海默病患者的朋友、捐赠、慈善活动等
		三是平等和多样性。曼大承诺超越在平等立法下的义务，支持为残疾、女同性恋、男同性恋、双性恋、变性者、黑人、亚洲人和少数族裔、国际人士、妇女或具有特定宗教和（或）信仰的工作人员提供专家论坛
		四是曼大让员工直接从薪酬中向他们选择的慈善机构提供免税的定期捐款
		五是道德框架。曼彻斯特大学的道德框架是一套指南，涉及的范畴包括：利益宣言、外部工作、礼物监管、透明度、言论自由、促进工作中的平等和尊严、教学和学习、公平录取、学术素质和进步、学生代表、合作条款、科研诚信与知识产权、社会责任投资、采购、学术自由与研究伦理
		六是建设和社会责任。曼彻斯特大学正投资逾1亿英镑，为教职员和学生缔造一个世界级的校园。通过与主要的建设伙伴共同制订社会责任计划，确保我们的校园发展为就业、贸易、社区和教育发展创造重大机会，使当地社区、员工和学生受益

续表

大学社会责任维度	描述	指标
环境的可持续性	将可持续发展理念融入学校的各个领域	一是研究影响。曼彻斯特大学站在应对气候变化、人口增长、快速城市化、过度消费、粮食和水安全、生物多样性丧失和污染等重大全球性挑战的前沿
		二是对社会负责任的毕业生。曼彻斯特大学为所有的毕业生提供知识和经验，让他们成为未来的专业人士、领导者和公民，为世界做出积极贡献。通过一系列的教学计划，如道德大挑战计划、志愿服务和项目，大学为学生提供获得理解和经验的机会，让他们轻松面对这个地球
		三是负责任的过程。曼彻斯特大学正在确保我们的组织流程，如10亿英镑的校园发展计划、采购、能源和资源管理，创造了有效利用自然资源的机会，并带来了额外的财政节约效益和改善健康与福祉的环境
		四是参与社区。曼彻斯特大学正与员工、学生及校友合作，以培育环境可持续发展的文化，并与市民及机构合作，共同追求可持续发展的共同目标。为社区的50000多名工作人员和学生提供支持，使他们更加了解情况，并就可持续性采取行动

（资料来源：Manchester 2020 the university of Manchester’s strategic plan. http://documents.manchester.ac.uk/display.aspx?DocID=25548.）

（四）大洋洲：新南威尔士大学社会责任案例

2015年，新南威尔士大学着手制订新的战略计划。在新任副校长伊恩·雅各布斯教授的推动下，这一过程涉及与新南威尔士社区所有成员的广泛协商，包括教职员工、学生、大学理事会和校友。这是一项雄心勃勃的战略计划。经过六个月的多次磋商，拟定了一份讨论文件，随后又拟定了一份具有战略意图的文件。这次广泛磋商的最终结果是《新南威尔士2025战略》，这为该校未来十年的重点工作指明了方向。

贯穿所有与教职员工和学生协商阶段的主题是对社会正义和社会责任的承诺。新南威尔士大学的这一承诺贯穿了2025年的战略，用雅各布斯教授的话来说，“它勾勒出了一个创新的、雄心勃勃的和利他主义的议程”。大学对社会责任的重视体现在2025年总体战略的两个主要战略优先事项中。第一个是社会参与；第二个是大学的全球影响。在这些优先事项中，有两个关键主题，即“公正社会”和“我们对弱势和边缘化社区的贡献”。第一个主题旨在将新南威尔士大学定位为公平、多样性和包容性方面的国际典范，而第二个主题支持与边缘化和弱势社区合作的坚定承诺。这两个主题为未来十年新南威尔士大学社会责任的焦点提供了一个强有力的框架。

1. 通过合作课程框架履行社会责任

新南威尔士大学领导力项目(https://student.unsw.edu.au/leadership)旨在通过社会责任合作课程框架培养领导能力。它起源于20世纪90年代以来在美国大学建立的服务学习方法。佩特库斯（Petkus）将服务学习描述为“一种教学过程，学生通过参与课程相关的社区服务来增强他们的学习体验”，这一描述非常适合领导力项目。该课程广泛采用服务学习框架，旨在提供一种体验式教育方法。这种体验围绕三个关键部分展开。第一部分侧重于通过研讨会进行学习。第二部分为学生提供机会，通过社区参与，在对他们个人有意义的环境中提高、丰富和应用他们的学习。第三个组成部分是反思性实践，让学生了解自我，并将其知识和技能应用于个人发展。

与在职学习课程一样，领导力课程提供结构化的经验来发展和磨炼学习。由于该课程不属于学位结构，因此可以灵活地开设。它可以在学生入学（本科或研究生）期间的任何时间完成，可按照个人的速度逐步完成。总的来说，该计划包括30小时的时间承诺，其中20小时必须是在更广泛的社区志愿工作。

课程的教学部分侧重于一系列的工作坊，这些工作坊有助于获得知识和技能。随着对不同工作坊对学生整体体验价值的了解越来越多，课程也相应进行了调整。这些讲习班大部分是由大学的专业人员而不是学术人员讲授的。许多员工所具备的各种专业技能被用来举办有价值的研讨会。演讲者自愿贡献他们的专业知识，由此产生的工作量被算到他们的正常活动中。研讨会具有互动性和实用性。学生根据其兴趣可以选择四门选修课，主题从有效处理冲突，到使用工具理解个性，再到对设计思维和企业家精神的实践探索。“新南威尔士大学领导力项目简介”研讨会被视为核心，必须由所有参与者完成。作为该计划灵活性质的一部分，在网上提供这一必修讲习班。

与服务学习一样，反省实践是学生学习 / 经验的重要组成部分。在课程空间内，使用反思实习并不局限于服务学习。这在很多学位课程中都很常见，尤其是在教育、医学和医疗领域。在这个联课空间，参加者会进行有系统的自我反省练习。在项目开始的时候，学生们反思他们对领导力的理解和他们认为的领导者。在项目最后，他们有机会回顾自己在项目中的经历。

“我知道当谈到自我反省时，我在学习中学到的一点是，自我反省对自己的发展和对他人做出良好反应是多么重要。”（2014 年参加的学生）

领导力项目的最后一部分是通过有意义的社区参与 (在美国通常称为公民参与) 来培养参与者的社会责任感。学生们需要建立自己的志愿者服务场所，以巩固一些软技能。选择的职位可以是在非营利性组织或支持大学的社会工作。为了使志愿服务的经验有意义，鼓励学生找出他们关心的社会原因或问题。当学生找到自己的工作时，这个过程会得到支持。构建经验的一部分是开发社区参与行动计划模板，以指导学生获得安置。学生们还得到支持，与组织就他们的就业机会进行有意义的对话。

领导力项目已经在更广泛的社区得到了应用。自 2012 年以来，学生们参加了超过 9500 个志愿服务小时，并参加了 233 个非营利性组织。这些组织中的许多成员都在与澳大利亚社会中最脆弱的成员合作，以满足当地、国家乃至全球的需求。志愿服务发现新南威尔士大学的学生在老年护理、社区和福利、环境和保护机构、卫生、人权、残疾人和儿童处于教育劣势的地方工作。

从学生的反馈中可以明显看出，志愿者活动的影响最大。它不仅可以帮助学生提高和掌握新的技能和知识，而且可以促进个人的学习和成长。

“这真的很好，它（该计划）让人们回馈社区，意识到他们比想象得更像一

个领导者，他们有潜力实施变革，无论是大规模的还是小规模的。”（2014 年参加的学生）

“首先，参加许多领导力研讨会让我反思自己在生活中找到的成就感和乐趣。这种沉思让我意识到，我并没有像在小学当导师时那样享受教育。志愿服务期间，我与孩子们建立的联系给了我如此多的享受和满足，以至于在完成建筑学士学位后，我决定不再追求建筑事业，而是找一份教师助理的工作。我现在非常喜欢我在学校的工作，并强烈考虑攻读有资格任教的学位。”（2015 年参与学生）

对新南威尔士大学来说，提供机会的社区组织被视为培养对社会负责的学生的重要伙伴。同样明显的是，志愿服务组织也从接纳学生志愿者中获益，这是互惠互利的。

“与新南威尔士大学的合作，对我们组织来说是一笔财富。通过领导力项目，我们有一些很出色的志愿者加入其中。与该项目的合作带来了巨大的好处。我们已经能够通过一个非常简单的过程接触到一批积极参与的志愿者。”（非营利合作伙伴社区）

事实证明，新南威尔士大学的领导力项目是一个成功的、成本效益高的策略，让学生参与到对大学、学生和更广泛的社区都有利的事情中来。目前有超过 2500 名学生参加了这个项目。

“我继续在一个组织做志愿者，在那里我完成了我的社区参与时间。我认为领导力课程是一个让新南威尔士大学的学生更有社区意识和对他们的领导能力有信心的好方法。”（2014 年参加的学生）

2. 在新南威尔士州 ASPIRE 推广计划中通过学生志愿活动承担社会责任

第二个策略采用了一种非常不同的方法来培养社会责任感。它采取的方法是让学生作为志愿者参与一个大学项目，其任务是解决社会不公正和努力建设一个公正的社会。学生志愿者与体现大学社会责任的项目建立了长期而牢固的伙伴关系。

ASPIRE 与新南威尔士州（NSW）社区内的许多学校合作，这些学校在社会经济方面处于不利地位。传统上，这些社区的大学升学率较低，尤其是新南威尔士大学所属的八所研究密集型大学（GO8）的升学率较低。ASPIRE 的目标是在这些社区内努力实现愿望，提高认识并支持学术成就，以便学生能够选择大学教育。该项目已从 2007 年的两所悉尼高中发展到 2016 年的 50 多所小学、高中和中央（教育 12 年级从幼儿园到高中毕业的学生）学校，遍布悉尼、新南威尔士州农村和偏远地区。

在悉尼以外的地区，该项目在整个学校生命周期中与幼儿园的学生合作。在悉尼，主要是高中生。在与这些学生的合作中，ASPIRE 实施了一种纵向和持续的方法。该项目与同一所学校合作多年，以便与学生们年复一年地合作。学校为学生提供了多种机会，让他们在校园、学校和更广泛的社区参与大学的活动。

与领导力课程一样，ASPIRE 课程也可以被视为是在课外空间中进行的。学生的参与通过新南威尔士州的优势认证，并出现在 AHEGS 上。大学生在学校和校园内与学生进行广泛的项目活动。参与的形式可以是领导活动，提供自己学习历程的案例研究，主演有关 ASPIRE 主题的视频，与学校学生一对一合作，或在 ASPIRE 社区家庭作业俱乐部工作。大使们协助筹款活动，支持 ASPIRE 的工作。

学校学生的反馈表明，他们当时并没有有意识地挖掘大使的价值，大多数反馈集中在他们与大使互动的乐趣上。“热点知识”的传递是老师而不是学生说出来的。在一些情况下，大学生的角色一直处于学生体验的前沿，令人鼓舞的是，一些学生表示希望成为未来的大使。

“很高兴我们有机会和大学的学生交流，因为我们要问一些关于校园和他们做什么的问题。我在大学的时候想当大使。如果我去了新南威尔士大学，我想在那里成为一名大使。”（2015 年 ASPIRE 学校学生）

在 2014 年的评估中，作为过程的一部分，对大使进行了调查。数据显示，最初成为一名大使主要原因是以自我为中心，尤其是个人发展和改善职业前景。然而，当被问及他们最喜欢做什么样的大使时，一个强烈的利他主题浮现出来。这种社会责任感，也被看作是结构化领导力项目的一个结果。

“作为一名大使，最棒的事情就是当我们和学生谈论大学的时候，他们的态度会发生变化。让他们进来，有很多问题，然后让他们完成学业，更有可能把大学作为未来学习的可行选择，这是非常值得的。我喜欢和学生们互动，分享我的知识和经验。这是一种非常温暖和快乐的感觉，知道我已经影响了另一个人的生活和他们对未来的选择。”

“我喜欢与我曾经担任过某些职位的学生互动。处在一个我能有所作为的位置上真的很值得。能够帮助中学生解答有关大学和毕业后学习的问题。特别是给他们希望，让他们了解什么类型的学生可以进入大学。作为一个有抱负的大使，最大的收获是讲述自己在大学以及后来的高中生活中的经历，那些曾经从未想过上大学的学生现在对大学抱有乐观态度，并认真考虑把它作为未来的一个选择。”（2014 年 ASPIRE 大使）

新南威尔士大学学生经常返回 ASPIRE 做志愿者的另一个原因可能在于他们认识到自己通过参与项目发展出的软技能。这些技能尤其与沟通、团队建设、解决问题和领导技能相关。它们反映了领导力项目中教授的许多知识，并支持志愿服务本身是一种有价值的学习工具的观点。

“它让我走出自己的世界，让我更加自信。通过参加各种研讨会和活动，我有了更好的沟通和领导技能，并且能够学习良好的策略。我都不知道从何说起。作为一个有志向的大使，我学到了一些新的技能，尤其是在与来自不同学校、不同文化的学生交流之后，我学到了新的领导力和团队合作的技能。培养了更好的沟通技巧、与其他大使合作的良好团队合作技巧、领导团队时的领导技巧，让我稍稍走出了自己的舒适区。在面临挑战时具备了良好的即兴创作 / 解决问题的技巧，还通过体验和观察不同的文化和社会经济水平低下地区，拓宽了我的世界观，帮助我理解了他们面临的挑战以及这些挑战的真实程度。在某种程度上，这也是一次非常谦卑的经历，符合我帮助他人的热情。”（2014/2015 年 ASPIRE 大使）

学生志愿者参与 ASPIRE 对项目的整体成功有明显的好处。多年来，新南威尔士大学学生对该项目的承诺和奉献精神极大地鼓舞了所有参与者。ASPIRE 每年与 150 名到 200 名志愿者合作。自 2010 年以来，希望成为志愿者的学生人数已经超过了该计划所能容纳的人数。大使们在学期和假期自愿贡献了超过 20000 小时的时间。在此期间，有 3000 多名大使参加了活动。志愿服务的学生成绩优异，通常获得双学位或医学和法律等荣誉学位。

最令人鼓舞的是，在他们的学位生涯中，有越来越多的学生返回志愿者队伍，参加 ASPIRE 学校的大使人数也有所增加，他们完成了该计划，现在正在成为非常具体的榜样，回馈他们的学校社区。如今，这条贯穿 ASPIRE 的个人联系线，有助于围绕作为大学战略的一部分而开展的外展活动，建立起一种日益增强的社区意识，以努力建设一个公正的社会。

总之，新南威尔士大学领导力项目和 ASPIRE 采用了非常不同的方法来培养对社会负责的学生，一个关键点是广度，因为它能够触及并潜在地吸引更多的学生。另一个关键点是深度，因为它可以提供更持久和更丰富的志愿服务经验，但这样做的缺点是不能让太多的学生参与进来。然而，无论采取结构化方法还是不太结构化的方法，对志愿人员、合作伙伴和新南威尔士大学来说，结果都是积极的。

（资料来源：Ann Jardine.Nurturing University Students to Be Socially Responsible Citizens: An Examination of Two Approaches to Volunteering.）

（五）亚洲：京都大学社会责任案例

在本地环境中培养有能力的全球化思考者：京都大学的服务学习。

1. 京都大学的基本政策和地方承诺

日本的京都大学作为一所“研究型大学”，有着悠久的传统，它追求智慧（知识和智慧）的创造，不仅在日本而且在世界上都有影响力。

1.1　京都大学的基本政策

京都大学在四个方面确定了以自由与和谐为基础的基本政策：（1）研究。通过符合高度道德标准的研究活动，创造基于自由和自主的全球杰出智力（知识和智慧）；基础研究与应用研究、人文与科学研究等的多元化发展与整合。（2）教育。在多元和谐的教育体系下，促进对话式自主学习，传承卓越智慧，培养创新思维；培养优秀的研究人员和具有优秀专业知识的个人，他们受过高等教育，富有人性和强烈的责任感，能够为全球社会的和谐共处作出贡献。（3）与社会的关系。加强与日本和当地社会的合作关系；作为一所向公众开放的大学，在自由与和谐的基础上向社会传播智慧；作为一所向世界开放的大学，为深化国际交流和实现全球社会和谐共处作出贡献。（4）管理。促进尊重教育和研究机构的自主权以及整个大学的和谐，以帮助促进学术研究的自由发展；尊重环境考虑和人权的大学管理；对社会责任的可靠回应。京都大学将其作为整个大学的目标。因此，京都大学打算解决多方面的问题，促进全球社会的和谐共处，同时保持和发展其自成立以来在大学里营造的自由氛围。

1.2 京都大学“面向社区的倡议”承诺

从历史来看，大学注定要扮演另一个重要角色。历史事实是，京都县政府在建校时贡献的资金占大学创办成本的60%多，在新学院成立后还提供了土地和其他支持。因此，当地政府和社区的支持催生了这所学校。可以说，这所大学实际上是作为一所“国立大学”而开始的。随着大学成为著名的“研究型大学”，早期与当地社区的这种紧密联系很容易被遗忘。然而，近年来京都大学一再提及其历史渊源，更加重视其“与社会的关系”，并将“与区域社会的合作”作为大学管理战略的另一个重要支柱。

作为这一运动的一部分，2010年4月，京都大学发起了“讨论京都未来的会议”，从不同角度就“京都30年后的愿景”主动进行意见交流。这次会议由地方政府、学术界、金融界、旅游界、文化界和大众传媒界的代表组成，其中包括京都县知事、京都市市长、京都大学校长、京都工商会会长、京都市旅游联合主席和京都市旅游协会的主席、插花学校的继任校长池本博、报纸出版公司《京都新闻》的老板。在会议上，委员就多个议题进行了热烈的讨论，包括当地社区的人口问题、环境与能源问题、城市规划与当地交通、区域发展、文化资产保护、创造新文化、旅游推广、工业发展、大学城等。他们不仅创造了一个“意识形态的愿景”，而且分享了“京都议定书30年后的愿景”，并向前迈出了一步，全力以赴实现这一愿景。

此外，会议的最后建议包括以下声明：“大学的作用是创造知识和智慧，并将其传播给世界。大学也被认为承担着作为社区中心的责任。大学与区域社区沟通，努力解决紧迫的区域问题，学习也必须通过创新为社会作出贡献。”2010年4月会议开始时，大学还成立了区域可持续发展科学综合实用研究单位，以应对京都的区域挑战，并发挥其作为城市规划决策和推广中心的作用。从那时起，在大学校长的领导下，京都大学与京都府和京都市合作，实施了解决各种地区问题的项目，作为实现未来京都愿景的推动力。京都市长在会议记录中提到“京都大学已经改变”，这确实表明了地区社会对京都大学“以社区为导向”倡议的高度期望。学校定期召开地方政府、学术界、金融界意见交流会，通过密切沟通，推动城镇规划、解决区域问题、发展区域社区。所有这些“以社区为导向的倡议”都在加强大学作为一个所谓的社区中心的职能。

1.3　京都大学“以社区为导向”倡议

社区导向计划已被列为大学第二期中期计划及年度计划。目标是：（1）扩大年轻一代和当地居民体验最先进学术领域的机会，也扩大了在职人员恢复学习的机会。通过“京都大学联盟”为京都地区的大学生开设京都大学讲座；通过举办京都大学论坛、未来论坛、京都大学公共讲座、京都大学博物馆展览等，扩大当地居民的终身教育机会，并将其作为与当地社区合作的基地；通过组织初级校园活动，与超级科学高中合作开展项目以及参观讲座，进一步促进与中学的合作、支持教师培训、为纠正地区之间的教育差距提供支持，扩大当地居民的终身教育机会。（2）通过充分利用大学内部的学术资源，促进与社会的合作，以帮助发展京都的文化、艺术和工业。通过发展能源保护和能源创造技术，就循环型社会提出建议；研究与森林、村庄和海洋共生的生态模式；在面临交通问题以及人口老化和人口下降的地区，就公共汽车系统的有效运行进行研究并提出建议；协调地方文化资产的保护和展示；研究文化资产作为旅游景点与区域发展的关系；开发、推广和提供新的京都蔬菜种植指导；对当地农业推广措施进行多元化研究；促进与当地种植者的沟通；研究和传播防止动物（如鹿、野猪，特别是猴子）造成损害的措施；通过增加终身学习机会，实验性地促进人口减少地区的发展；安排科学交流；根据高校乌托邦划定区的申请，审查撤销管制的项目；促进本地营销，创建京都品牌并传播其效果；为衰落的地方产业制定技术和管理支持系统。（3）整理校内研究成果，取得知识产权，推广应用。通过在社会学术创新合作办公室，创建一个工业产权和公开专利信息数据库；建立碳排放交易市场及其在京都地区的推广。（4）根据学校的基本方针和目标，制定包含社会贡献评估项目的教师评估体系。从传统的以科研成果为主的教师评价体系，逐步向兼顾教育成果和社会贡献程度的综合评价体系转变。

1.4 京都大学的“社区导向”倡议与教育

近年来，培养全球领导者已成为当务之急，京都大学在其中发挥了重要作用。然而，全球能力的培养需要通过对我们国家历史、文化和传统的深刻理解和了解来加强。为了实现这一目标，京都地区提供了大量机会。来自日本各地的年轻人聚集在京都大学，他们通过迎接京都地区面临的挑战掌握基本技能，成为活跃在全球的专家。因此，京都地区提供了一个最佳的领域来执行大学的使命，培养有能力的个人。

2013年，作为通过亲身体验当地社区问题培养全球领导者项目的一部分，京都大学新开办了“京都大学设计学院”和“高级领导力研究生院项目”以及其他研究生院教育项目。

京都大学设计学院旨在与信息学、机械工程学、建筑学、管理学和心理学专家合作，培养具有博士学位、能够设计“社会系统和建筑学”的专家。为了实现这一目标，学校将“实地实习”作为课程的一个特色。这是一个新的尝试，以利用“实地教育的力量”。来自不同专业的学生组成一个团队，寻求问题的解决方案，他们通过解决方案体验问题的发现。这一领域的实习旨在通过小组活动培养领导技能，不同于传统的个人实习。

石树坎（Shishu-Kan）的目标是通过人文与科学、跨学科研究，以及在社会上思考和实践所获得专业知识的能力来发展知识。课程包括“基于项目的研究”，要求学生为自己的项目制订计划，并在日本企业和政府机构的参与下实施。

研究生院的这种教育活动与服务学习密切相关，因为学生通过了解地区需求和努力解决地区问题而接受实践教育。因此，大学将这些项目放在培养当地社区全球领袖的首要位置。然而，这些课程的性质对教育质量要求极高，因此限制了被录取的学生数量。

因此，该大学在2014学年新推出了一个面向大学生的社区项目，名为“COLO-IKI”。

2. 面向大学生的社区项目（COLO-IKI）

2.1　面向大学生的社区项目简介

京都大学的COLO-IKI项目已经作为教育、文化、体育、科学和技术部的补充项目即“大学COC项目”，网站上解释如下。

学校与地方政府和社区合作，实施全校课程和教育组织改革，成为一所“地方社区大学”，实施以社区为导向的教育、研究和社会贡献。同时，通过有效匹配区域问题（需求）和大学资源（种子），努力解决区域问题。大学还与地方政府和社区分享对区域挑战的认识，并在共同理解的基础上合作推出项目，同时考虑区域发展措施的规划和实施。通过这些努力，大学培养了一些人，他们通过在大学学习和负责任地致力于解决方案，加深了对地区面临的挑战和其他问题的理解。同时，大学利用自身的优势，以使命推动治理改革和差异化，成为区域振兴的中心。

总之，它的目标是与当地社区合作，促进教育课程改革。

2.2　COLO-IKI项目的目标

COLO-IKI项目有以下三个主要目标。第一个目标是通过大学组织改革，促进与当地社区的合作。为了促进与当地社区合作，大学组织进行了改革，该大学将促进跨学科教育和研究中心的“区域联盟教育和研究单位”更名为“促进与当地社区合作的教育和研究单位”，并成立了一个组织负责 COLO-IKI 项目运营。该研究单位还作为区域合作的一站式联络处，接受当地团体和公司的广泛询问。当然，京都大学已经有 SACI 办公室和其他组织来处理与外部机构的合作研究。然而，这些组织主要处理相对大规模的合作，而且主要是在自然科学领域；因此，地方机构在将他们眼前的问题提交给大学方面一直相当犹豫。自项目成立以来，该单位甚至收到了附近地方政府机构的询问，其中一些机构说，“我们以前不知道应该把询问送到大学的哪个组织，但现在我们可以知道，该单位是一个联络处”。这说明大学没有向当地社区开放，不仅是因为它的体制问题，也是因为当地人民对大学的印象。COLO-IKI 项目将促进与当地社区合作作为其主要目标之一，部分原因是该大学努力改善其形象。

第二个目标是培养了解当地历史、文化和传统知识的全球领导。COLO-IKI 教育计划的一个特点是，相关科目被纳入所有学生的共同科目中，不管他们的专业是什么，所有院系的学生都可以参加讲座。简言之，所谓的“京都教育计划”为所有学生提供了一个学习历史、文化和当前京都问题的多元化学科，这些成为所有学生的共同学科。完成六门课程的学生被地方公共人力资源开发联合会授予“初级公共政策顾问”资格。

第三个主要目标是通过与当地社区合作开展教育活动振兴区域，特别是通过建立区域合作一站式联络处和提供共同性教育方案。然而，在答复当地社区的询问时，该单位可能会发现一些建议不能很好地融入大学的传统组织或常规课程。为了最大限度地对这些建议作出回应，该单位还充当协调员，组织一个学生小组（或要求现有的学生圈进行合作），以便学生小组和当地机构能够开展一个联合项目，从而实现“区域振兴”。这些活动虽是课外活动但很实用，因为学生们直接参与了区域性问题，为学生提供学习各种东西的机会。

2.3　京都教育项目中应培养的素质

2012 年“大学改革行动计划——发展中的大学将成为社会变革的引擎”，称日本现在需要满足时代的需要，应对急剧的社会变革。该计划强调，培养能够满足这一时代要求的未来领导人是一项迫切的需要；它要求培养的个人不仅具备先进的专业知识，而且整体素质较高，如能够利用所获得的专业知识的能力、深刻的洞察力、宏观视野的能力、高度的创造力、良好的判断力、快速行动的能力、良好的沟通能力、良好的协作能力、强烈的责任感和道德感。

鉴于这一计划，COLO-IKI 京都教育方案旨在培养以下五种素质：一是强烈的责任感。要意识到，学生自己就是主动创造和实现京都未来形象的人。二是从宏观角度看问题的能力。从长远、全球和宏观角度理解京都当前的问题或迄今以社区为导向的努力的能力。三是创造力。利用京都大学先进“智慧”，为未来的京都形象和宏观观察到的问题找到新的解决方案。四是一线能力。用有限的资源、以可行的方式实现新的未来形象和解决问题的实用技能。五是协作能力。能够与其他学生、教师和当地社区成员讨论，制定新的未来形象和问题解决方案，并与他们合作实施制定解决方案。

2.4　京都教育计划大纲

京都教育计划旨在通过讲座式学习“Manabi yoshi”和田野调查项目式学习“Iki yoshi”培养上述素质，让学生主动解决当地社区的实际问题。表 24 和表 25 显示了 2015 学年作为京都教育项目一部分的公共科目列表。在京都教育项目中，学生从中选择完成五门课程（相当于 10 学分）。

表 24　2015 年所有学生共同科目中的“Manabi yoshi”科目表

1. 京都地区未来发展理论
2. 京都学校的传统与潜力
3. 日本历史
4. 日本古代和中世纪的政治与文化
5. 日本古代和中世纪的历史社会

续表

6. 京都大学历史
7. 利用地理学和古典文学对京都旅游进行建议
8. 基于京都大学博物馆的积极参与
9. 京都作为工业城市的问题
10. 京都研究科学
11. 观山天文台的科学传播学习
12. 环境研究 1[基础部分]
13. 环境研究 1[应用部分]
14. 自然与文化：农业视角
15. 京都自然与人文景观的利用
16. 通过向京都和滋贺县（Shiga Prefecture）的当地人和地区学习，进行以实践为导向的地区研究
17. 传统京都蔬菜栽培实践
18. 超龄社区的医疗卫生问题和政策

表 25　2015 年所有学生共同科目中包含的“Iki-yoshi”科目

1. 京都地区的社区发展政策——解决社区问题
2. 利用看板美化城市景观——研究与建议
3. 通过向不丹（Bhutan）农村学习来实现替代发展
4. 京都生态旅游——研究森林中的情感动力学
5. 支撑京都的森林——基于生态学知识的可持续森林管理研究

在“Manabi yoshi”和“Iki yoshi”中列出的一个科目（相当于 2 个学分）被当地公共人力资源开发联合会授予“初级公共政策顾问”资格。为了获得这一资格，Manabi yoshi 科目之一是“京都地区未来发展理论”。下面简要介绍其中三个主题。

第一个主题：京都地区未来发展理论。此内容被指定为核心学科，是获得“初级公共政策顾问”资格的必要条件。在 15 个讲座中，大约有一半课程邀请在当地社区发挥积极作用的客座演讲者讲授，他们从大学以外的地方来讲解京都地区的问题，以及他们目前如何应对这些问题。其余的讲座由大学教职员根据特邀演讲者的讲座，讲解有关城市规划的理论和解决地区问题的方法。受邀的嘉宾包括京都市市长、京都县管理者、报纸和其他地方媒体的代表、当地公司和非营利性组织的代表、插花大师、厨师和其他文化人士。

第二个主题：传统京都蔬菜栽培实践。学生参加京都农业基础课程，包括京都的土壤、蔬菜生产和分配等主题。学生们还在校园的耕地上练习种植传统京都蔬菜。京都当地的蔬菜种植者被邀请对他们的田间工作进行指导。因此，学生不仅可以通过讲座，还可以通过实地培训了解京都的饮食文化历史。

第三个主题：利用看板美化城市景观。目前，京都市的招牌由《城市风貌保护条例》管理，而招牌在街道上的设置方式对城市风貌的影响很大，是城市规划的重点之一。鉴于这种情况，本课程的目的是将京都的城市、城镇和村庄以及日本国内外的招牌视为文化资产，并将其优点传递给下一代。在本课程中，学生对京都和其他地区的城市景观进行实地调查，并对京都和其他地区的招牌进行比较分析。然后，在课程结束时，学生们向京都政府官员提出了促进招牌文化的建设性建议，这将有助于创造一个新时代的城市景观。

2.5　课外活动

除了京都教育项目和其他常规课程外，COLO–IKI 还从事各种课外活动，这些活动对当地社区也有贡献。其中一些活动是由“区域联盟教育和研究所”根据当地需要组织的学生小组发起的，另一些活动则是根据校园内现有学生圈子向该单位提交的建议发起的。最近，后一种情况的数量一直在增加，因为如果学生将活动作为大学项目的一部分而不仅是私人项目来工作，他们就可以获得信任，而且该单位活动的预算可能会根据对社区的贡献程度来分配。下面简要介绍四项具体活动。

一是研讨会。学生们与当地公司和非营利性组织的代表进行讨论，邀请他们作为演讲嘉宾。首先，客座演讲者就其组织开展的活动和目前存在的问题进行演讲。然后，他们与学生讨论解决这些问题的方法。在讨论结束时，如果学生能提出一个可行的解决方案，而客人想要资助它，他们会为该解决方案启动一个项目。研讨会由学生计划、提议、发起和运营。目前，讲习班平均每月举行一次。

二是京都实习项目。这是京都大学和阿诗纳加（Ashinaga）奖学金协会（支持失去父母的儿童）的联合项目。京都大学的教职员工为来自世界各地申请阿诗纳加奖学金学生讲授京都的特色。京都大学的学生也参加了这个项目，作为外国学生实习生的指导参加讲座，并在当地环境中体验全球交流。

三是京都的天才桌。这是外国客人和京都居民之间的午餐会。除了大量的历史文化遗产外，京都还有许多大学作为教育和研究机构。许多到京都旅游的外国游客都受过很好的教育和学习。京都在“旅游 + 休闲”网站排名中位列世界第一，成为全球瞩目的旅游胜地，旅游的热潮正在兴起。鉴于这种情况，该大学启动了这一项目，提供人们进行智力交流的机会能给京都市带来更多的价值，而不仅是增加外国游客的数量。该项目也由学生计划、提议、发起和操作。

四是特拉学校（Tera School）。这是一个项目，利用当地寺庙和圣地作为学习空间，为儿童提供学习支持，为成年人提供终身学习的机会。它借用了“terakoya”或“特拉学校”的图案。在江户时代，特拉或寺庙经常被用作私人教育设施。学生与当地非营利性组织合作经营这个项目。

3. 总结

总之，加强教育内容与社会接轨是日本教育方针的重要战略。我们还打算丰富包含服务学习的教育内容。然而，为了推进这些目标，大学目前面临两个问题，即教育评估和时间及实际费用。

项目成果在很大程度上是根据更容易测量的数字来评估的，如实际合作项目的数量，而不是基本理论的构建。学生的学习成绩是通过传统的考试和报告作业来评估的，但是通过这个项目培养出来的能力无法与传统的课程相比较。因此，我们需要制定评估指标来衡量在这个项目中实际培养的能力。

另一个问题是金钱和时间成本。与传统课程相比，提供实地工作或其他实践培训的课程需要学生花费更多的费用和更长的时间。纳入服务学习的强化教育活动也可能导致学生花在其他科目上预算和时间减少。我们还没有研究出如何平衡这些主题与传统主题。近年来，在严峻的财政形势下，金钱成本是一个巨大的问题。鉴于服务学习有助于解决区域问题，我们很可能必须建立一个机制，从当地社区筹集资金用于提供服务。

（资料来源：Egami N，Shigeru T . Cultivating Competent Individuals Thinking Globally in a Local Setting: Service Learning at Kyoto University[M]// University Social Responsibility and Quality of Life. Springer Singapore，2017：191–204.）

附录 C　访谈提纲

我是正在从事大学社会责任研究的一名博士研究生，非常感谢您能接受此次访谈。此次访谈主要采取半结构式的访谈，此次研究的结果只用于学术研究，希望您能如实回答。最后我将秉承访谈研究的伦理要求，对论文进行匿名处理，保证不会给您带来麻烦。

1. 您是如何理解大学社会责任的？

2. 您对大学目前所承担的责任是否满意？如果不满意，哪些地方使您觉得大学做得不够？您认为大学在哪些方面还需要改进？

3. 从大学职能的角度，您认为有哪些措施可以改进现存问题？大学在人才培养方面应该采取哪些措施确保大学对社会和环境负责？大学在科学研究方面应该采取哪些措施确保大学对社会和环境负责任？大学在社会服务方面应该采取哪些措施确保大学对社会和环境负责任？大学在文化传承与创新方面应该采取哪些措施确保大学对社会和环境负责任？大学在国际交流与合作方面应该采取哪些措施确保大学对社会和环境负责任？

4. 关于大学社会责任，您还有要补充的吗？

非常感谢您在百忙之中接受访谈！

附录 D 访谈对象简况表

序号	编码	“双一流”大学类型	访谈方式	人员类型
1	SS2WJ	“双一流”B 类	微信语音	硕士研究生
2	SS2YYT	“双一流”A 类	微信语音	硕士研究生
3	SS2JN	“双一流”A 类	微信语音	硕士研究生
4	SS2PWJ	“双一流”A 类	微信语音	硕士研究生
5	SB3DN	“双一流”A 类	微信语音	博士研究生
6	SB3XPX	“双一流”A 类	微信语音	博士研究生
7	SB3CCT	“双一流”A 类	微信语音	博士研究生
8	SS2GS	“双一流”A 类	面谈	硕士研究生
9	SB3PL	“双一流”A 类	面谈	博士研究生
10	SB1JN	“双一流”A 类	微信语音	本科生
11	SS2CCT	“双一流”B 类	微信语音	硕士研究生
12	SS2ZJX	“双一流”A 类	微信语音	硕士研究生
13	SB3DHL	“双一流”A 类	微信语音	博士研究生
14	SB1YSW	“双一流”B 类	微信语音	本科生
15	SB3WWG	“双一流”A 类	微信语音	博士研究生
16	SB3ZJX	“双一流”A 类	微信语音	博士研究生
17	SB3LFL	“双一流”A 类	微信语音	博士研究生
18	SB3WXY	“双一流”A 类	面谈	博士研究生
19	SS2YSW	“双一流”A 类	微信语音	硕士研究生
20	SJSJN	“双一流”A 类	微信语音	行政管理人员
21	SJSYYT	“双一流”A 类	微信语音	行政管理人员
22	SJSLSZ	“双一流”A 类	面谈	教师
23	SJSPWJ	“双一流”A 类	微信语音	行政管理人员
24	SS2WM	“双一流”A 类	面谈	硕士研究生

续表

序号	编码	“双一流”大学类型	访谈方式	人员类型
25	SQLFL	“双一流”A 类（已毕业）	电话	社区工作者
26	GWYYSW	“双一流”B 类（已毕业）	电话	基层公务员
27	SQJMWCM	“双一流”B 类（已毕业）	面谈	社区居民
28	SS2DNA	“双一流” A 类	微信语音	硕士研究生
29	SJSDHL	“双一流” B 类	微信语音	教师
30	SB3GSA	“双一流” A 类	面谈	博士研究生
31	SB3LZJ	“双一流” A 类	微信语音	博士研究生
32	SS2DHL	“双一流” B 类	微信语音	硕士研究生
33	SL3PL	“双一流” A 类	面谈	泰国留学生
34	SL3JM	“双一流” A 类	面谈	巴基斯坦留学生
35	SL2YZL	“双一流” A 类	面谈	巴西留学生
36	SB1JDZ	“双一流” B 类	面谈	本科生
37	SB3LGX	“双一流” A 类	微信语音	教师
38	SS2WRX	“双一流” B 类	微信语音	硕士研究生
39	SJSJZW	“双一流” A 类	微信语音	教师
40	SJSDYJ	“双一流” A 类	微信语音	教师

附录 E　利益相关者访谈内容

通过对访谈内容的转录、整理，并按照大学社会责任五大维度的分类，形成了访谈内容，如下所示。

一、人才培养责任

学生既是大学承担社会责任的重要主体，又是大学履行社会责任的客体，所以学生对于大学如何履行社会责任的建议是需要重视的。根据访谈“大学在人才培养方面应该采取哪些措施确保大学对社会和环境负责？”通过整理这些观点所包含的指标内容，大致可以分为以下几个方面：

一是认为需要在教学内容上要与国家社会问题紧密联系。代表性的意见如下。

“双一流”A类博士研究生认为：“大学还是应该在人才培养上多做贡献，对于本科生得有一套培养体系，然后对于硕士研究生和博士研究生这类人才也得有一定的培养体系。也就是说在教学方面要下功夫培养负责任的公民，那就是教学的内容要与国家社会问题紧密联系，让他们学有所用。”（SB3WXY）

“双一流”A类硕士研究生认为：“在第一课堂（学校的课程）中增加人文教育，并增加第一课堂与第二课堂（他所指第二课堂是社会教育）的关联性。”（SB3ZJX）

“双一流”A类博士研究生：“这就涉及思想政治教育。现在已经有思想政治这门课，可以再增加一些其他类型的课程来培养社会责任意识。”（SB3DN）

“双一流”A类博士研究生：“首先就是课程设置上，保证所学课程具有社会责任相关的内容，将操作性强的相关内容融入抽象的通识教育概念中。其次，通过服务学习，鼓励学生将社区服务与专业课程结合起来，培养学生对所在社区的感情。最后，培养学生具有社会企业家精神，培养学生关注社会公正，关爱社会中的弱势群体，培养学生采取企业家战略进行社会慈善活动。”（SS2WM）

“双一流”A类文科博士研究生：“首先是通过与社会责任相关的课程。其次就是导师的言传身教，一个有社会责任感的教师能够让学生有代入感，有模仿的对象，进而对社会责任有着自身的理解。最后就是学校组织的相关社团活动，可以在实践中感受如何履行了对社会的责任。”（SB3GSA）

二是认为应该通过社会实践活动来培养学生的责任感，代表性的意见如下。

“双一流”A类博士研究生：“一个负责任的公民要产生的话，就要关注道德与价值观的一个形成过程，大学在这方面的话应该有一些引导，多让学生参与社区活动，慢慢地他们就真正的对土地和人民有感情，就会成长为一个真正负责任的公民，所以大学应该教授学生‘真善美’以及培养学生的同理心，也就是对学生要有人文情怀的教育，最终使学生成为一个有担当的一个公民。”（SB3LZJ）

“双一流”A类管理岗老师：“学生培养方案中，以学分、综合素质评价等方式引导学生参与社会志愿服务等。在课程中渗透社会责任意识，环境保护意识。”（SJSYYT）

“双一流”B类文科类本科生认为：“第一加强大学生的思想政治教育。第二让学生在大学的组织或者各项活动当中承担一定的责任。将学生的责任表现作为一种考核。”（SB1YSW）

“双一流”A类文科教授认为：“首先从思想上引导。从思想上对社会环境的各方面有一个认识，给他们添加一些课程，让他们了解现在社会的发展，社区、乡村发展、城郊融合等，培养他们的这种责任感。”（SJSDHL）

三是通过专业与社会需求的结合来培养学生的社会责任感。代表性的观点如下。

“双一流”A类文科博士研究生认为：“目前大学社会责任主要是支教、灾区的救助等，其实这个不属于他们的专业技能，比如说你是一个学土木工程的学生，或是学计算机软件开发的学生，你去支教，就脱离了你的专业性，而且专业知识其实得到了限制。我觉得大学应该关注一些国家热点问题，比如说乡村振兴。现在乡村振兴的一个主要的问题是乡村人才的流失短缺。那么面对这种问题，能不能让这些有技术的大学生，用他们的专业技术，为那个乡村去做一些技术方面的扶贫。总之，大学想要在人才培养方面负责任，就需要多听听社会各个领域的需求与困难，然后结合学校专业提供相应的服务。”（SB3LFL）

“双一流”A类文科博士研究生认为：“首先，我觉得培养负责任的毕业生可以从课程、培养理念、培养方案、培养方式、培养目标入手。学校的学风对人的影响也是很大的吧。学校开展的活动是对社会公民责任的一个培养。可以通过学校在哪些方面开展的活动比较频繁，比较热衷，比较重视，将其作为一个指标吧。从学生层次来看，研究生可能还要看导师的风格，导师是不是有社会责任感，有的导师不允许学生去参加这些活动，研究生基本个人行动比较多。研究生关注的面可能更广，站在国家层面，或者是整个社会的全面去看问题。我们就是去研究社会难题，然后发表一些论文，为国家提供咨询报告，这也是对社会负责任的一个行为。比如这次疫情，我一个人文科生不太懂医学，我就不一定非得到现场支援，但是我可以去思考怎么构建国家的应急管理体系，这难道不是为社会做贡献吗？这些研究是否涉及社会问题，也是可以通过研究主题来判断的。而本科生随大流的比较多，且比较活跃。本科生社会责任体现得更实际一些，比如参加支教、社区服务之类实践性的比较强一点的活动。"（SB3ZJX）

二、科学研究责任

根据访谈"大学在科学研究方面应该采取哪些措施确保大学对社会和环境负责任？"通过整理这些观点所包含的指标内容，大致可以分为以下几个方面。

一是认为科学研究要关注国家社会重大问题。代表性的意见如下。

"双一流"A类博士研究生认为："大学除了在内部场域中组织起来之外，也就是除了对学生培养以外，还应该把视角拓宽，让学生多与外界相联系，比如现在学校里很多社团都是直接与外面接触的；比如说助农社团，或者是解决环境问题的社团，这些社团都能起到帮助社会的作用。总的来说，学校要紧扣社会问题。"（SB3WXY）

"双一流"A类博士研究生认为："关注社会重大问题，通过调研获得能够解决问题的办法，然后再反哺这个社区。"（SS2WM）

"双一流"A类博士研究生认为："在大学里的话，生产知识的主体，除了学校的研究员，大部分就集中在博士研究生群体或者硕士研究生群体。本科生还很少参与知识的生产。这样的话，就是要看这些研究生群体是否可以将他们的研究问题与社会问题结合起来，以及他们是否能够把发明、研究的这类前沿的东西，分享出去，或者说分享出去服务公众。"（SB3ZJX）

第二类认为大学的科学研究要注重成果转化以及前沿领域的专利数量。代表性的观点如下。

“双一流”B 类硕士研究生认为：“学校管理者要安排一定的职务的人管理，需要调整教师承担行政事务和科研任务的比例。行政岗的管理者，应该加大学校科研成果的转化，不仅是理工类的成果转化，人文类也要考虑其研究成果如何转化为社会所需。也就是说要对不同的学科设置不同的管理及评价标准，毕竟知识要进行成果转化，才能更好地帮助社会。还有就是设置评价指标的时候，要注重那些走在世界领先地位的研究专利质量，这样才能激发科研人员的创新动力。”（SS2YSW）

“双一流”A 类博士研究生认为：“大学要增强自然科学和社会科学上对社会贡献的这种转化。科研项目更多地注重对社会的一个应用性方面，尤其理工科一直在讲科研转化，那社会科学方面也要增加一些实践性的价值，比如做一些咨询决策报告，或者是横向课题，然后就能够把这个项目中得出的结论或建议转化到政府的政策文件之中，或者是运用到社会运行过程中。”（SB3DN）

第三类认为大学的科学研究应该注重开展合作研究。代表性的观点如下。

“双一流”A 类管理岗教师认为：“目前高校的科学研究与企业合作有效性很低，很多企业的科技创新都不是来自大学，按理说大学作为研究单位，应该在基础研究方面有所作为，帮助我们的企业去与国外企业竞争，但是现在科研评价里基本看不到社会的需求。所以我觉得大学应该与外界加强合作研究。”（SJSDYJ）

“双一流”A 类博士研究生认为：“从大学的内部来看的话，行政系统跟教学和研究系统应该分离，行政系统应该减少对教育系统的干涉。学校里的行政系统，其主要职能应该是服务于教学跟研究系统，而不是对教学跟研究的结果进行裁判，在教学和研究上应该让教授们有充分的权利去培养学生，去完善它的一个教学的体系，这样的话就能够产生一些相对有益的知识。其次，大学不同院系应该加强合作，因为通过合作不仅可以增加我们学生的知识，而且也可以更好地攻克社会难题。”（SB3LZJ）

“双一流”A类科研岗教师：“大学的管理者应该努力化解不同院系开展合作研究后的成果评定。因为现在面临的研究问题越来越复杂，依靠单一学科很难有突破。科学研究需要更多的合作，然而不同院系合作之后的工作量很难界定，这个需要进行化解，才能推动大学科学研究质的突破。”（SJSJZW）

“双一流”A类管理岗老师：“教师是大学中知识的主要生产者，应当加强研究者之间跨部门合作并从科研基金、评奖评优、职称评定等方面纳入对社会贡献的指标，引导知识生产与社会急需领域对接。另外，也要设置专门机构将知识成果转化与社会组织对接。”（SJSYYT）

三、大学社会服务责任

根据访谈“大学在社会服务方面应该采取哪些措施确保大学对社会和环境负责任？”资料整理如下。

第一类观点认为大学应该提供加大大学与社会互动的支持力度。代表性的观点如下。

“双一流”A类博士研究生：“要把大学或者大学生加入社区治理或者乡村治理过程中去，让他们参与或成为一个社区的治理主体才行。如果没有与社区的互动，那你怎么去治理呢？你怎么样跟社区展开合作？这都是问题。只有把大学也作为一个治理主体，这样的话他才可以与社区进行长时间的互动，然后与他的知识作为一个知识主体，去为乡村治理或者是社区治理提供一定的技术服务。”（SQLFL）

“双一流”A类博士研究生：“这个可以归结为大学的服务社会的职能，大学社会服务职能是大学教学和科研职能发展的必然结果和走向。要实现服务社会的职能，前提条件是教学和科研职能的充分发挥。教育的终极目的就是通过培养人促进人的发展，从而促进社会的发展。社会相对于人来说，就是人类生存的外部环境。所以我觉得大学应该被看成一个多股东多样化多目的的组织，所提供的服务不局限于传统的学术课程，更包括主动为社会服务。服务社会的形式是多形式多途径的。例如，大学加强与产业的联系，大学教师通过咨询等到相关单位指导和兼职，利用自己的学术成果为校外单位提供智力支持；建立科技园为企业提供技术支持；通过文艺活动对地区和文化结构产生影响；组织志愿者进社区为地区服务；建立咨询服务机构服务于企业和居民。其实这些服务反过来也为师生的发展提供了条件。”（SB3WWG）

“双一流”A类博士研究生认为：“要让大学与社区互动，那就需要大学的管理机构与社区上层领导部门，也就是街道办事处多进行接洽，然后多进行互动，这样的话学生才能够有更多的机会参与社区。”（SB3WXY）

“双一流”A类博士研究生认为：“大学有很多的团体应该与社会的组织进行一些关联，提供一些相应的服务。而且让学生多到这些社区去进行实践，进行互动，然后就能够帮助社区来解决很多问题，而且也能够让学生学习到很多实际的知识。”（SB3LZJ）

“双一流”A类硕士研究生认为：“一流的大学应该多承接一些大型企业的技术开发工作，建设智库，为国家以及地方发展服务。顶尖大学培养的学生最终还是要为社会发展服务，所以顶尖的大学也应该收集一些用人单位对学校培养的学生的反馈，进而调节学校培养学生与社会需求之间脱节的问题。可能学校的就业指导中心会做，但是具体做没做就不清楚了。”（SS2PWJ）

第二类观点认为大学应该通过提供志愿服务、提供学术服务。代表性的观点如下。

“双一流”A类博士研究生：“大学肯定周边是有社区，大学要跟周边社区建立一种互动的机制，然后采用比如说志愿服务这种形式，然后跟社区建构一种联系，也可以请社区工作人员来学校做一些讲座之类的。”（SB3DN）

“双一流”A类教授：“组织一些社会实践活动，利用周末或者是节假日的时间，可以做一些社会实践活动，到周边的市区乡村去体验生活，或者做一些志愿者，都是不错的选择，比如交通疏导的志愿者、文明行为的监督者、去农村支

教、参与扶贫项目等。”（SJSDHL）

第三类认为大学应该通过为国家发展提供建议。代表性的观点如下。

某基层公务员认为：“大学对社会应该承担一定的社会责任，他们应该对于社区的发展有一定的促进作用。比方说他们可以承担起培养社区人才的功能，对社区人才进行输送就是一个功能，大学的学生可以去社区进行实习、社会调研。大学与社区的企业进行技术方面的联系，一方面可以促进成果转化，另一方面对企业进行一些技术援助。大学本身就是一种文化，发展得好的话，其实就可以成为社区的招牌，带动当地旅游业的发展。大学最重要的是培养人才，人才多了对这个社区是很有帮助的。人才最能吸引很多企业入驻。社区现在的管理还停留在比较浅的层面，基本上就是执行上级的政策。然后他就对他自己的一些想法没有什么创新，但是如果说这个社区里有一个大学的话，那发展的空间就会很大。大学的级别是很高的，但是社区的级别又较低，社区在政府系统里处于一个最低的一个层级。所以如果你要是让大学与社区进行交流，大学本身不太乐意。所以如果站在政府的视角，让大学与社区进行多多联系，增加对大学考核还是可以实现的。还有一个比较现实的问题就是社区自己本身的人员素质是很有限的，还是需要大学对社区进行人才输送。不同的专业互相碰撞，看看能不能把社区建设得更好。现在基层非常缺乏人才，所以我觉得大学在这方面还是有很大的发展空间，也就是有大学还有很大的空间可以去帮助社区。”（GWYYSW）

四、文化传承与创新责任

根据访谈整理，代表性的意见可以分为以下几类。

一类是认为大学做好文化传承与创新应该开设传统文化课程。代表性的意见如下。

“双一流”A类文科博士研究生认为：“首先从学校的组织架构上，比如说各个学院的设置，增加对人文社科的重视；其次是所招聘的教师的学历背景；最后

是所设置的课程，增加传统文化课程的开设。然后就从这三个方面加强，让大学实践文化传承与创新责任。”（SB3WXY）

“双一流”B类理工类本科生认为：“大学是文化传承与创新的重要载体，我认为大学可以通过开设中华文化类和现代科技类通识课程，使中华文化和现代科技文化成为常规教学内容，这应该是大学文化传承与创新的基本方式。”（SB1JDZ）

“双一流”A类文科博士研究生：“大学应该通过营造良好的校园文化氛围，在课程设置上增加与文化相关的课程比重并提高师资文化素质。丰富教师的文化涵养很重要，教师可以展示中国优秀的传统文化，在课堂上让学生沉浸式感受历久弥新的优秀文化中的精华和道德精髓。要让学生了解自己国家和本地区的传统和文化，拥有作为一个中国人的觉悟，以及对乡土和对国家的热爱之情。”（SB3LGX）

第二类认为大学文化传承与创新需要出版人文社科的书籍。代表性的观点如下。

“双一流”建设B类文科硕士研究生：“重视人文社会科学在文化传承创新中重要作用，鼓励人文社科类的书籍出版，还要重视国学文化的传承。比如我们人大为了重振国学，成立了新中国第一所国学院，鼓励学生读经典，努力传承我国优秀的传统文化。”（SS2WRX）

由于文化可以分为物质文化和非物质文化，第三类认为大学应该开展文化艺术保护活动。代表性的观点如下。

“双一流”A类文科类大学教师：“大学应该鼓励学生保护并振兴地方文化遗产，努力创造代表国家形象的文化艺术，鼓励传统经典、古典诗词、书法、民乐、陶艺、茶艺、武术、戏曲以及剪纸、皮影、年画等地方民间工艺进入高校课堂。”（SJSDYJ）

文化在高校层面有学校表层文化有校园景观文化、师生行为文化等；深层文化有制度与管理文化、课程与教学文化等；核心文化有观念文化、历史文化等。所以第四类认为大学应该扩展文化载体。代表性的观点如下。

“双一流”A 类文科博士生认为：“其一，大学的管理者，比如校长，他要认识到大学能够对社会的影响。其二，在校园管理上，创先进文化载体，比如校园里宣传页上要宣传中国文化。其三，鼓励校内人员主动积极探讨文化倡议，并提供相应的措施鼓励对古迹建筑的保护。”（SS2WM）

总之，高校文化是社会文化的一个子系统，是以学校价值观念为核心的学校全部的理念体系、语言符号、行为方式、规章制度、风俗习惯、校园建设以及环境氛围的有机体。大学可以通过开展文化交流、文化育人的方式，做好文化传承与创新，首先应该尊重我国历史、传统，不盲目否定中国传统，应该取其精华去其糟粕。其次，推进大学生的文化体验活动，让学生对传统文化有熟悉感。最后，开展世界多元文化的教育，促进不同文化间的沟通与交流。

五、国际交流与合作责任

根据访谈“大学应该如何履行好国际交流与合作的责任？”通过对访谈观点的整理，可以分为以下几类。

一类认为大学可以增加留学生的师生比例以及中外合作研究项目来衡量大学在履行国际交流与合作的责任。代表性观点如下。

“双一流”B 类本科生认为：“大学要履行国际交流与合作负责的话，首先，大学需要招聘一些国外的优秀教师，聘请他们从事高校的教学活动，一起搞一些科研活动，比如联合攻关某一领域的问题，这样我们的教师就可以学习国外先进的教育教学理念、教学方式以及做科研的一些理念。其次是大学还要有计划地派遣教师和学生出国进修、培训。最后还有一个重要的就是要对大学设置相应的考评项目，然后让大学朝这个方向努力，政府则按照一定的标准来给大学拨款。”（SB1YSW）

“双一流”A 类博士研究生认为：“增加外国留学生的数量或者说外国留学生占在校大学生的比例以及大学生出国交换的数量，我觉得这应该是大学履行国际

交流与合作的责任的重要表现吧。”（SB3DN）

“双一流”A 类博士研究生认为：“我觉得大学想要履行好国际交流与合作责任，有几个方面可以考虑，比如增加对外考察、访学、聘请外籍专家、交换生、搞一些国际会议等方面。”（SB3LFL）

“双一流”A 类博士研究生认为：“一是在学术活动中，加强与全球各个地区的伙伴的联系和合作，一起联合攻关一些课题。二是增加师生员工国际交流的机会，提高大学的国际化水平。”（SB3LZJ）

还有一类认为大学履行国际交流与合作责任需要从大学国际影响力和号召力出发。代表性的观点如下。

“双一流”A 类博士研究生认为：“国际交流与合作不能仅通过靠丰厚的奖学金吸引留学生来实现，靠联合研究也有点不现实，因为科学是有国界的，涉及国家重大难题的卡脖子技术，哪个国家的科学家先研究出来，肯定就回报自己的国家了吧，我觉得这个也不靠谱。所以我觉得我们要依靠中外合作办学，或者说我们的高校要自己能搞一套游戏规则，吸引别的国家参与，这才是真正地履行了国际交流与合作的责任。”（SB3LFL）

“双一流”A 类管理岗老师：“一个大学有没有真正履行国际交流与合作责任，应该看这个学校培养的学生有没有获得国际上的权威奖项，或者说这个学校是否发起了能够号召很多国家积极参与的国际性的学术会议。”（SJSYYT）

附录 F　第一轮德尔菲调查

尊敬的专家：

您好！

非常感谢您能参与这项调查并给予热心和严谨的关注和支持！

为了获得对“大学社会责任及其评价研究”各项评价指标合理性的反馈意见，使大学社会责任评价设计更为合理和准确，本研究设计了此问卷，希望能得到您的帮助。

请您对指标的重要性进行打分，按其重要程度分为：5= 很重要，4= 重要，3= 一般，2= 不重要，1= 很不重要。

本研究结果保证只是用于学术研究，且进行匿名处理。希望您能结合自己对这一领域的研究和理解认真填写问卷，您的回答对这项调查研究有着重要意义，谢谢您的支持与合作！

一、个人信息

您所在的高校（工作单位）名称________________________________

您的研究方向________________________________

您属于研究型大学的哪一类利益相关者（学生、教师、政府人员 / 资助机构人员、社区居民）__________

您对大学社会责任的熟悉程度（非常熟悉、熟悉、一般、不熟悉）__________

二、请对大学社会责任一级指标进行同意程度打分

一级指标（5 项）	5 分→1 分表示同意程度由高到低				
	5 分	4 分	3 分	2 分	1 分
1. 人才培养责任					
2. 科学研究责任					
3. 社会服务责任					
4. 文化传承与创新责任					
5. 国际交流与合作责任					

三、请对每个一级指标下的二、三级指标进行同意程度打分

一级指标	二级指标	同意程度					三级指标	同意程度				
		5 分	4 分	3 分	2 分	1 分		5 分	4 分	3 分	2 分	1 分
1. 人才培养责任	1.1 在校生质量						1.1.1 生源质量					
							1.1.2 学位论文质量					
	1.2 社会责任教育过程						1.2.1 社会责任相关的课程数量占课程总数的数量					
							1.2.2 外部组织或社区的专业人员参与教学过程次数					
							1.2.3 使用基于项目的教学方法的课程数量					
	1.3 学生的社会价值						1.3.1 就业率					
							1.3.2 雇主对毕业生的满意度					
							1.3.3 杰出的校友数					
2. 科学研究责任	2.1 基础研究质量						2.1.1 在自然科学一流期刊上发表的文章数量					
							2.1.2 前沿知识领域的专利数量					
	2.2 合作研究						2.2.1 大学参与校外机构或群体合作研究项目数量					
							2.2.2 大学内部跨专业合作研究项目数量					

续表

一级指标	二级指标	同意程度					三级指标	同意程度				
		5 分	4 分	3 分	2 分	1 分		5 分	4 分	3 分	2 分	1 分
2. 科学研究责任	2.3 科学研究的社会价值						2.3.1 实施的研究项目涉及提高人民生活质量					
							2.3.2 关注社会重大问题，提供解决方案数量					
							2.3.3 科研成果创造的产值					
3. 社会服务责任	3.1 为社区提供的知识服务						3.1.1 在校生利用专业知识为社会提供服务的人数 / 总的在校生人数					
							3.1.2 师生向社会宣传学术知识的次数					
							3.1.3 学校提供的远程教育					
							3.1.4 学生提供的针对帮扶弱势社区或弱势群体的倡议、项目或方案总数					
	3.2 为经济发展提供的科技服务						3.2.1 企业投入的科研经费					
							3.2.2 成果转化收入					
	3.3 为国家政策发展提供的建议						3.3.1 智库建设数量					
							3.3.2 对公务人员提供专业服务次数					

续表

一级指标	二级指标	同意程度					三级指标	同意程度				
		5分	4分	3分	2分	1分		5分	4分	3分	2分	1分
4. 文化传承与创新责任	4.1 文化传承与传播						4.1.1 人文社科的出版数					
							4.1.2 传统文化课程的开设数量					
							4.1.3 学生参与宣传文化艺术保护活动的次数					
	4.2 文化创新与引领						4.2.1 对外文化交流开展的次数					
							4.2.2 为先进文化搭建平台数量					
5. 国际交流与合作责任	5.1 国际化程度						5.1.1 留学生比例					
							5.1.2 与世界顶尖高校的交换生数量					
							5.1.3 中外合作研究项目					
	5.2 国际影响力与号召力						5.2.1 获得国际权威的奖项数量					
							5.2.2 承担和组织国际会议的次数					

您认为在大学社会责任评价体系中还有哪些重要的维度（一级或二级或三级）应该体现和重视？请列出并说明理由________________

____

____

____

再次感谢您的支持与帮助！

附录 G　第二轮德尔菲调查

您好！

非常感谢您能参与这项调查并给予热心和严谨的关注和支持！

为了获得对“大学社会责任及其评价研究”各项评价指标合理性的反馈意见，使大学社会责任评价设计更为合理和准确，本研究设计了此问卷，希望能得到您的帮助。

请您对指标的重要性进行打分，按其重要程度分为：5= 很重要，4= 重要，3= 一般，2= 不重要，1= 很不重要。

本研究结果保证只是用于学术研究，且进行匿名处理。希望您能结合自己对这一领域的研究和理解认真填写问卷，您的回答对这项调查研究有着重要意义，谢谢您的支持与合作！

一、个人信息

您所在的高校（工作单位）名称__________________

您的研究方向______________________

您属于研究型大学的哪一类利益相关者（学生、教师、政府人员 / 资助机构人员、社区居民）_________

您对大学社会责任的熟悉程度（非常熟悉、熟悉、一般、不熟悉）________

二、请对大学社会责任一级指标进行同意程度打分

一级指标（5项）	5分→1分表示同意程度由高到低				
	5分	4分	3分	2分	1分
1. 人才培养责任					
2. 科学研究责任					
3. 社会服务责任					
4. 文化传承与创新责任					
5. 国际交流与合作责任					

三、请对每个一级指标下的二、三级指标进行同意程度打分

一级指标	二级指标	同意程度					三级指标	同意程度				
		5分	4分	3分	2分	1分		5分	4分	3分	2分	1分
1. 人才培养责任	1.1 培养高质量人才的责任						1.1.1 提供的课程使学生能够发展就业市场所需技能的责任					
							1.1.2 确保学位论文质量合格的责任（学位论文抽检成绩）					
	1.2 培养具有社会责任感的学生的责任						1.2.1 把社会责任纳入大学教育的一部分，并开设社会责任相关课程的责任					
							1.2.2 教学注重研讨会的方式，加强外部组织或社区的专业人员参与教学过程的责任					

续表

一级指标	二级指标	同意程度					三级指标	同意程度				
		5 分	4 分	3 分	2 分	1 分		5 分	4 分	3 分	2 分	1 分
1. 人才培养责任	1.2 培养具有社会责任感的学生的责任						1.2.3 鼓励学生参与社区的责任					
	1.3 培养具有社会价值的学生的责任						1.3.1 提高学生就业率的责任					
							1.3.2 提高雇主对毕业生满意度的责任					
							1.3.3 提高杰出校友数量的责任					
2. 科学研究责任	2.1 提高基础研究质量的责任						2.1.1 在自然科学一流期刊上发表论文的责任					
							2.1.2 提高前沿知识领域专利数量的责任					
	2.2 科学联合攻关责任						2.2.1 提高产学研合作项目数的责任					
							2.2.2 提高联合研究或联合著作数量的责任					
	2.3 提升科学研究社会价值的责任						2.3.1 实施的研究项目涉及提高人民生活质量的责任					
							2.3.2 关注社会重大问题，提供解决方案的责任					
							2.3.3 提高科研成果对国家发展关键领域作出贡献的责任					

续表

一级指标	二级指标	同意程度					三级指标	同意程度				
		5分	4分	3分	2分	1分		5分	4分	3分	2分	1分
3. 社会服务责任	3.1 向社区普及科学知识的责任						3.1.1 鼓励在校生利用专业知识为社会提供服务的责任					
							3.1.2 通过出版物、研讨会和其他活动，向社会宣传科学知识的责任					
							3.1.3 提供远程教育的责任					
							3.1.4 有针对帮扶弱势群体的倡议、项目或方案的责任					
	3.2 通过科技成果转化促进经济发展的责任						3.2.1 向企业转移科研成果，提升企业孵化数量的责任					
							3.2.2 提高技术转移合作平台数量的责任					
	3.3 为国家发展建言献策的责任						3.3.1 建设智库的责任					
							3.3.2 对公务人员提供专业培训的责任					
4. 文化传承与创新责任	4.1 文化传承与传播责任						4.1.1 发表一定数量社科专著的责任					
							4.1.2 开设一定数量的传统文化课程的责任					
							4.1.3 鼓励学生参与宣传保护文化艺术的责任					

续表

一级指标	二级指标	同意程度					三级指标	同意程度				
		5分	4分	3分	2分	1分		5分	4分	3分	2分	1分
4. 文化传承与创新责任	4.2 文化创新与引领责任						4.2.1 在不助长歧视和刻板印象的情况下，向社会传播核心价值观的责任					
							4.2.2 为先进文化传播搭建平台的责任					
5. 国际交流与合作责任	5.1 提高国际竞争力的责任						5.1.1 获得一定数量的国际权威奖项的责任					
							5.1.2 提高中外合作办学项目的责任					
							5.1.3 提高中外合作研究项目的责任					
	5.2 提高国际影响力的责任						5.2.1 招收一定比例留学生的责任					
							5.2.2 承担和组织国际会议的责任					

您认为在大学社会责任评价体系中还有哪些重要的维度（一级或二级或三级）应该体现和重视？请列出并说明理由________________________

____

____

____

再次感谢您的支持与帮助！

附录 H　第三轮德尔菲权重赋值调查表

尊敬的专家：

您好！

通过前面两轮德尔菲调查研究，基本得出研究型大学社会责任评价体系，即 5 个一级指标、13 个二级指标、33 个三级指标。但是由于不同维度指标的重要程度并不相同，所以现对指标重要程度进行赋值。

一、个人信息

您所在的高校（工作单位）名称________________

您的研究方向____________________

您属于研究型大学的哪一类利益相关者（学生、教师、政府人员 / 资助机构人员、社区居民）________

您对大学社会责任的熟悉程度（非常熟悉、熟悉、一般、不熟悉）________

二、请对大学社会责任一级指标重要程度打分，5 项一级指标之和为 100 分。

一级指标（5 项）	指标得分
1. 人才培养责任	
2. 科学研究责任	
3. 社会服务责任	
4. 文化传承与创新责任	
5. 国际交流与合作责任	

三、请对每个一级指标下的二、三级指标进行赋值

请您按照 100 分制进行赋值。每一个一级指标下对应的二级指标之和为 100 分，比如 1.1、1.2、1.3 指标之和为 100 分；每一个二级指标对应的三级指标为 100 分，比如 1.1.1 和 1.1.2 之和也为 100 分。

一级指标	二级指标	赋值	三级指标	赋值
1. 人才培养责任	1.1 培养高质量人才的责任		1.1.1 提供的课程使学生能够发展就业市场所需技能的责任	
			1.1.2 确保学位论文质量合格的责任（学位论文抽检成绩）	
	1.2 培养具有社会责任感的学生的责任		1.2.1 把社会责任纳入大学教育的一部分，并开设社会责任相关课程的责任	
			1.2.2 教学注重研讨会的方式，加强外部组织或社区的专业人员参与教学过程的责任	
			1.2.3 鼓励学生参与社区的责任	
	1.3 培养具有社会价值的学生的责任		1.3.1 提高学生就业率的责任	
			1.3.2 提高雇主对毕业生满意度的责任	
			1.3.3 提高杰出校友数量的责任	
2. 科学研究责任	2.1 提高基础研究质量的责任		2.1.1 在自然科学一流期刊上发表论文的责任	
			2.1.2 提高前沿知识领域专利数量的责任	
	2.2 科学联合攻关责任		2.2.1 提高产学研合作项目数的责任	
			2.2.2 提高联合研究或联合著作数量的责任	
	2.3 提升科学研究社会价值的责任		2.3.1 实施的研究项目涉及提高人民生活质量的责任	
			2.3.2 关注社会重大问题，提供解决方案的责任	
			2.3.3 提高科研成果对国家发展关键领域作出贡献的责任	
3. 社会服务责任	3.1 向社区普及科学知识的责任		3.1.1 鼓励在校生利用专业知识为社会提供服务的责任	
			3.1.2 通过出版物、研讨会和其他活动，向社会宣传科学知识的责任	
			3.1.3 提供远程教育的责任	

一级指标	二级指标	赋值	三级指标	赋值
3. 社会服务责任	3.1 向社区普及科学知识的责任		3.1.4 有针对帮扶弱势群体的倡议、项目或方案的责任	
	3.2 通过科技成果转化促进经济发展的责任		3.2.1 向企业转移科研成果，提升企业孵化数量的责任	
			3.2.2 提高技术转移合作平台数量的责任	
	3.3 为国家发展建言献策的责任		3.3.1 建设智库的责任	
			3.3.2 对公务人员提供专业培训的责任	
4. 文化传承与创新责任	4.1 文化传承与传播责任		4.1.1 发表一定数量社科专著的责任	
			4.1.2 开设一定数量的传统文化课程的责任	
			4.1.3 鼓励学生参与宣传保护文化艺术的责任	
	4.2 文化创新与引领责任		4.2.1 在不助长歧视和刻板印象的情况下，向社会传播核心价值观的责任	
			4.2.2 为先进文化传播搭建平台的责任	
5. 国际交流与合作责任	5.1 提高国际竞争力的责任		5.1.1 获得一定数量的国际权威奖项的责任	
			5.1.2 提高中外合作办学项目的责任	
			5.1.3 提高中外合作研究项目的责任	
	5.2 提高国际影响力的责任		5.2.1 招收一定比例留学生的责任	
			5.2.2 承担和组织国际会议的责任	

后　记

在南开大学求学的经历是我人生中一段宝贵时光，在这里有幸聆听了诸多著名学者、教师的教诲，极大地开阔了我的眼界，丰富了我的精神世界，我也实现了从被动学习知识到主动探索知识的转变，并对这个社会多了一份自己的理解与责任。求学路上总觉得我们的大学与社会保持的距离太远，学生生活在象牙塔里，对这个社会了解太浅，所以如何促进大学适度参与社会及践行社会责任，且不偏离其职能等，也一直是我的研究方向，然而总会觉得自身知识储备有限，难以应对这样的课题。经过与老师的多次交流与探讨，最终将《研究型大学社会责任及其评价》作为我博士论文研究题目。大学社会责任在国内外学术界是一个相对较新的研究领域，还处于探索阶段，这给本研究带来了一定的挑战，尽管我已经尽力对书稿内容进行完善，但由于自身学养不足，还存在偏颇和不足之处，敬请各位专家批评指正。

在书稿写作和修改过程中，我得到了许多师长和朋友的鼓励与支持。在书稿付梓之际，我要由衷地对各位师友表达我最诚挚的敬意与感激！

感谢茹宁导师在选题、论文构思等方面给予的指导与帮助。感谢陈巴特尔教授在论文题目完善、论文思路指导、结构精进等方面给予的及时且充分的帮助，每一个困扰我很久的问题，经过他寥寥数语的点拨便能豁然开朗。感谢刘清华教授在论文逻辑结构方面给予的大力指导和帮助。正是他们不辞辛苦的指导，才使得本书不断丰富完善，并最终得以出版。

感谢周恩来政府管理学院的孙涛教授、常健教授、金东日教授、陈超教授、赵允德教授、赵永东教授、熊耕教授等老师的指导，各位老师治学严谨、学养深厚，提出的宝贵建议使我受益匪浅。

感谢在论文开题、写作和答辩过程中给我提出宝贵建议的李剑萍教授、赵婷婷教授、马廷奇教授、纪德奎教授、和学新教授、李素敏教授。他们的建议对书稿的完善起了很大的作用。

感谢参与访谈和问卷调研的所有老师、朋友、同学、政府工作人员和社区工作人员，由于匿名处理，在此就不再提名。非常感谢师友们的大力支持，其中要特别感谢康乐教授，以及在学术上给予我启迪的潘丽、郝光耀、吕福龙、梁官宵、贾岱铮等学友，非常感谢他们不吝赐教，在学术上督促我前进。

感谢天津市教育科学研究院的领导和同事提供的帮助和支持，感谢天津市教育科学研究院提供出版资助，感谢知识产权出版社工作人员为本书出版所付出的努力。

最后还要感谢我的家人。感谢我的父母，在长期的求学过程中，父母不仅给予我物质支持，还给予我精神支持；感谢我的丈夫郭升先生，在读博期间给我一个温馨的家，让我安心读书。家人的理解和支持是我不断前行的动力，是我安心求学的强大后盾。

尽管书中还存在不少缺憾，但我仍然希望有更多的学者关注大学社会责任研究。我坚信大学社会责任课题是值得被关注和研究的，更坚信大学社会责任是高等教育高质量发展的必然选择。

吴梦林

2023 年 6 月于天津市教育科学研究院